1636 – IHRE LETZTE SCHLACHT

D1696320

Archäologisches Landesmuseum Brandenburg
im Paulikloster, Brandenburg a. d. Havel
31. März bis 9. September 2012

archäologische
staatssammlung
münchen

Archäologische Staatssammlung München
Oktober 2012 – März 2013

Militärhistorisches Museum Dresden
in Kooperation mit dem
Landesamt für Archäologie Sachsen
April – August 2013

1636

IHRE LETZTE

Leben im Dreißigjährigen Krieg

SCHLACHT

Sabine Eickhoff, Anja Grothe
und Bettina Jungklaus

Mit Beiträgen von
Gisela Grupe, Hilja Hoevenberg,
Julia Junghänel, Hans Günter König,
Stefan Krabath, Steve Murdoch,
Ralf Opitz, Burkhard Schauer,
Ulrich Schoknecht, Tobias Schönauer
und Joachim Wahl

Herausgegeben von Sabine Eickhoff
und Franz Schopper

THEISS

Brandenburgisches Landesamt
für Denkmalpflege und
Archäologisches Landesmusuem

Herausgeber   Sabine Eickhoff und Franz Schopper

Brandenburgisches Landesamt für Denkmalpflege
und Archäologisches Landesmuseum
OT Wünsdorf, Wünsdorfer Platz 4–5, D-15806 Zossen

Bibliografische Information der Deutschen Nationalbibliothek
Die Deutsche Nationalbibliothek verzeichnet diese Publikation
in der Deutschen Nationalbibliografie; detaillierte bibliografische Daten
sind im Internet über http://dnb.d-nb.de abrufbar.

Das Werk ist in allen seinen Teilen urheberrechtlich geschützt.
Jede Verwertung ist ohne Zustimmung des Herausgebers unzulässig.
Das gilt insbesondere für Vervielfältigungen, Übersetzungen,
Mikroverfilmungen und die Einspeicherung in und Verarbeitung
durch elektronische Systeme.

© 2012 Brandenburgisches Landesamt für Denkmalpflege
und Archäologisches Landesmuseum (BLDAM)

Alle Rechte vorbehalten.

Redaktion   Sabine Eickhoff, Anke Brand und Kerstin Babiel
Gestaltung und Herstellung   Atelier Fischer, Berlin
Umschlag   Atelier Fischer, Berlin nach einem Vorschlag von Ralf Opitz und
Julia Junghänel, BLDAM; unter Verwendung einer Karte zur Schlacht
von Wittstock (Kriegsarchiv Stockholm, Sveriges Krig 3:199)
Satz   Günther Matthes, BLDAM
Reproduktionen   LVD GmbH, Berlin
Druck   MEDIALIS Offsetdruck GmbH, Berlin
Bindung   Stein + Lehmann Buchbinderei, Berlin

Printed in Germany

ISBN 978-3-8062-2632-4

GRUSSWORTE DER SCHIRMHERREN 7

VORWORT DER HERAUSGEBER 9

DAS MASSENGRAB VON WITTSTOCK UND SEINE ERFORSCHUNG 12
Ein einzigartiges Grab 13
Die archäologische Ausgrabung 16
Viele Fragen ermöglichen neue Antworten 18

DER DREISSIGJÄHRIGE KRIEG 22
Flächenbrand in Europa 23
Die Spuren des Krieges 26
Die Krankheitsbelastung der Brandenburger Bevölkerung 32
im 17. Jahrhundert
Unsichere Zeiten – Die Schatzfunde 36

DER WEG IN DIE ARMEEN 42
Söldnerheere – Profitsucht, Hoffnung und Notwendigkeit 43
Freiwillig oder unter Zwang – die Anwerbung 44
Musterung, Artikelbrief und Fahneneid 47
Historische Forschungen zu schottischen Soldaten 49
Alter und Gesundheitszustand beim Eintritt in die Armee 55

AUSRÜSTUNG UND BEWAFFNUNG 58
Zu Fuß, mit Pferden und Kanonen 59
Pikeniere und Musketiere – die Infanterie 60
Hoch zu Ross – die Kavallerie 66
Das Heerlager „In der Benz" bei Gielow (Mecklenburg-Vorpommern) 69
Die Militärtaktik im Dreißigjährigen Krieg 71
Die Munition der Handfeuerwaffen aus Wittstock 77
Technik des Krieges – Die Artillerie 81
Die großkalibrige Munition von Artillerie und Infanterie aus Wittstock 84

DER BERUFSALLTAG 86
„... der Soldat allein ist der freie Mann ..." 87
Drill und Disziplin 88
Viele Tausend Kilometer 90
Zum Schutz wurde geschanzt 92
Die körperliche Belastung der Soldaten 94

DAS LAGERLEBEN 96
Leben in wandernden Großstädten 97
Von der Laubdecke bis zum Federkissen 97
Die persönlichen Gegenstände vom Wittstocker Schlachtfeld 103
Die Münzen vom Wittstocker Schlachtfeld 107
Hunger und Überfluss 110
Die Ernährung der Wittstocker Soldaten 111
Lagerleben – Spiegel der sozialen Verhältnisse 114
Riesige Karawanen – Der Tross 115

118 DIE MEDIZINISCHE VERSORGUNG

119 Schlechte Fürsorge für Blessierte

122 Krankheiten und verheilte Verletzungen

125 „Von Stund' an kommt Peste drein" – Hygiene, Parasiten und Seuchen

128 Parasiten- und Seuchenbefall der Wittstocker Söldner

130 DIE SCHLACHT VON WITTSTOCK

131 Eine folgenreiche Entscheidung

132 Die historischen Quellen

136 Die Schlacht

142 Der Ort des Geschehens

145 Archäologische Begehungen und Kartierung der Funde

150 Die Rekonstruktion der Geschehnisse

153 Die toten Soldaten

159 Das Schicksal hat ein Gesicht

161 Forensische Gesichtsrekonstruktion

164 DAS GRAB

165 Von Soldaten für Soldaten

168 Stratigrafische Abfolge und „Harris-Matrix"

171 Plündern erlaubt

173 Die Kleidungsfunde aus dem Grab und vom Schlachtfeld

178 Freund und Feind in einem Grab

181 DIE AUSSTELLUNG

181 Gehört ein Massengrab ins Museum?

182 Ausstellungsgestaltung

186 Ausstellungsgrafik

188 Beteiligte, Leihgeber und Unterstützer

192 WEITERE INFORMATIONEN

193 Ausstellungen und Projekte zum Thema

196 Literaturverzeichnis

204 Abbildungsnachweis

Sehr geehrte Leserinnen und Leser,

vor 375 Jahren fand bei Wittstock eine der größten Schlachten des Dreißigjährigen Krieges statt. Was sich hier in der Prignitz abspielte, war von entscheidender Bedeutung für den weiteren Verlauf des Konfliktes und die Geschicke Europas. Heute sind sich die Historiker weitestgehend einig: Hätten die kaiserlich-sächsischen Truppen damals den Sieg davongetragen, wäre der Krieg 1636 wohl beendet gewesen. Doch es sollte anders kommen. Nach dem Triumph der schwedischen Armee ging das Kriegstreiben noch mehr als zehn Jahre weiter – mit verheerenden Konsequenzen für die Bevölkerung.

Tausende Soldaten verloren ihr Leben. Wo aber die Toten geblieben waren, das blieb lange Zeit im Dunkeln. Der zufällige Fund der Überreste von 125 Soldaten in einem Massengrab 2007 lieferte den Brandenburger Archäologen sensationelle Erkenntnisse und den Anstoß zur Ausrichtung des Gedenkjahres „375 Jahre Schlacht bei Wittstock".

Die große Sonderausstellung „1636 – ihre letzte Schlacht" im Archäologischen Landesmuseum im Paulikloster in Brandenburg an der Havel ist nun der Höhepunkt dieses Gedenkjahres. Die Ausstellung lädt die Besucher ein, die berühmte Schlacht aus einem ungewohnten Blickwinkel zu betrachten. Stehen bei ähnlichen Vorhaben üblicherweise Schlachtverlauf, Waffen, Rüstungen und historische Persönlichkeiten im Vordergrund, wird hier vor allem das Leben der Soldaten und der Zivilbevölkerung beleuchtet.

Unter Einsatz modernster Untersuchungsmethoden hat ein Team aus mehr als einem Dutzend Forscher unterschiedlicher Fachrichtungen die Funde und den Kriegsschauplatz unter die Lupe genommen. Dabei ergaben sich zahlreiche verblüffende Erkenntnisse über die Lebensverhältnisse der Menschen im 17. Jahrhundert. Diese werden nicht nur in Brandenburg präsentiert. Die Ausstellung wird auch weit über die Landesgrenzen hinaus in München, Dresden und Stockholm zu sehen sein.

Ich gratuliere den Brandenburger Archäologen zu dieser herausragenden Arbeit und wünsche allen Besuchern eine spannende Entdeckungsreise in unsere Geschichte!

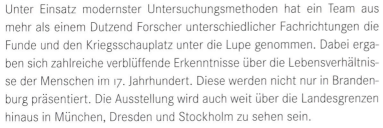

Prof. Dr.-Ing. Dr. Sabine Kunst
Ministerin für Wissenschaft, Forschung und Kultur
des Landes Brandenburg

Sehr geehrte Besucher der Ausstellung „1636 – ihre letzte Schlacht"!

Im Jahr 2007 wurden bei Wittstock die sterblichen Überreste einiger weniger der mehr als 6.000 Menschen gefunden, die bei einer der blutigsten Schlachten des Dreißigjährigen Krieges ihr Leben ließen. Auf schwedischer Seite kämpften in der Schlacht von Wittstock im Jahr 1636 rund 16.000 Mann. Ein Drittel davon waren Schweden und Finnen. Der Rest bestand aus deutschen, schottischen und englischen Soldaten.

Die außerordentliche archäologische und militärhistorische Bedeutung der Ausgrabung dieses Fundes wurde uns in der Schwedischen Botschaft erst richtig deutlich, als bei unserem ersten Telefonat mit dem schwedischen Armeemuseum in Stockholm unsere Nachricht damals ein aufgeregtes Zittern in die Stimme unseres Gesprächspartners zauberte.

Inzwischen wurden die Funde genauestens analysiert und die Ausstellung vermittelt heute nicht nur Details zum damaligen Schlachtverlauf, sondern erstmalig auch über den Lebensalltag der am Dreißigjährigen Krieg beteiligten Menschen. Wie haben sie im Feldlager gelebt? Wie haben sie sich gekleidet, welche Ausrüstungsgegenstände waren notwendig? Welche Krankheiten und Verletzungen erlitten sie und wie konnten sie geheilt werden? Die Ausstellung gibt Antwort auf zahlreiche bisher unbekannte Fragen und wird außer in Brandenburg, München und Dresden auch in Stockholm ganz sicher ihre Besucher begeistern.

Als schwedischer Botschafter in Deutschland ist es mir eine große Ehre, diese Sonderausstellung in meiner Eigenschaft als Schirmherr nach bestem Vermögen zu unterstützen. Großer Dank gebührt all denen, die diese Ausstellung ermöglicht haben.

Ich wünsche Ihnen einen interessanten Besuch einer spannenden Schau!

Staffan Carlsson
Botschafter des Königreichs Schweden in Deutschland

Im Frühjahr 2007 erregte ein archäologischer Zufallsfund europaweites Aufsehen. In einem Gewerbegebiet südlich der brandenburgischen Stadt Wittstock a. d. Dosse entdeckten Bauarbeiter ein Massengrab mit 125 menschlichen Skeletten. Der schreckliche Fund erzeugte vom ersten Moment an eine einzigartige Faszination. Schnell stellte sich heraus, dass die Toten während der einzigen großen Feldschlacht des Dreißigjährigen Krieges auf brandenburgischem Boden im Jahr 1636 gestorben waren. Und es wurde bald klar, dass trotz der unendlich vielen Konflikte, die die Menschheit schon erlebt hat, Gräber auf Schlachtfeldern eine große Seltenheit sind. So ist das ungewöhnliche Massengrab von Wittstock das größte und besterhaltene Grab des Dreißigjährigen Krieges.

Mit dieser Kenntnis wurde die archäologische Ausgrabung im Sommer 2007 besonders sorgfältig durchgeführt. Hand in Hand untersuchten Archäologen und Anthropologen gemeinsam das Grab. Dank moderner Online-Technologien verbreiteten Nachrichtensender die Information über den Fund schnell bis nach Indien und in die USA. Auch in Fachkreisen zog die Nachricht ihre Runde und so entwickelten sich bald Kontakte zu verschiedenen Fachrichtungen. Zahlreiche Kolleginnen und Kollegen boten ihre Mitarbeit an und so konnte ein interdisziplinäres Team aus mehr als einem Dutzend Forscher das Massengrab und das Wittstocker Schlachtfeld vier Jahre lang analysieren. Die Zusammenarbeit von Archäologen, Anthropologen, Paläopathologen, Archäometrikern, Humangenetikern, Historikern und Geoforschern sowie Fachleuten aus den Bereichen Ballistik, Forensik, Waffenkunde und Numismatik ermöglichte die weitgehende Rekonstruktion nicht nur der Geschehnisse auf dem Schlachtfeld. Vielmehr erlaubte sie die Ergänzung der bekannten historischen Daten sowie die Betrachtung der Ereignisse aus einem unüblichen Blickwinkel: dem des in den Schriftquellen zumeist vernachlässigten „kleinen Mannes".

Die Ergebnisse der umfangreichen Analysen werden der Öffentlichkeit in der Sonderausstellung „1636 – ihre letzte Schlacht" vorgestellt. Die in den Gebeinen der Toten im Grab abgespeicherten Informationen und die Funde vom Wittstocker Schlachtfeld ermöglichten die Rekonstruktion der Geschichte der damals Lebenden. So trägt dieses Begleitbuch bewusst den Untertitel „Leben im Dreißigjährigen Krieg". Abseits der Geschichte der Reichen und Herrschenden wird hier das Leben der normalen Bevölkerung in der ersten Hälfte des 17. Jahrhunderts dargestellt. Die archäologischen und anthropologischen Fakten tragen maßgeblich zur Abrundung des historischen Bildes bei. Damit wird es erstmals möglich die Vergangenheit zu beschreiben wie sie wirklich war.

Auf einer wissenschaftlichen Tagung zur Schlachtfeldarchäologie, die im November 2011 in Brandenburg a. d. Havel stattfand, wurde das Anliegen dieser in Deutschland noch neuen Fachdisziplin sehr treffend zusammengefasst: Indem wir ihre Lebensgeschichten rekonstruieren und erzählen, erweisen wir allen namenlos in Massengräbern beigesetzten Menschen den Respekt, der ihnen in den Stunden ihres Todes und ihrer Beisetzung versagt wurde.

Dr. Sabine Eickhoff

Projektleiterin
„1636 – ihre letzte Schlacht"

Prof. Dr. Franz Schopper

Landesarchäologe
von Brandenburg

DAS MASSENGRAB VON WITTSTOCK
UND SEINE ERFORSCHUNG

Im März 2007 meldete der Kiesgrubenbesitzer Edgar Laurinat dem Museum des Dreißigjährigen Krieges in Wittstock, dass in seiner Kiesgrube vor den Toren der Stadt menschliche Knochen gefunden worden waren. Die Museumsleiterin Antje Zeiger leitete diese wichtige Information an die Untere Denkmalschutzbehörde des Landkreises Ostprignitz-Ruppin und an das Brandenburgische Landesamt für Denkmalpflege und Archäologische Landesmuseum (BLDAM) weiter. Nur wenig später waren Archäologen vor Ort und sicherten die Fundstelle sowie die vom Kiesbagger aus dem Boden gerissenen Knochen. Eine erste anthropologische Untersuchung ergab, dass es sich nicht um die Opfer von Todesmärschen handelte, die im Frühjahr 1945 nahe der Stadt vorbeiführten. Die Zähne wiesen keine Spuren medizinischer Behandlungen auf und die Knochen waren sehr robust. Zudem stammten sie ausschließlich von Männern. Dies alles deutete vielmehr auf eine Verbindung zur Schlacht von Wittstock hin, die am 4. Oktober 1636 hier stattgefunden hat.

Der einzigartigen Entdeckung folgte die wissenschaftliche Ausgrabung. Dabei arbeiteten Archäologen und Anthropologen Hand in Hand, um möglichst viele Informationen zu erfassen. Jeden Arbeitsschritt dokumentierten sie mit Digitalfotos, ausführlichen Beschreibungen und modernen Vermessungsmethoden. Das Massengrab war ursprünglich etwa 6 m lang und 3,50 m breit. Am Ende der Grabung hatten die Forscher 88 Skelette in originaler Fundlage und zahlreiche Einzelknochen weiterer Individuen geborgen. Insgesamt waren es etwa 125 gefallene Soldaten, die – militärisch exakt in Reih' und Glied – hier ihre letzte Ruhe gefunden hatten.

Erste Literaturrecherchen noch während der laufenden Ausgrabung zeigten, dass es kaum vergleichbare Gräber aus dem Dreißigjährigen Krieg gab. Die Erforschung von Bestattungen im Zusammenhang mit kriegerischen Konflikten oder militärischen Ereignissen steht in Deutschland noch am Anfang. Es sind nur wenige Befunde aus vor- und frühgeschichtlicher Zeit, aber auch aus dem Mittelalter und der Neuzeit erhalten, die ausführlich archäologisch und anthropologisch dokumentiert und anschließend ausgewertet und veröffentlicht wurden. Im Gegensatz dazu steht die große Anzahl historisch bekannter militärischer Konflikte.

Bereits in der Antike wurden Denkmale als Zeichen des Andenkens an einen erfolgreichen Feldzug errichtet. Sie erinnerten an den Triumph des siegreichen Feldherren oder dienten dem Gedenken an seinen heldenhaften Tod. Dabei wurde auch der Tod der einfachen Soldaten thematisiert. Römische Jenseitsvorstellungen machten die Bestattung von Gefallenen selbst bei hohem Aufwand erforderlich. So wurde beispielsweise sechs Jahre nach den von Varus verlorenen Kämpfen eine Expedition nach Germanien geschickt, um die gefallenen römischen Soldaten endlich ehrenvoll zu bestatten.

Im Laufe der Zeit wurden die Anlage von Kriegsgräbern und die Ehrung dieser Toten jedoch immer weniger selbstverständlich. Aus dem Mittelalter gibt es nur selten Hinweise auf den Umgang mit Gefallenen. So wurden zwar 1461 nach der Schlacht im nordenglischen Towton Massengräber auf dem Schlachtfeld angelegt, mitunter bettete man die Toten noch Jahre später auf den Kirchhof um. Doch trotz der verhältnismäßig kleinen Ritterheere wurde der Kriegertod zum Massentod und die Masse namenlos. In Vergessenheit zu geraten wurde mehr und mehr zum Schicksal der einfachen Soldaten.

Mit dem Aufkommen von großen Heeren in der frühen Neuzeit begann die Zeit eines besonders unwürdigen Umgangs mit den Toten. Die Ursache lag wohl in der Art und Zusammensetzung der Armeen: Die angeworbenen Söldner kämpften für Geld und die Sache des Auftraggebers und nicht für ihre Überzeugungen. Sie wurden als Außenseiter der Gesellschaft und der christlichen Gemeinschaft angesehen. Nach der Schlacht von Alerheim bei Nördlingen 1645 blieben die Toten unbestattet auf dem Schlachtfeld liegen. Soldaten, die bei der Belagerung von Neubrandenburg 1631 gestorben waren, warf man in den Stadtgraben. Auf dem Schlachtfeld von Lützen 1632 wurden sie, vermutlich in zeitlichem Abstand zur Schlacht und auf Betreiben der Obrigkeit, von Bewohnern der Umgebung entlang der Straßen begraben. Im besten Fall wurden die Leichen, die als Seuchenherde galten, verscharrt ohne das Grab zu kennzeichnen. Noch nach der Völkerschlacht bei Leipzig 1813 berichten zeitgenössische Quellen von Hunden und Raben, die Berge von nackten Leibern angefressen haben. Ein Teil der nicht mehr überschaubaren Menge gefallener Soldaten wurde auch, entgegen christlichen Vorstellungen, verbrannt.

Eine der ältesten Abbildungen einer Bestattung nach dem Kampf zeigt die Beisetzung des in preußischen Diensten gefallenen schottischen Feldmarschalls James Keith auf dem sächsischen Schlachtfeld von Hochkirch 1758. Während der berühmte Feldherr mit allen militärischen Ehren in einem Sarg beigesetzt wird, ist im Bildhintergrund die Behandlung der Leichen einfacher Soldaten zu erkennen: geplündert lagen ihre nackten Körper auf dem Schlachtfeld, bevor überlebende Soldaten sie in hastig ausgehobenen Löchern vergruben. Diese Beseitigung der Leichen hat wenig mit einer ehrenvollen Beerdigung gemeinsam.

Im heutigen Ortsbild europäischer Dörfer und Städte sind Gedenksteine oder Friedhöfe mit den Namen der Gefallenen der beiden Weltkriege selbstverständlich. Sie zeigen, dass auch der Tod von einfachen Soldaten auf dem Schlachtfeld seit geraumer Zeit bewusst wahrgenommen wird. Französische Revolutionssoldaten wurden schon seit dem Ende des

„Accurate Vorstellung des Begräbnuß des tapfferen Preußischen General Keith … den 14. October 1758 in der Battaille beÿ Hochkirch", um 1758

18. Jahrhunderts, als sie für Freiheit, Gleichheit und Brüderlichkeit in den Kämpfen fielen, als Helden verehrt. Der Soldat im deutschen Sprachraum erfuhr diese Wertschätzung hingegen erst mit dem Aufkeimen eines Nationalgefühls durch die Befreiungskriege gegen Napoleon zu Beginn des 19. Jahrhunderts.

Die Bedeutung des Wittstocker Grabes wird vor diesem historischen Hintergrund besonders deutlich. Auf kaum einem anderen zeitgenössischen Schlachtfeld gibt es die geregelte Bestattung einer Vielzahl von Soldaten in einer eigens dafür angelegten Grabgrube. Warum hier in Wittstock?

Um dies zu ergründen, wurde am BLDAM ein Forschungsprojekt ins Leben gerufen. Seit Herbst 2007 untersucht ein interdisziplinäres Expertenteam das Massengrab und das Schlachtfeld von 1636 und erforscht den Ablauf und die historischen Hintergründe der Wittstocker Schlacht. Ziel war die Rekonstruktion der Lebensbedingungen und Todesumstände der Söldner während des Dreißigjährigen Krieges. Außerdem sollten die Geschehnisse um den 4. Oktober 1636 detailliert erarbeitet werden.

Obwohl die Erhaltung der Knochen durch jahrzehntelange chemische Düngung der Felder schlecht ist, standen die Skelette im Mittelpunkt der Untersuchungen. Sie hatten zu Lebzeiten der Männer unzählige Informationen abgespeichert, die nun entziffert wurden. Projektile, die man bei Begehungen des Schlachtfeldes entdeckte, deuteten auf Bereiche intensiver Kämpfe in der Nähe des Massengrabes hin. Doch fanden sich auch fundarme Areale dort, wo man bislang die Gefechte vermutete. Durch die Analyse der Schriftquellen und den Abgleich mit Karten und Luftbildern konnten die Abläufe der Kampfhandlungen sehr genau und facettenreich beschrieben werden.

Die intensive Zusammenarbeit der Forschergruppe ließ aus den Einzelergebnissen der Fachdisziplinen ein Gesamtbild der Ereignisse entstehen.

SE/AG/BJ

*Blick über die
Untersuchungsfläche
in das Tal der Dosse*

*Das Massengrab auf einem
kleinen Erdsockel inmitten
der Kiesgrube*

*Dreieckiger Einschnitt
des Kiesbaggers in
das rechteckige Grab*

*Aus der Profilwand
der Baggerstörung ragten
menschliche Knochen.*

Die archäologische Ausgrabung

*Zur Unterscheidung
wurden die über- und
nebeneinander liegenden
Skelette im Plan farbig
markiert.*

*Handschriftliche
Informationen
ergänzten den farbigen
Individuenplan.*

Das Grab lag südlich der Stadt Wittstock am Osthang des Weinber-ges, eines während der Schlacht von 1636 stark umkämpften Hügels, wo heute ein Gewerbegebiet entsteht. Von der Hügelkuppe hat man einen guten Blick in die breite Niederung der Dosse, an deren Rand die schon im 17. Jahrhundert existierende Landstraße von Kyritz nach Wittstock verläuft. Nach der Entdeckung der menschlichen Knochen im April 2007 fand der weitere Sandabbau unter archäologischer Auf-sicht statt und das Grab blieb auf einer Insel inmitten der Abbaufläche stehen. Weitere Massengräber in unmittelbarer Nähe kamen jedoch nicht zum Vorschein.

Die ursprünglich rechteckige Grube wies am Westrand, dort wo der Kiesbagger mehr als ein Viertel des Befundes zerstört hatte, einen gro-ßen dreieckigen Eingriff auf. Im senkrechten Anschnitt zeigte sich die Störung noch deutlicher: Knochen und Schädelfragmente ragten aus der Profilwand. Da das Grab ein Zufallsfund war, wurde es mit großen Plastikplanen abgedeckt und gesichert, bis die Mittel und das Personal für die Ausgrabung zur Verfügung standen. Zwischen Mitte Juni und Anfang August 2007 untersuchten Mitarbeiter des BLDAM das Grab. Das Team um die Archäologin und Grabungsleiterin Anja Grothe und die Anthropologin Bettina Jungklaus bestand aus dem Grabungstech-niker Silvio Scholz, der Zeichnerin Corinna Koch, dem angehenden Grabungstechniker Arie Kai-Browne sowie den Grabungsarbeitern Daniel Dosdall, Bettina Neese und Frank Stoll. Ein Minibagger half den Abraum beiseite zu schaffen. Die Skelette legten die Ausgräber sorgsam mit Spatel und Pinsel frei. Schnell zeigte sich, dass die Leichen nicht unsystematisch, sondern in einer bestimmten Ordnung in das Grab gelegt worden waren. Daher versuchten die Forscher, jeweils ganze Bestattungsniveaus freizulegen und dabei jedes Skelett nach den Prinzipien der stratigrafischen Abfolge zu dokumentieren.

Ein Minibagger entsorgte den Abraum.

Die Skelette wurden sorgsam mit Pinsel und Spatel freigelegt.

Die einzelnen Bestattungslagen wurden als Messbild fotografiert.

Die Lage aller Skelette wurde detailliert beschrieben.

Um die Arbeiten zu beschleunigen, kamen digitale Messmethoden zum Einsatz. Statt die Skelette maßstäblich von Hand auf Millimeterpapier zu zeichnen, nahm der Grabungstechniker Messfotos auf. Dabei fotografierte er die einzelnen Bestattungslagen zusammen mit gelben Plastikschildchen senkrecht von oben. Diese Fotopunkte und die Höhenwerte der Skelette wurden anschließend über das satellitengestützte Global Positioning System (GPS) mit einem digitalen Tachymeter dreidimensional eingemessen. Danach setzte er alle Bilder mithilfe eines speziellen Computerprogrammes passgenau zusammen und druckte sie aus. Zur Unterscheidung der zahlreichen über- und nebeneinander liegenden Individuen wurden die zu einem Skelett gehörigen Knochen in diesen Fotoausdrucken farbig markiert. Die Archäologin notierte alle Informationen zur Lage der Skelette, zu den Verfüllsedimenten und den Funden im Grab. Die Anthropologin vermerkte die exakte Lage jedes Knochens in einem Grabprotokoll. Bei der Bergung der Skelette verzeichnete sie zudem erste Individualdaten, wie Körperhöhe, Geschlecht und Sterbealter sowie Spuren von Krankheiten und Verletzungen aus der Schlacht.

Nach sechs Wochen waren 88 Skelette aus ihrer originären Fundlage und die Einzelknochen von etwa 37 weiteren Individuen geborgen. Ein umfangreicher Pool an Informationen stand zur Analyse und Auswertung bereit.   *AG*

Die Einmessung erfolgte mit einem digitalen Tachymeter.

Behutsam barg die Anthropologin alle Knochen.

Moderne Archäologie nutzt moderne Methoden

Die Archäologie des 21. Jahrhunderts setzt nach wie vor auf die
sorgfältige Bestandsaufnahme der Befunde, auch wenn sich manche
Methoden geändert haben. Das galt sowohl während der Ausgrabung
der Skelette als auch bei der Sondierung des Schlachtfeldes. Maßband,
Millimeterpapier und Bleistift sind weitgehend von rechnergestütz-
ten Vermessungsgeräten und Computerausdrucken abgelöst worden.
Digitalfotografien und Luftbilder ergänzten die analoge Fotodoku-
mentation, waren schnell verfügbar und konnten vielfältig eingesetzt
werden. Die umfangreichen Informationen wurden in Datenbanken
erfasst. Die Archäologin Anja Grothe M. A. vom BLDAM leitete die
Ausgrabung und wertete die aufwändige Dokumentation aus. Sie
rekonstruierte den Grabbau und die Abfolge der Bestattungen. Die
Untersuchung der Funde vom Schlachtfeld erlaubte ihr neue Erkenntnisse zum Ablauf der Kämpfe.

Gemeinsam mit Mitarbeitern des BLDAM führten die Mitglieder
der „Interessengemeinschaft Ostfalensucher" auf dem Schlachtfeld
Begehungen durch. Dabei fanden sie neben Münzen und Ausrüstungsgegenständen auch Hunderte Bleikugeln. Gewicht, Durchmesser und Verformungsgrad der Geschosse gaben Informationen zum
Kaliber und zur Schussentfernung. Dadurch waren Aussagen zu den
im Kampf verwendeten Schusswaffen und zur militärischen Taktik
möglich.

Den Blick aus größerer Entfernung ermöglichten die Luftbildarchäologen Dr. Joachim Wacker und Dr. h. c. Otto Braasch. Sie beflogen das
Schlachtfeldareal zu unterschiedlichen Jahreszeiten. Durch negative
oder positive Wuchsmerkmale im Getreide hofften sie, die in den

*Bei der Ausgrabung des
Wittstocker Massengrabes
waren Computerausdrucke
und Feinwerkzeuge gleich
wichtig.*

Schriftquellen erwähnten Schanzanlagen der kaiserlichen und sächsischen Armeen im Gelände vom Flugzeug aus aufzuspüren – leider
ohne den gewünschten Erfolg.

Der Numismatiker Burkhard Schauer aus Berlin bestimmte die auf
dem Schlachtfeld entdeckten Münzen. Er erkannte, ob es sich um
„Kipper- und Wippermünzen" von geringem Wert oder „gutes Geld"
mit einem höheren Silbergehalt handelte. Prägeort und -jahr der
Münzen erlaubten Rückschlüsse auf den Umlauf und den täglichen
Umgang der Menschen mit ihrem Geld. Zahlreiche zeitgenössische
Münzschatzfunde zeigen, dass im Dreißigjährigen Krieg viel privates
Vermögen versteckt wurde und dann verloren ging.

Knochen können viel erzählen!

Menschliche Skelette sind für die Forscher biohistorische Urkunden,
die detaillierte Aussagen zum Leben in vergangenen Zeiten ermöglichen. Verschiedene anthropologische und naturwissenschaftliche
Fachdisziplinen lieferten Ergebnisse zu unterschiedlichen Aspekten
des Lebens, zu Krankheiten und auch zum Sterben der Söldner aus
dem Wittstocker Grab.

Erste wichtige Informationen zu den Verstorbenen ergaben die Individualdaten, zu denen Sterbealter, Geschlecht und Körperhöhe zählen.
Die Anthropologin Dr. Bettina Jungklaus vom BLDAM untersuchte
die Knochen der Söldner zudem im Hinblick auf Mangelerscheinungen, Degenerationen, Krankheiten und Verletzungen. Mit den daraus
resultierenden Erkenntnissen konnten die Lebensbedingungen der
Soldaten während des Dreißigjährigen Krieges umfassend rekonstruiert werden.

Viele Krankheiten ließen sich direkt am Knochen erkennen, für manche waren jedoch Detailuntersuchungen erforderlich. Der Paläopatho-
loge Professor Dr. Dr. Michael Schultz von der Georg-August-Universi-

*Die Lupe ist nur ein
Hilfsmittel, um mensch-
lichen Knochen ihre
Geheimnisse zu entlocken.*

tät Göttingen fertigte Dünnschliffe von auffälligen Knochenpartien an. Unter dem Mikroskop erkannte er Strukturveränderungen und diagnostizierte so Erkrankungen. Auch im Röntgenbild wurde manche von außen nicht erkennbare Veränderung oder Erkrankung sichtbar. Die Fachärztin für Diagnostische Radiologie, Dr. Beate Rehbock aus Berlin, führte eine Röntgen-Reihenuntersuchung an ausgewählten Skelettelementen durch. Sie widmete sich dabei speziellen Verletzungen sowie Unregelmäßigkeiten während des Wachstums der jungen Männer. Gewalteinwirkungen hinterlassen am Skelett meist deutliche Spuren. Seit 30 Jahren beschäftigt sich der Anthropologe Professor Dr. Joachim Wahl vom Baden-Württembergischen Landesamt für Denkmalpflege, Arbeitsstelle Konstanz, mit prähistorischen Skelettresten. Auch Dr. Hans Günter König, ehemaliger Forensiker am Institut für Gerichtliche Medizin der Universität Tübingen, ist ein Experte für die Rekonstruktion von Gewalteinwirkungen auf den menschlichen Körper. Gemeinsam werteten sie die Verletzungsspuren an den Knochen der Wittstocker Soldaten aus. Ihre Kenntnisse der Mechanik von Gewalteinwirkungen sowie der physikalischen Eigenschaften des menschlichen Körpers erlaubten es ihnen, über die so genannte Täter-Opfer-Geometrie den Tathergang, die Verletzungen und die Todesursache eines großen Teils der Söldner zu rekonstruieren.

Bestimmte Fragestellungen ließen sich mithilfe molekularbiologischer Methoden beantworten. Die Anthropologin Professor Dr. Gisela Grupe forscht an der Ludwig-Maximilians-Universität München und ist Spezialistin für archäometrische Untersuchungen. Aus kleinsten chemischen Bestandteilen des Knochens liest sie die gespeicherten Lebensdaten eines Menschen heraus. Durch die Analyse dieser so genannten Isotope konnte sie aus dem Zahnschmelz der Söldner deren Herkunft bestimmen. Die Isotopenverhältnisse im Knochen wiederum lieferten Informationen über den Ernährungszustand der Soldaten.

Für die Analyse des Erbguts von längst verstorbenen Menschen eignen sich Zähne besonders gut, da sich die Gene hier über viele Hundert Jahre erhalten können. Die Humangenetikerin Dr. Rebecca Renneberg von der Graduiertenschule „Human Development in Landscapes" in Kiel untersuchte die Gene der Söldner mit dem Ziel, die individuellen Daten zu erweitern und Informationen zum einstigen Aussehen der Soldaten zu gewinnen.

Diese Informationen sollten in die Rekonstruktion des Gesichts eines der Soldaten einfließen. Hilja Hoevenberg, die am Brandenburgischen Landesinstitut für Rechtsmedizin in Potsdam arbeitet, ist mit ihrer innovativen Methode eine Expertin auf dem Gebiet der forensischen Gesichtsrekonstruktion. Auf Grundlage der Knochen modellierte sie mit allen Muskeln, Haut und Haaren das Gesicht eines Söldners, der 1636 in der Schlacht von Wittstock sein Leben verlor.

Historische Wissenschaften:
Was die Schrift- und Sachquellen berichten

Zahlreiche zeitgenössische Berichte, Schlachtenkarten, Aufstellungsordnungen, Flugblätter und Gemälde vermitteln ganz unterschiedliche
Eindrücke von der Schlacht bei Wittstock. Was genau geschah am
4. Oktober 1636 und warum? Wer sagte die Wahrheit und wer ver-
fälschte die Fakten? Die Archäologin und Historikerin Dr. Sabine
Eickhoff vom BLDAM trug alle Informationen zur Schlacht zusammen, um deren Ablauf zu rekonstruieren. Zudem recherchierte sie
die Geschichte der in Wittstock angetretenen Regimenter und trug
Ereignisse aus dem Leben der Obristen zusammen.

Der Dreißigjährige Krieg war ein europaweiter Konflikt. Die Armeen
warben Söldner aus vielen Ländern an. An der St Andrews University
in Schottland untersuchte der Historiker Professor Dr. Steve Murdoch
die Rolle der schottischen Offiziere und Soldaten, die zu Tausenden
auf dem Kontinent kämpften. Mit jahrelangen Archivrecherchen gelang es ihm zu ergründen, warum und wie sie dies taten.

Zahlreiche Knochen der beigesetzten Männer zeigten schmale Ein-
schnitte, tiefe Kerben oder runde Löcher. Mehrere Schädel und
Extremitäten waren zerschmettert. Der Sachverständige für historische
Waffen, Jürgen H. Fricker aus Frankenhardt/Honhardt, stellte seine
umfangreiche Sammlung zeitgenössischer Waffen zur Verfügung,
damit im direkten Vergleich bestimmte Hiebverletzungen einem
Schwert, Säbel oder einer Hellebarde zugewiesen werden konnten. Die
Bestimmung der tödlichen Schusswaffe war so ebenfalls möglich.

Landschaftsgeschichte

Der Kartograf Heiko Wedel, beschäftigt am Landesbetrieb Landesvermessung und Geobasisinformation Brandenburg in Potsdam, hat
sich die Frage gestellt, wie die Landschaft um Wittstock vor 375 Jahren
aussah. Auf der Basis von Luftbildern und Laserscan-Daten entwickelte er dreidimensionale Geländeansichten des Schlachtfeldareals. Die
Verknüpfung mit historischen Karten des 17. und 18. Jahrhunderts
vermittelt einen Eindruck von der zeitgenössischen Landschaft.

SE/AG/BJ

Selbst in dem gut sortierten Aktenbestand des schwedischen Reichsarchivs in Stockholm lassen sich noch Neuigkeiten entdecken.

Weiterführende Literatur (Kurzzitate)
Brock/Homann, *Schlachtfeldarchäologie*, 2011.
Brothwell, *Digging up bones*, 1981.
Fiorato et al., *Blood red roses*, 2000.
Foard, *Naseby*, 1995.
Foard, *Investigation of early modern battlefields*, 2009a.
Förster, *Gefallenenbestattungen im Wandel der Jahrhunderte*, 1984.
Freeman/Pollard, *Fields of conflict*, 2000.
Grupe et al., *Anthropologie*, 2005.
Herrmann et al., *Prähistorische Anthropologie*, 1990.
Hüppi, *Kunst und Kultur der Grabstätten*, 1986.
Latzel, *Sterben im Krieg*, 1988.
Meller, *Schlachtfeldarchäologie*, 2009.
Parker, *Der Soldat*, 1997.
Rost/Wilbers-Rost, *Schlachtfeld von Kalkriese*, 2007.
Sutherland/Holst, *Battlefield archaeology*, 2005.
Zetkin/Schaldach, *Lexikon der Medizin*, 1999.

DER DREISSIGJÄHRIGE KRIEG

FLÄCHENBRAND IN EUROPA

Der Dreißigjährige Krieg dauerte von 1618 bis 1648 und begann als Religionskrieg zwischen der Katholischen Liga und der Protestantischen Union. Zu den konfessionellen Gegensätzen im Heiligen Römischen Reich Deutscher Nation trat der Zwist zwischen den Dynastien der Habsburger und Frankreich. So ging es um nicht weniger als um die Vormachtstellung in Europa. Auf der einen Seite kämpften die habsburgischen Mächte Österreich und Spanien mit ihren Verbündeten in Deutschland und Italien. Auf der anderen Seite standen Frankreich und seine wechselnden Alliierten Dänemark, Schweden und die Niederlande.

Je nachdem, welche Kontrahenten beteiligt waren, wird der Konflikt in vier Phasen unterteilt. Am Beginn stand der „Böhmisch-Pfälzische Krieg" (1618–1623), der vom „Dänisch-Niedersächsischen Krieg" (1623–1629) abgelöst wurde. Der mit dem Kriegseintritt Schwedens 1630 beginnende „Schwedische Krieg" war 1636 für die Skandinavier schon fast verloren, als der Sieg von Wittstock das Blatt wendete. Die als „Französisch-Schwedischer Krieg" bezeichneten Kämpfe setzten sich noch zwölf Jahre fort.

Seit 1643 verhandelten die Parteien, die miteinander Krieg führten. Erst die Verträge von Münster und Osnabrück – der „Westfälische Frieden" – beendeten 1648 die Kämpfe, die ohne eindeutigen Sieger geblieben waren, und die Gräueltaten an der Zivilbevölkerung. Doch brauchte es in manchen Landstrichen noch mehr als ein Jahrhundert, um die wirtschaftlichen und sozialen Wunden des Krieges zu heilen.

SE

Not und Prunk –
Die inszenierte Macht des Barock

Die erste Hälfte des 17. Jahrhunderts ist eine Zeit größter Gegensätze. Während die Menschen in den Kriegsgebieten Mitteleuropas große Not leiden, feiern sich die geistlichen und weltlichen Herrscher mit ausuferndem Prunk selbst. Die strenge Geometrie der Renaissance wird um 1600 von der barocken Kunst abgelöst, die in Italien entsteht und sich nach Norden ausbreitet. 1626 weiht man in Rom den Neubau des Petersdoms, der den Machtanspruch der katholischen Kirche gegenüber der Reformation überdeutlich zeigt. Diese höfisch-katholische Selbstinszenierung findet sich sowohl in der Architektur, der Malerei und der Bildhauerei als auch im Theater und in der neuen Kunstform der Oper. Nicht wenige berühmte Künstler verlassen das Umfeld der Handwerker und begeben sich auf das soziale Parkett ihrer kirchlichen und adeligen Auftraggeber. In den verschiedenen europäischen Ländern wird der neue Stil regional angepasst. In Deutschland, besonders im katholisch geprägten Süden, setzt erst nach dem Dreißigjährigen Krieg eine rege Bautätigkeit bei Kirchen, Klöstern und Schlössern ein. Dies geschieht mehr als zwei Generationen später als in Italien.

AG

Ferdinand II. von Habsburg

Friedrich V. von der Pfalz

Christian IV. von Dänemark

Albrecht von Wallenstein

Johann Tserclaes von Tilly

Gustav II. Adolf von Schweden

ZEITTAFEL

1618 Der „Prager Fenstersturz" führte zum Aufstand der protestantischen böhmischen Stände gegen den katholischen König FERDINAND II. aus dem Hause Habsburg.

1619 Ferdinand II. wurde zum Kaiser des Heiligen Römischen Reiches Deutscher Nation gewählt. Die böhmischen Stände setzten ihn als König Böhmens ab und wählten stattdessen den pfälzischen Kurfürsten FRIEDRICH V.

1620 Truppen der Katholischen Liga siegten am Weißen Berg in der Nähe von Prag über das böhmische Ständeheer. Friedrich von der Pfalz verlor seine Königswürde und musste fliehen.

1621 In den Niederlanden ging nach zwölf Jahren der Waffenstillstand mit Spanien zu Ende. Die Kampfhandlungen begannen erneut.

1622/1623 Einige protestantische Heerführer setzten den Krieg außerhalb von Böhmen fort. Mehrere Niederlagen dezimierten ihre Truppen, und sie traten in niederländische Dienste ein.

1625 Der protestantische König CHRISTIAN IV. von Dänemark griff in den Krieg ein. Als Führer der kaiserlichen Truppen stellte der böhmische Herzog ALBRECHT VON WALLENSTEIN eine große Streitmacht auf.

1626 Die Dänen erlitten bei Lutter am Barenberge eine vernichtende Niederlage gegen die Truppen des Kaisers und der Katholischen Liga unter JOHANN TSERCLAES VON TILLY.

1627 Tilly und Wallenstein besetzten Norddeutschland und die Halbinsel Jütland.

1628 Kaiser Ferdinand II. setzte die mit Dänemark verbündeten Herzöge von Mecklenburg ab und übertrug deren Landesherrschaft auf Wallenstein.

1629 Dänemark schloss den Frieden von Lübeck und schied aus dem Krieg aus.

Das kaiserliche Restitutionsedikt verlangte die Rückerstattung eingezogener katholischer Besitztümer. Es bildete sich eine starke protestantische Opposition gegen die Katholische Liga.

1630 Auf Druck der Katholischen Liga setzte der Kaiser Wallenstein ab.

König GUSTAV II. ADOLF VON SCHWEDEN landete mit seiner Armee auf Usedom.

1631 Kaiserliche Truppen eroberten das protestantische Magdeburg, plünderten es und verübten große Gräueltaten.

1631/1632	Die Schweden rückten bis nach Süddeutschland vor. Die Katholische Liga unter Tilly unterlag bei Breitenfeld und Rain am Lech.
1632	Der Kaiser setzte Wallenstein wieder als Oberbefehlshaber ein. Die Schlachten bei Nürnberg und Lützen, in der Gustav II. Adolf starb, beendeten den schwedischen Vormarsch.
1633	Reichskanzler AXEL OXENSTIERNA übernahm für die unmündige Königin Christina die Regierungsgeschäfte in Schweden. Unter seiner Führung bildete sich der protestantische Heilbronner Bund.
1634	Albrecht von Wallenstein wurde auf Befehl des Kaisers im böhmischen Eger ermordet. In der Schlacht bei Nördlingen siegte die kaiserliche Armee über die Schweden.
1635	Die protestantischen Reichsstände schlossen mit dem Kaiser den Prager Frieden. Das Restitutionsedikt von 1629 wurde ausgesetzt. Frankreich erklärte den Habsburgern den Krieg.
1636	Kaiserliche Truppen marschierten in Frankreich ein. Die bis nach Norddeutschland zurückgedrängten Schweden unter Feldmarschall JOHAN BANÉR siegten in der Schlacht von Wittstock über eine kaiserlich-sächsische Armee unter Feldmarschall MELCHIOR VON HATZFELD und Kurfürst JOHANN GEORG I.
1637–1643	Auch der neue Kaiser FERDINAND III. setzte den Krieg fort. Verschiedene Kriegszüge und Schlachten in Mitteldeutschland und Böhmen sowie in Oberdeutschland und dem Elsass blieben ohne eindeutigen Sieger.
1644	In Münster und Osnabrück begannen die vierjährigen Friedensverhandlungen.
1645	Die Schweden drangen bis Wien und Prag vor und siegten in einer der letzten großen Schlachten des Krieges bei Jankau.
1646–1647	Trotz der Friedensverhandlungen gingen die Kämpfe und die Verheerungen breiter Landstriche weiter.
1648	Der Westfälische Frieden schrieb die Gleichstellung der protestantischen und katholischen Konfessionen fest und erkannte Glaubensfreiheit und Territorialhoheit der Reichsstände an. Die Schweizer Eidgenossenschaft und die Vereinigten Provinzen der Niederlande wurden unabhängig. Neben Besitzverschiebungen der deutschen Fürstentümer gewannen Schweden und Frankreich Gebiete hinzu. *SE*

Axel Oxenstierna

Johan Banér

Melchior von Hatzfeld

Johann Georg I. von Sachsen

Ferdinand III. von Habsburg

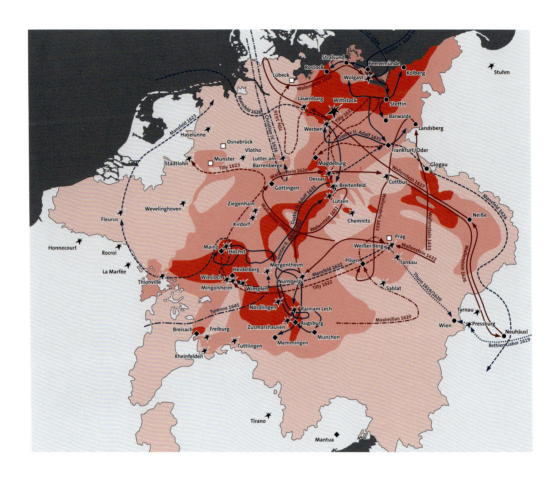

Außerhalb der Kampfgebiete erlitt die Bevölkerung zumeist nur geringe Verluste. Wo die Armeen jedoch durchzogen und der Krieg tobte, blieben entvölkerte Landschaften zurück.

DIE SPUREN DES KRIEGES

Der Dreißigjährige Krieg war ein europaweiter Konflikt. Er konzentrierte sich jedoch auf das Heilige Römische Reich Deutscher Nation, das sich während dieser Zeit von der Ostsee bis zur Adria sowie von der Nordsee bis ins heutige Polen erstreckte. Um 1620 lebten hier etwa 20 Millionen Menschen.

Die Bevölkerung litt sehr unter den Kriegshandlungen, Schlachten und Belagerungen. Etwa 80 Mal, darunter in 33 großen Feldschlachten, stießen die Kontrahenten in unterschiedlicher Konstellation aufeinander. Diesen Schlachten und den Eroberungen wichtiger Städte, die oft mit langen Belagerungskämpfen verbunden waren, kam entscheidende Bedeutung zu. Sie machten aus Siegern Verlierer und ordneten die Vormachtstellungen und Allianzen neu – bis zum nächsten Aufeinandertreffen.

Verhängnisvoll waren die ungezählten Durchmärsche der Söldnerheere und deren Folgen: Die Folter und die Grausamkeiten marodierender Truppenteile an der Zivilbevölkerung sind kaum vorstellbar. In den „kahl gefressenen", verwüsteten Landstrichen breitete sich der Hunger aus. Oft war er so groß, dass die Menschen nicht nur Gräser, Eicheln und Blätter kochten, sondern auch Pferdekadaver, Hunde, Katzen oder Mäuse aßen. Wiederholt gab es sogar Berichte über Hungerkannibalismus. Not, räumliche Enge und mangelnde Hygiene sorgten für die epidemische Ausbreitung von

unter 33 %	
33 bis 66 %	
über 66 %	
deutsche Reichsgrenzen um 1648	——
Schlachten	✶
geplünderte Städte	◆
Friedensverhandlungen	☐
wichtige Wegestationen	●
Bewegungen protestantischer Armeen	▪▪▪▶
Bewegungen kaiserlicher Armeen	▪ ▪▶

Krankheiten in den umherziehenden Armeen, die schnell auch auf die Bevölkerung übergriffen. Gegen diese eingeschleppten Seuchen und Krankheiten, die breite Landstriche entvölkerten, waren die Menschen machtlos. Die Bevölkerungszahl sank um etwa ein Drittel. Vier bis fünf Millionen Tote bedeuteten prozentual größere Verluste als während des Zweiten Weltkrieges. Sie waren jedoch nicht überall gleich hoch. In Mecklenburg, Pommern und Brandenburg sowie in Thüringen, dem Rhein-Main-Gebiet und Schwaben ging die Bevölkerung um über 70 % zurück. Aber es gab auch weniger betroffene Regionen und sogar Gewinner des Krieges. So hatten die Schweiz, Tirol und Österreich nur vereinzelt Tote zu beklagen. Auch Holstein, Oldenburg und Friesland kamen glimpflich davon. Sie lieferten Nachschub an Pferden, Rindern und Getreide und wurden deshalb geschont. Hamburg verdiente sogar am Handel im Krieg und wuchs so zur größten Stadt des Reiches heran. *SE*

VERWÜSTETES BRANDENBURG

In den ersten Jahren spürten die Menschen hierzulande die Auswirkungen des Krieges nur an einer fortschreitenden Geldentwertung, die das Leben teuer machte und zu Unruhen führte. Als 1626 etwa 19.000 dänische Soldaten einmarschierten, erreichte der Konflikt den Norden Brandenburgs jedoch mit all seiner Gewalt. Die Region sollte mehr als 15 Jahre nicht zur Ruhe kommen. Sie war ständiges Durchzugsgebiet für Kriegsvolk aller Art, Schauplatz einer großen Feldschlacht und ungezählter blutiger Scharmützel.

Wie schlimm die Situation im Jahr 1636 war, schildert das zeitgenössische Geschichtswerk „Theatrum Europaeum" unter der Überschrift „Großes Sterben und Elend in der Alten Marck Brandenburg": *„Zudem breitet sich in Stendal und den benachbarten Orten der Altmark die Epidemie so stark aus, dass in diesen Landstädten 30 bis 40 Menschen täglich sterben. Durch diese Seuche sind viele Ortschaften wüst und öde geworden. Dazu kommt noch das große Kriegselend, da die schwedischen Truppen die Städte Osterburg, Seehausen und Tangermünde zweimal ausgeplündert haben. Durch den anschließenden Überfall der Kaiserlichen sind sie so zerstört, dass kein Mensch mehr dort leben kann. Die wenigen Verbliebenen sind an Hunger und Kummer gestorben. Sie blieben unbegraben und wurden zumeist von den Hunden gefressen"* (moderne Umschrift).

Viele Bauern flohen vor der plündernden und mordenden Soldateska in die benachbarten Städte, aber auch ins Ausland. Die Knappheit an Nahrungsmitteln wurde durch zusätzliche klimabedingte Ernteausfälle zur Hungersnot. Eingeschleppte Seuchen und Epidemien wüteten in bislang unbekanntem Ausmaß. Insbesondere während der großen Pestwelle von 1636 bis 1638 starben Tausende Menschen. In der Stadt Wittstock war die Anzahl der Sterbefälle bereits in

Die „Kleine Eiszeit"

Zwischen dem 15. und dem 19. Jahrhundert gab es wiederholt Phasen mit sehr kalten, langen Wintern und regnerischen, kühlen Sommern, die man als „Kleine Eiszeit" bezeichnet. Gründe für diese Klimaschwankungen waren eine zeitweilig geringere Aktivität der Sonne und mehrere Vulkanausbrüche. Durch die veränderten Umweltbedingungen konnten die Ackerfrüchte oft nicht ausreifen. Es kam zu Missernten, die extreme Preissteigerungen und Hungersnöte auslösten. So entstand im 17. Jahrhundert eine Wirtschaftskrise, die – durch den Dreißigjährigen Krieg verstärkt – weit reichende soziale Folgen hatte.

Das Jahr 1636 begann mit überdurchschnittlich hohen Niederschlägen. Einige Regionen hatten bereits im Februar mit Überschwemmungen zu kämpfen. Zwischen März und Juli 1636 gab es hingegen eine Trockenphase, die zu Ernteschäden führte. Erst gegen Ende Juli änderte sich die Großwetterlage wieder und es regnete lang anhaltend. Erneut war besonders im Norden Hochwasser die Folge. Der anschließende Winter war jedoch trocken und sehr kalt. *AG*

*Ohne den üblichen
beschönigenden, dafür mit
einem moralisierenden
Blick hält der lothringische
Kupferstecher Jacques
Callot in einer Bilderserie
die Gräueltaten, aber auch
das Leid der Soldaten fest.*

der ersten Hälfte der 1630er Jahre überdurchschnittlich hoch. Im Jahr 1638 forderte der „Schwarze Tod" hier 1.599 Menschenleben – vermutlich etwa drei Viertel der Einwohnerschaft.

Als der Krieg ab 1642 langsam das Land verließ, war Brandenburg verwüstet und in einigen Regionen vollständig zerstört. In den Städten der Mark ging die Bevölkerung um etwa 80 % zurück, auf dem Land um 40 bis 90 %. Mancherorts dauerte es bis zum Ende des 18. Jahrhunderts, bis die Verluste ausgeglichen waren. *SE*

*Das Kirchenbuch der
brandenburgischen Stadt
Wittstock listet für 1638
seitenweise Todesfälle auf –
im August starben täglich
etwa zehn Menschen.*

Schottland konvertierte 1560 offiziell zum Calvinismus, einer von dem Schweizer Theologen und Juristen Johannes Calvin begründeten reformierten Glaubensrichtung. Eine kleine katholische Minderheit existierte jedoch weiterhin. Die dynastische Verbindung zum protestantischen Europa wurde durch die Heirat des schottischen Königs James VI. – der 1603 als James I. zugleich den englischen Thron bestieg – mit Anna von Dänemark im Jahr 1589 gefestigt. Auch die Heirat von Elisabeth Stuart, der Tochter von James VI. (bzw. I.), mit Kurfürst Friedrich V. von der Pfalz

Das Abhalten des Gottesdienstes nach anglikanischem Ritus stieß bei der calvinistischen Gemeinde von Edinburgh 1637 auf heftigste Ablehnung.

verstärkte die Beziehungen zwischen dem schottischen und englischen Königshaus und dem Kontinent.

Im Jahr 1625 bestieg Elisabeths Bruder, Charles I., den schottischen und englischen Thron. Er regierte von London aus und bemühte sich um eine Vereinigung der englischen (anglikanischen) und schottischen (calvinistischen) Kirche. Dies stieß auf heftige Ablehnung, da für viele Schotten ihr Glaube und ihre Identität zusammengehörten. Tausende demonstrierten dies durch ihr Engagement für die protestantische Sache in Europa. So dienten ungefähr 50.000 Freiwillige während des Krieges in den böhmischen, niederländischen, dänischen und schwedischen Armeen. Als Charles I. versuchte, Schottland seine religiösen Reformen aufzuzwingen, vereinte sich das Land größtenteils im National Covenant (1638). Veteranen, die vom Kontinent zurückkehrten, kämpften nun unter Feldmarschall Alexander Leslie dafür, dass Schottland ein calvinistisches Land blieb.

Schottland war sprachlich zweigeteilt. In den Highlands redete eine Mehrheit der Bevölkerung Gälisch, während in den Lowlands die schottische Sprache vorherrschte. Zu Beginn des 17. Jahrhunderts gab es etwa eine Million Einwohner und die kriegsbedingte Abwesenheit vieler Männer wirkte sich auf die soziale und wirtschaftliche Struktur aus. Das Land war weitgehend agrarisch geprägt, jedoch gab es an der Ostküste einige städtische Siedlungen. In deren Häfen unterhielten schottische Kaufleute Handelsbeziehungen mit den Niederlanden, Skandinavien und dem südlichen Ostseeraum. Weitere wirtschaftliche Kontakte existierten mit Frankreich und der Iberischen Halbinsel. Insgesamt war Schottland sowohl religiös als auch politisch und wirtschaftlich in das Geflecht gesamteuropäischer Beziehungen eingebunden. *SE/SM*

Seit etwa 1520 wandelten sich die politisch-religiösen Verhältnisse in Schweden. Die Kalmarer Union, eine Vereinigung der Königreiche Dänemark, Norwegen und Schweden, löste sich endgültig auf. Dadurch wurde das Land von der Dominanz der Dänen befreit. Gleichzeitig leitete König Gustav Vasa die Reformation ein und führte sein Land zum Protestantismus.

Während des 16. Jahrhunderts konnte Schweden einige außenpolitische Bedrohungen abwenden, wurde jedoch in einen bitteren Bürgerkrieg verwickelt, der erst 1598 mit dem Sieg Herzog Karls IX. über seinen katholischen Neffen Sigismund endete. Die Auseinandersetzung mit Sigismund, dem König von Polen und Litauen flammte allerdings bis 1629 immer wieder auf.

Ein protestantisches Flugblatt feiert die Landung der schwedischen Armee unter König Gustav II. Adolf auf Usedom 1630 als Rettung der christlichen Kirchen.

Zu Beginn des 17. Jahrhunderts versuchte Schweden sich aus seiner geografischen Umklammerung zu befreien und stieg zu einer expandierenden Ostseemacht auf. Getragen wurde diese Entwicklung von Gustav II. Adolf, der nach dem Tod seines Vaters 1611 mit gerade 17 Jahren den Thron bestieg. Ein Krieg gegen Dänemark und Norwegen (1611–1613) endete jedoch mit einer Niederlage. Um den permanenten Zugang zur Nordsee und damit die Basis für den internationalen Handel an der Mündung des Flusses Gota bei Göteborg zu behalten, mussten enorme Reparationen gezahlt werden. Eroberungen an der südbaltischen Küste konnten den Wunsch nach einer Ausweitung des Handels ebenfalls nur begrenzt erfüllen. Auch bestand die Befürchtung, der deutsche Kaiser, dessen Truppen die Ostseeküste erreicht hatten, könnte Marineeinheiten im Baltikum aufstellen. Dies alles führte zu Schwedens erster direkter Beteiligung am Dreißigjährigen Krieg. Bei der Belagerung von Stralsund im Jahr 1628 unterstützten schwedische Einheiten die dänischen Garnisonstruppen gegen die Armee Wallensteins und halfen bei der Verteidigung der Stadt. Zwei Jahre später landete Gustav II. Adolf auf Usedom.

Um seine Vormachtstellung im Ostseeraum zu sichern, leitete Gustav II. Adolf eine innere Reorganisation des Staates ein: Reichsrat und Reichstag erhielten politische Mitspracherechte. Dies und die positiven Auswirkungen der Wirtschaftspolitik insbesondere für das Bürgertum führten zu einem lang anhaltenden inneren Frieden in der schwedischen Gesellschaft. Auch die Bauern, der vierte Stand im Reichsrat, profitierten davon. Da es in Schweden keine Leibeigenen gab und mehr als ein Drittel des Grundbesitzes in der Hand freier Bauern war, spielten sie eine wichtige Rolle, nicht zuletzt bei der Aushebung von Soldaten. Der gesellschaftliche Zusammenhalt und die Unterstützung für den Staat blieben selbst dann noch bestehen, als die Rekrutierungspraxis den ländlichen Regionen viele Tausend arbeitsfähige Männer entzog und es zu Not und Armut auf dem Land kam.

Um ein effizient funktionierendes Militärsystem aufzubauen, führte König Gustav II. Adolf mehrere Heeresreformen durch. Diese betrafen den Rossdienst des Adels, die Zwangsaushebung von Bauern und die Werbung ausländischer Söldner. Trotz Differenzen zwischen der bäuerlichen Landwehr und den angeworbenen Söldnertruppen erwiesen sich die schwedischen Einheiten als zuverlässig und flexibel einsetzbar. Technische Neuerungen trugen dazu bei, den Ruf der schwedischen Armee und seines „Königs aus Mitternacht" zu stärken. So führte Gustav II. Adolf seine Einheiten ab 1630 zu einer Reihe überwältigender Siege, bevor er in der Schlacht von Lützen 1632 sein Leben verlor.

Auch danach setzten die Schweden unter der Führung von Reichskanzler Axel Oxenstierna ihre Aktivitäten in Deutschland fort. Mit der Hilfe ihrer Verbündeten konnte sich die schwedische Armee im Feld behaupten. Sie erlitt jedoch einen Rückschlag durch die katastrophale militärische Niederlage bei Nördlingen und den Frieden von Prag 1635, sozusagen deren diplomatisches Pendant. Frühere Verbündete wie der Kurfürst Johann Georg I. von Sachsen wandten sich dem Kaiser zu. Doch die schwedische Armee erholte sich und erzielte 1636 bei Wittstock einen spektakulären Sieg. Danach konnten sich die Schweden wieder in Deutschland festsetzen, wobei sie nun von Frankreich unterstützt wurden. Erst nach weiteren zwölf Jahren wechselnden Kriegsgeschehens kam es 1648 zur Unterzeichnung der Vereinbarungen zum Westfälischen Frieden, der die schwedische Großmachtstellung während der folgenden Jahrzehnte festschrieb. Schweden erhielt Vorpommern mit Stettin, Rügen, Usedom, Wollin, Wismar, Bremen und Verden. Die schwedischen Besitzungen reichten nun bis unmittelbar an die Südgrenze Schleswig-Holsteins. *SE/SM*

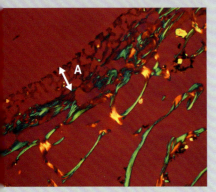

Am Unterkiefer eines fünf- bis sechsjährigen Mädchens finden sich feine poröse Veränderungen. Unter dem Mikroskop zeigen sie sich als Auflagerung (A), ein Hinweis auf Skorbut.

Auch im 17. Jahrhundert haben in der Mark Brandenburg zahlreiche Menschen gelebt, gearbeitet und ihre Kinder großgezogen. Jeder von ihnen hat seine Zeit individuell erlebt oder erlitten. Die Geschichtsschreibung kann über die einfachen Bewohner nur wenig aussagen, da es kaum schriftliche Selbstzeugnisse gibt. Auch archäologische Funde beleuchten lediglich einige Aspekte der materiellen Alltagskultur. Ein mit archäologischen Methoden dokumentiertes und geborgenes Skelett dagegen liefert eine Fülle an Informationen über den Menschen. Wie alt war er bei seinem Tod? Welches Geschlecht hatte er? An welchen Krankheiten litt er? Um ein möglichst genaues Bild von den Lebensumständen in früheren Zeiten zu gewinnen, stellen die Anthropologen eine Vielzahl von Fragen, die sie mit ihren Untersuchungen beantworten wollen. Besonders die Krankheitsbelastung eines einzelnen Menschen oder einer ganzen Gruppe gewährt Einblicke in die Lebensbedingungen: in die Ernährung, in berufliche Tätigkeiten und soziale Verhältnisse.

Als schwächster Teil einer Bevölkerung sind Kinder am stärksten von ungünstigen Lebensumständen betroffen. Da sie sich im Wachstum befinden, stellen sie höhere Ansprüche an ihre Nahrung und die Umwelt, und so machen sich beispielsweise Mangelzustände bei ihnen schneller bemerkbar als bei Erwachsenen. Nach langen Wintern, in denen nur wenig vitaminreiche Nahrung zur Verfügung stand, leiden sie oft an einem chronischen Defizit von Vitamin C. Diese als Skorbut bezeichnete Krankheit galt lange Zeit als ansteckend. Erst 1912 wurde der Mangel an Vitamin C als Ursache nachgewiesen. Bereits nach wenigen Monaten treten erste Symptome wie das für Skorbut typische Zahnfleischbluten auf. Starke Blutungen an den Knochen führen dann zu ausgedehnten Blutergüssen, die in Form von porösen Auflagerungen Spuren am Skelett hinterlassen können. Die sichere Diagnose ist nur anhand der Untersuchung einer Knochenprobe unter dem Mikroskop möglich.

Skorbut war normalerweise eine eher seltene Erkrankung. Bei Hungersnöten, Kriegen oder Belagerungen, wenn die Ernährung sowohl unzureichend als auch einseitig war, trat sie jedoch gehäuft auf. So litt in dem kleinen Ort Tasdorf östlich von Berlin im 17. Jahrhundert jedes zweite Kind an Skorbut. Der Friedhof von Tasdorf ist ausgegraben worden. Die anthropologisch untersuchten Bestattungen der frühen Neuzeit können somit den Toten aus dem Wittstocker Massengrab gegenübergestellt werden und ermöglichen damit den Vergleich zwischen einer normalen Dorfbevölkerung und einem Heeresverband. Mangelernährung erweist sich bei näherer Betrachtung als ein komplexes Zusammenspiel mehrerer Faktoren. Bereits das Fehlen nur einer Nahrungskomponente kann Auswirkungen auf den menschlichen

Organismus haben und weitere Erkrankungen nach sich ziehen. Besonders die Anfälligkeit für Infektionskrankheiten ist erhöht. Schwere Mangelernährung und länger andauernde Hungerzustände mit den sie begleitenden Krankheiten verlangsamen zudem das Wachstum und die Reife eines Menschen.

Eine Erkrankung, die durch den Mangel an Vitamin D ausgelöst wird, ist Rachitis. Die Ursachen sind vielfältig. Sowohl fehlendes Sonnen- bzw. ultraviolettes Tageslicht, ein Mangel an oraler (Pro-) Vitamin D-Zufuhr als auch der gesteigerte Vitamin D-Bedarf beispielsweise bei einem Wachstumsschub führen zu dieser Krankheit. Die nötige Menge an Vitamin D kann nicht mit der Nahrung aufgenommen werden. Vielmehr erzeugt der menschliche Organismus das Vitamin mithilfe ultravioletter Sonnenstrahlung aus dem Provitamin selbst. Erst in den 1930er Jahren wurde der Vitaminmangel als Ursache der Rachitis erkannt, zu der fehlendes Sonnenlicht maßgeblich beiträgt. Charakteristisch ist eine verminderte Mineralisation des Knochens während des Skelettwachstums, was zum Erweichen und dann zum Verbiegen insbesondere der Beinknochen führt. Jedes zehnte Kind in Tasdorf litt im 17. Jahrhundert an Rachitis.

Auch an den Zähnen lassen sich wichtige Informationen insbesondere zur Ernährungslage einer historischen Bevölkerung ablesen. Die Belastung durch Karies und die Stärke der Abkauungen zeigen die kontinuierlichen mechanischen, chemischen und krankheitserzeugenden Belastungen, denen Zähne ausgesetzt sind, deutlich.

Brot wurde damals meist für zwei bis drei Wochen auf Vorrat gebacken und war daher härter als das heutige. Es erforderte eine entsprechend lange Kauarbeit und beanspruchte den Zahnschmelz bis hin zur Abkauung stark. Im Gegensatz zu den heutigen feinen Auszugsmehlen stammte das Mehl früher aus Mühlen, in denen das Getreide zwischen zwei Mahlsteinen zerrieben wurde. Feiner Steinstaub, aber auch Herdasche oder Spelzreste gelangten in das Backgut und förderten den Abrieb der Zähne.

Bis zum Beginn des Industriezeitalters waren Zahnverluste zu Lebzeiten, meist infolge einer unbehandelten Karies, häufig. Dies ist auf eine kohlehydratreiche Nahrung zurückzuführen, die viel Brot und Brei, aber kaum Fleisch enthielt. Doch auch mangelnde Mundhygiene konnte Karies, Parodontose und schließlich Zahnausfall verursachen. Körperlicher Stress hinterlässt am Knochen oftmals typische, jedoch unspezifische Veränderungen, die als Stressmarker bezeichnet werden. Solche Stresssituationen können schwere Infektionskrankheiten, länger andauernde Mangelzustände, Fehlernährung, das Abstillen oder auch der Eintritt in das Arbeitsleben sein. Die Spuren am Knochen geben somit Einblicke in besondere Belastungsphasen während der Kindheit.

Poröse Veränderungen am knöchernen Dach der Augenhöhle werden als Cribra orbitalia bezeichnet und können im Zusammenhang mit Skorbut, Rachitis, Anämie oder Knochenentzündungen entstehen.

Im Vergleich mit einem gesunden Oberschenkel (rechts) wird die durch eine Rachitis hervorgerufene Biegung des linken Oberschenkels eines fünf- bis sechsjährigen Kindes aus Tasdorf (links) besonders deutlich.

Grobe Getreidekost seit frühester Kindheit hat alle Zähne eines etwa 40-jährigen Mannes fast bis zur Wurzel abgeschliffen. Als ein anderer Mann aus Tasdorf mit etwa 50 Jahren starb, hatte er fast keine Zähne mehr.

Die porösen Veränderungen an den Augenhöhlen dieses vier bis fünf Jahre alten Jungen sind deutlich zu erkennen.

Diese Veränderungen, von denen insbesondere die Kinder betroffen waren, sind in vorindustriellen Zeiten bei bis zu 80 % der Bevölkerung zu finden. Erst eine mikroskopische Untersuchung des betroffenen Knochens kann die genaue Ursache klären.

Im Röntgenbild eines Langknochens zeigen sich quer verlaufende Linien. Diese Verdichtungen werden Harris-Linien genannt und entstehen bei einem Wachstumsstillstand, der durch Hunger, Mangelernährung oder Krankheiten verursacht wird. Die Positionen dieser Linien verraten zudem, in welchem Alter sie entstanden sind. Das rechte Schienbein eines vier- bis sechsjährigen Mädchens weist sechs Linien auf, die sich im Alter von ein bis drei Jahren gebildet haben. In dieser Zeit durchlebte das Kind mehrere Krisenzeiten. Beim Abstillen im Verlauf des dritten Lebensjahres und beim Eintritt in das Arbeitsleben mit etwa sieben Jahren kam es am häufigsten zu den auffälligen Verdichtungen.

An den Zähnen weisen Querrillen auf eine Störung der Schmelzbildung im Kindesalter hin. Vitaminmangel, Hungersnot oder schwere Infektionskrankheiten sind Stress für den Organismus und führten zu einer abweichenden Dicke des Zahnschmelzes. Die Lage der Linien verrät das Entstehungsalter und verdeutlicht Krisenzeiten in der kindlichen Entwicklung. Etwa drei Viertel der Söldner aus dem Wittstocker Massengrab zeigen diese Veränderungen, genauso viele wie in der zeitgleichen Bevölkerung. Sie entstanden zumeist im Alter von drei oder vier Jahren.

Im Röntgenbild erscheinen die Verdichtungen als helle Linien an beiden Enden des Unterschenkelknochens.

Neben Mangel- oder Fehlernährung und körperlichem Stress wirkten sich Infektionskrankheiten ebenso schlimm auf die Menschen aus. Mangelnde Hygiene, schlechte medizinische Versorgung und Unkenntnis über die Übertragungswege erhöhten das Ansteckungsrisiko enorm.

Eine dieser Krankheiten, deren Herkunft bis heute nicht abschließend geklärt ist, war die Syphilis. Es gibt zwei Theorien: Zum einen soll die Krankheit nach der Entdeckung Amerikas durch Columbus nach Europa eingeschleppt worden sein. Möglicherweise hat sie sich aber auch aus einer einheimischen, vor allem im Mittelmeerraum seit Jahrhunderten existierenden Krankheit entwickelt. Als neue Erkrankung wurde die Syphilis in den letzten Jahren des 15. Jahrhunderts beschrieben. Durch ihren schnellen und schweren Krankheitsverlauf verbreitete sie überall Furcht und Schrecken. „Es bilden sich Blasen und Pusteln, erst eiternde, dann krustige Rinden unter fürchterlichen Schmerzen in den Knochen, so dass viele Leute daran gestorben sind", berichten böhmische Annalen aus dem frühen 16. Jahrhundert. Ob die zahlreichen Schriftquellen tatsächlich immer die Syphilis beschreiben, ist nicht sicher, denn die Abgrenzung zu Lepra, Masern oder Pocken fällt schwer. In jedem Fall kann angenommen werden, dass sich die Infektion ab dem 16. Jahrhundert auf geschlechtlichem Weg in ganz Europa verbreitete und dass die Söldnerheere während des Dreißigjährigen Krieges besonders dazu beigetragen haben.

Auf dem Friedhof von Tasdorf, auf dem während der frühen Neuzeit die Dorfbevölkerung bestattet wurde, fand sich mindestens ein Fall von Syphilis. Am Schädel einer 25- bis 30-jährigen Frau zeigen sich die auffälligen Knochenveränderungen: großflächige Auflösungen, eine knotig wirkende Oberfläche und zahlreiche narbenähnliche Defekte. Allerdings kann durch die Untersuchung ausschließlich der Knochen die Häufigkeit dieser Geschlechtskrankheit nicht festgestellt werden. Veränderungen am Skelett zeigen sich nämlich erst im dritten Stadium der Syphilis. Vorher sind lediglich Hauterkrankungen zu erkennen.

BJ

Die durch Störungen bei der Bildung verursachten Rillen im Zahnschmelz sind nicht nur sichtbar, sie können auch deutlich gefühlt werden.

Weiterführende Literatur zum gesamten Kapitel (Kurzzitate)
Asche, *Neusiedler im verheerten Land*, 2006.
Björlin, *Johan Banér*, 1910.
Brothwell, *Macroscopic dental pathology*, 1963.
Burgard, *Die frühe Neuzeit*, 1997.
Englund, *Die Verwüstung Deutschlands*, 1998.
Ericson, *Svenska slagfält*, 2003.
Glaser, *Klimageschichte Mitteleuropas*, 2001.
Grosjean, *An unofficial alliance*, 2003.
Grüneberg, *Prignitz im 17. Jahrhundert*, 1999.
Guthrie, *The later Thirty Years' War*, 2003.
Imhof, *Lebenserwartungen in Deutschland*, 1990.
Jacobeit/Jacobeit, *Illustrierte Alltagsgeschichte*, 1985.
Jungklaus, *Krankheitsbelastung der Kinderpopulation von Tasdorf*, 2011.
Jungklaus/Niemitz, *Lebensbedingungen in Mittelalter und Neuzeit*, 2001.
Krabath, *Buntmetallfunde*, 2001.
Krebs, *Melchior von Hatzfeld*, 1910.
Münch, *Lebensformen in der frühen Neuzeit*, 1998.
Murdoch, *Scotland and the Thirty Years' War*, 2001.
Poremba, *Goldene Überraschung*, 2010.
Reichel/Schuberth, *Gustav Adolf*, 2007.
Schauer, *Münzschatz von Dossow*, 2002.
Schauer, *Münzschatz von Templin*, 2003.
Scheible, *Die Schlacht von Alerheim*, 2004.
Schultz/Schmidt-Schultz, *Neue Methoden der Paläopathologie*, 2006.
Sennewald, *Das Kursächsische Heer*, 2005.
Sennewald, *Das Kursächsische Heer im Dreißigjährigen Krieg*, im Druck.
Steckzén, *Johan Baner*, 1942.
Tingsten, *Johan Banér och Lennart Torstensson*, 1932.
Wittkopp, *Gustav Adolfs letzte Reise*, 2009.
Wolf, *Der Winterkönig*, 2003.
Wrede, *Geschichte der k. u. k. Wehrmacht*, 1901.

Bei einer jungen Frau aus Tasdorf war die Syphilis-Erkrankung weit fortgeschritten und der Schädelknochen teilweise zerstört.

UNSICHERE ZEITEN — DIE SCHATZFUNDE

Nach Berechnungen kaiserlicher Beamter wurden etwa 2.000 Schlösser, 18.000 Dörfer und 1.500 Städte während des Krieges zerstört oder schwer beschädigt. Damit war etwa ein Drittel aller damaligen Wohnbauten im Deutschen Reich vernichtet. Während des Wiederaufbaus und der Neubesiedlung beseitigten die Menschen die alten Häuser und Ruinen vielerorts sehr gründlich. So sind archäologische Hinterlassenschaften, die uns einen Einblick in die materielle Kultur dieser Zeit geben könnten, eher selten. Zudem stößt die Erforschung der Hinterlassenschaften der frühen Neuzeit erst seit wenigen Jahrzehnten auf breiteres Interesse.

Im Gegensatz dazu kennen wir eine Vielzahl von Schatzfunden aus dieser Zeit. Um ihr Hab und Gut vor den häufigen Überfällen durch Soldatentrupps und Marodeure zu schützen, versteckten die Bewohner von Städten und Dörfern ihre Nahrungsmittel und Wertgegenstände. Bevorzugt wählte man Verstecke unter dem Pflaster von Kellern und Höfen nahe einer Hauswand. Auf freiem Gelände ermöglichten Bäume eine gute Orientierung, um das Eigentum wieder zu finden. Viele Schätze wurden jedoch nach dem Ende der Gefahr nicht mehr geborgen. Dies lässt vermuten, dass den Besitzern etwas zugestoßen war. Schatzfunde sind somit Zeugnisse von Tragödien und zugleich Fingerzeige auf unsichere Zeiten.   SE

„Das Gleichnis vom Schatzgräber" des niederländischen Malers Rembrandt van Rijn aus dem zweiten Drittel des 17. Jahrhunderts

DER KRIEG KAM IN DIE STADT

Frankfurt (Oder) teilte während des Dreißigjährigen Krieges das Schicksal vieler anderer Städte. Wiederholt erlebte sie Truppendurchzüge, Belagerungen und Eroberungen. Dabei wurde ein Großteil der Wohnbauten zerstört. Insbesondere das Abbrennen der Vorstädte sowie der Beschuss

Die Steinkugel wurde zusammen mit Gegenständen des täglichen Lebens aus einem gehobenen Frankfurter Haushalt gefunden.

und die verheerenden Plünderungen im April 1631 veränderten das Bild der Stadt nachhaltig.

Archäologische Ausgrabungen brachten die zeittypische Ausstattung städtischer Haushalte zurück ans Tageslicht. Dazu gehörten eine mit Vögeln bemalte Schale aus Irdenware und zahlreiche Scherben von Glasbechern und -pokalen unterschiedlicher Farbe und Verzierung. Auch ein fast vollständiges Messer mit Holzgriff kam zum Vorschein.

Die abgebildete rhombische Glasscheibe war – mit vielen anderen – Teil einer größeren Fensterverglasung. Die Bleiruten fehlen, da das bei Plünderern beliebte Rohmaterial vermutlich eingeschmolzen wurde.

Unmittelbares Zeugnis der Kämpfe um die Stadt ist eine Steinkugel von 9,5 cm Durchmesser. Sie wurde wahrscheinlich aus einer kleineren Kanone, einer so genannten „Halben Feldschlange", abgeschossen. *AG*

Ess- und Trinkgeschirr aus Kupfer und Zinn konnten sich nur besser gestellte Familien leisten.

VERSUNKENER BESITZ

Vor mehr als siebzig Jahren wurden aus einem verlandeten See bei Groß Ziethen in der Uckermark Teile eines herrschaftlichen Hausrates geborgen. Innerhalb von zwei Jahren kamen vier Kessel, eine Schüssel und eine längliche Pfanne aus Kupfer zum Vorschein. Außerdem fanden sich zwei Deckelkannen, ein Löffel und mehrere Teller aus Zinn. Die Schüssel zeigt den doppelköpfigen Adler des Heiligen Römischen Reiches Deutscher Nation. Sie trägt auf dem Rand die Umschrift „*Ach Got wi gern ich wissen wolt wern ich auf Erd vertrauen soll* – 1597". Die Schale mit dieser an den irdischen Verhältnissen zweifelnden Frage gehörte einst in den Haushalt des Thomas Rudolphus, der Anfang des 17. Jahrhunderts Amtsschreiber im etwa 40 km entfernten Liebenwalde war. Der Ratsherr verbarg seinen Hausrat im See und verstarb, bevor er seinen wertvollen Besitz wieder an sich bringen konnte.

Ein noch umfangreicherer Schatz aus Metallgegenständen stammt aus dem Müllroser See im heutigen Landkreis Oder-Spree. Fischer hatten Anfang des 20. Jahrhunderts 71 Gegenstände aus Zinn, Messing und Kupfer mit einem Gesamtgewicht von rund 60 kg aus dem Wasser gezogen. Neben Tellern, Leuchtern und Dosen fanden sich Krüge, ein Löffel und ein Wandbrunnen. Inschriften und die aus den Handwerkermarken auf den Stücken rekonstruierbaren Lebensdaten der Zinngießer lassen vermuten, dass der Schatz um 1630 im See verborgen wurde. Er kam 1916 in das Lebuser Kreismuseum in Müncheberg, gilt heute jedoch als verschollen.

AG

MEHR ALS ZWEI JAHRESGEHÄLTER

Bei Ausgrabungen nahe der Maria-Magdalenen-Kirche von Templin im Landkreis Uckermark kam 1997 ein Münzschatz zum Vorschein. Direkt neben der Schwellmauer eines Gebäudes lagen in einer unscheinbaren Grube 1.358 Münzen aus der Zeit von 1389 bis 1634. Ein Gefäß oder Spuren eines Leinen- oder Ledersäckchens fehlten. Der Schatzfund besteht aus vier Gold-, 27 hochwertigen sowie 1.327 kleinen Silbermünzen. Es handelt sich fast ausschließlich um in Brandenburg gängige Münzsorten. Am häufigsten sind Geldstücke der Kurfürsten von Brandenburg und Sachsen sowie des Erzbischofs von Salzburg. Die 31 so genannten Handelsmünzen ergeben alleine mehr als die Hälfte des Gesamtwertes. Sie sind vor allem niederländischer, Hamburger oder Habsburger Prägung.

Die Münzen haben einen Gesamtwert von 55 Talern, 15 Groschen und 4 Pfennigen. Dies ist mehr als das doppelte Jahresgehalt des Templiner Stadtschreibers und in etwa der Gegenwert der neuen Kirchturmuhr, welche die Stadt 1632 in Auftrag gab. Die Münzen wurden 1635 oder wenig später versteckt. Der Eigentümer des Schatzes war vermutlich Bürger der Stadt, der infolge der Pestwelle oder anderer Kriegsfolgen sein Geld nicht mehr bergen konnte.

SE/BS

Der größte Münzschatz aus der Uckermark im Norden Brandenburgs war um 1635 in einer Grube an einer Hauswand verborgen worden.

EIN TOPF VOLLER MÜNZEN

Die Entdeckung des Schatzfundes von Dossow, einem Dorf wenige Kilometer südlich von Wittstock, ist Baggerarbeitern zu verdanken. In einem abgerissenen Fachwerkhaus fanden sie ein Keramikgefäß mit 16 Gold- und 218 Silbermünzen. Der Henkel des grün glasierten Topfes war bereits vor dem Vergraben abgebrochen. Faserreste stammen zudem von einem Leinenbeutel. Die jüngste Münze ist ein Zwoller Dukat von 1652. Sie zeigt, dass der Schatz erst nach dem Ende des Krieges vergraben wurde.

Der ungewöhnlich große Fund enthält etliche Goldmünzen und Taler aus den Niederlanden und dem Ostseeraum, dazu hauptsächlich die üblichen ganzen und halben Taler aus den Habsburger Landen, Braunschweig und Lüneburg sowie Sachsen. Ein braunschweigisch-lüneburgischer Taler von 1646 aus der Münzstätte Zellerfeld war bisher unbekannt, weitere Münzen aus dem Schatzfund sind sehr selten.

Für den Gesamtwert von 241 Talern musste beispielsweise der Wittstocker Organist länger als fünf Jahre arbeiten.

SE/BS

Der Schatzfund von Dossow hatte um 1652 den Gegenwert von acht guten mecklenburgischen Ochsen.

DER SCHATZFUND VON BEESKOW

Im Jahr 2009 entdeckten Bauarbeiter in der Breiten Straße in Beeskow, Landkreis Oder-Spree, einen ganz besonderen Schatz: eines der rund 80 europäischen Schmuckdepots aus der Zeit zwischen 1500 und etwa 1650.

Zahlreiche Gegenstände gehörten zur Frauentracht der Früh- und Spätrenaissance. Besonders auffällig sind die Fragmente eines Kettengürtels mit dazu passendem Armband und Besteckköcher. Panzerketten verbinden die kastenförmigen und halbrunden Segmente dieses Brautgürtels. Sie sind mit Puttenköpfen sowie floralen Elementen verziert und mit der – wohl jüngeren – Inschrift „1617" versehen. Der Besteckköcher zeigt

Das reiche Schmuckdepot von Beeskow legte vermutlich ein Goldschmied an.

Motive aus der griechischen Antike sowie einen kleinen Trommler und Flötenspieler im zeitgenössischen Gewand. Auch die Hobelspankette, eine kleine, als Pomander bezeichnete Riechkapsel sowie zwei vergoldete Anhänger wurden von Frauen getragen.

Ein Trommler in der Tracht des ausgehenden 16. Jahrhunderts ziert den silbernen Besteckköcher.

Teile der Männertracht waren zwei Haken eines Schwertgehänges und je ein Haken und eine Öse in Löwenform. Ganz ähnliche Verschlüsse fanden sich auch auf dem Schlachtfeld von Wittstock. Mit den neun Doppelschnallen können bei einem Harnisch die Lederriemen zwischen Bauchreifen und Beintaschen verbunden werden. Die in Beeskow gefundenen Schnallen jedoch sind noch ungenutzt und sozusagen produktionsfrisch. Das älteste Stück des Schatzes ist ein Bergkristall mit Rundschliff, der wahrscheinlich ursprünglich zu einem Reliquiar oder Buchdeckel des 12./13. Jahrhunderts gehörte.

Von besonderem Interesse sind die vier Silberlöffel. Der kurzstielige Standlöffel ist etwas älter. Die seit dem Ende des 16. Jahrhunderts modernen Löffel mit längerem Stiel ermöglichten es, auch in Kleidung mit aufwändigem Spitzenkragen zu essen. Alle Besteckteile wurden intentionell zerstört. Dies legt die Vermutung nahe, dass der Besitzer des Schatzes ein Goldschmied war. Er nahm die Gegenstände in Zahlung und zerstörte sie, wie damals üblich, um eine weitere Nutzung zu verhindern. Das Depot wurde wahrscheinlich im zweiten Viertel des 17. Jahrhunderts angelegt.

SE/SK

GOLD AUS ALLER HERREN LÄNDER

Der Schatzfund von Fürstenberg, Landkreis Oberhavel, enthält 18 Goldmünzen aus Pommern, Metz, Venedig, den Provinzen der Vereinigten Niederlande und dem Osmanischen Reich, dort aus Aleppo, Algier und Kairo. Jüngste Münze ist der in Stettin geprägte pommersche Dukat von 1633. Bemerkenswert sind die sechs englischen Rosenobel König Edwards IV., erst über hundert Jahre später in der holländischen Stadt Gorinchem entstandene Fälschungen.

Selbst nach fast 400 Jahren strahlen die Fingerringe und Goldmünzen des Schatzfundes von Fürstenberg in altem Glanz.

Neben dem Fragment eines Armbandes und dem aufgebogenen Glied einer Halskette umfasst der Fund mehrere Fingerringe. Besonders interessant ist ein Puzzlering aus sechs ineinander hängenden Einzelreifen. Dieser Schmucktyp kam während des Spätmittelalters aus dem Orient nach Europa und diente dem Träger wohl zur Erinnerung. Bei Bedarf hing ein Ring als Gedankenstütze herab. Im 16. Jahrhundert galten Puzzleringe zudem als Liebesgabe. Der innen beschriftete Schlangenfingerring ist typisch für die Zeit und besitzt zahlreiche Parallelen im südlichen Skandinavien. Der Fingerring mit den zwei sich greifenden Händen war seit der Römerzeit als Trauring üblich. Zu den kostbarsten Objekten gehört der in Niellotechnik verzierte Ring mit einem Stein in rechteckiger Kastenfassung. Er könnte in Dresden hergestellt worden sein.

Die Schmuckstücke sind typisch für die Vermögenden des 16. Jahrhunderts und auf zahlreichen Bürgerporträts der Zeit zu sehen. Die Goldmünzen waren einst alle gerollt und als Glieder einer Kette auf einer Schnur aufgefädelt. Die Goldmünzen des Schatzes waren zum Zeitpunkt des

Verbergens kurz nach 1633 etwa 56 Taler wert, das Gold des beiliegenden Schmucks etwa elf Taler. *SE/BS*

KÖNIG GUSTAV II. ADOLFS LETZTE REISE

Nicht um einen Schatzfund, sondern um Streufunde handelt es sich bei den Münzen, die 2007 in der Maria-Magdalenen-Kirche in Eberswalde im Landkreis Barnim entdeckt wurden. Die bei Sanierungsarbeiten des Kirchendachstuhls hinzugezogene Archäologin siebte sechs schwedische Kupfermünzen aus dem Schutt der Zwickelfüllungen. Es sind knapp 4 cm große Öre, die im brandenburgischen Münzumlauf dieser Zeit überaus selten vorkamen. Sie können am ehesten mit dem Geleitzug für den toten Gustav II. Adolf in Verbindung gebracht werden, der insgesamt 430 Menschen umfasste. Nachdem der Schwedenkönig am 6. November 1632 in der Schlacht von Lützen gefallen war, musste sein Leichnam nach Stockholm überführt werden. Der feierliche Zug durchquerte auch Brandenburg, wo er in Brandenburg/Havel, Spandau, Bernau, Eberswalde, Angermünde, Gramzow und Prenzlau Station machte. In der Nacht des 18. Dezember 1632 wurde der tote König in Eberswalde in der Maria-Magdalenen-Kirche aufgebahrt. Der Fund der großen Münzen auf dem Dachboden lässt vermuten, dass zumindest einige Männer des Begleitzuges die Nacht hier oben verbrachten. *SE*

Auf der Vorderseite einiger Münzen ist die Inschrift noch gut zu entziffern: GUSTAVUS ADOLPH G SVEC GOTH VAN REX M P F. Die Rückseiten tragen eine Krone und zwei gekreuzte Pfeile.

DER WEG IN DIE ARMEEN

Aufstieg und Fall – Wallenstein

Albrecht von Waldstein, genannt Wallenstein, war Spross eines alten böhmischen Adelsgeschlechtes. Seine glanzvolle Karriere begann im Alter von über 30 Jahren, als der frühe Tod seiner vermögenden Frau ihn zum reichen Mann machte. 1615 lieh er dem österreichischen Erzherzog und späteren Kaiser Ferdinand II. Geld für die Aufstellung neuer Regimenter. Binnen Kurzem wurde Wallenstein Militärverwalter in Böhmen und konnte seinen Reichtum mehren. Als der Kaiser seine Schulden nicht mehr bar zurückzahlen konnte, erhielt er beschlagnahmte Ländereien. In seinem Herzogtum Friedland entwickelte der Baron eine straff geführte Agrar- und Rüstungsindustrie. Nach militärischen Fehlschlägen und Intrigen ließ der Kaiser seinen General fallen. Als Verräter bezichtigt wurde er im Februar 1634 ermordet. SE

SÖLDNERHEERE – PROFITSUCHT, HOFFNUNG UND NOTWENDIGKEIT

Während des Dreißigjährigen Krieges gab es noch keine stehenden Heere. Die Truppen wurden bei Bedarf zusammengestellt. Dazu beauftragten die Kriegsherren militärische Befehlshaber mit der Aushebung der gewünschten Kontingente. Diese schossen die Kosten für die Werbung und Aufstellung der Regimenter vor und stellten sie dem Herrscher später in Rechnung. Es entstand eine neue Gruppe von profitinteressierten Söldnerunternehmern, die den Krieg als Geschäft betrachtete.

In den ersten Kriegsjahren ließen sich viele Männer wegen ihres Glaubens, aus Abenteuerlust oder in der Hoffnung auf Beute anwerben. Zunehmend trieb jedoch die blanke Not die Rekruten in die Armeen, die Lebensunterhalt und Schutz boten. Die Heere wurden zu Auffangbecken für die Entwurzelten und sozialen Unterschichten ganz Europas.

Die Versorgung der zeitweise mehr als 50.000 Mann zählenden Heere mit Nahrung und Nachschub war kaum geregelt. Die Gebiete, durch die man zog, mussten daher mit Abgaben den Unterhalt sichern. Dabei war es egal, ob es sich um Freundes- oder Feindesland handelte. Zudem nahmen sich die Soldaten von der Bevölkerung, was sie brauchten und verwüsteten dabei ganze Landstriche. *SE*

Ein Flugblatt zur Anwerbung neuer Regimenter karikiert die katholische Geistlichkeit als gewinnsüchtig und gewissenlos.

FREIWILLIG ODER UNTER ZWANG – DIE ANWERBUNG

Obristen und ihre Werbeoffiziere führten die Rekrutierungen in ihren Heimatgebieten, oftmals aber auch bewusst in vom Krieg zerstörten Gegenden durch. Flöte spielende und Trommel schlagende Musikanten sowie aufgehängte Patente machten die Aushebung schnell im Umkreis von bis zu 150 km bekannt. Der Zulauf war in den ersten Kriegsjahren groß. Später „überredeten" die Werbeoffiziere die Rekruten wiederholt mit unlauteren Mitteln. Der geworbene Söldner erhielt ein Handgeld als Anreiz und zur Verpflegung. Wenn er es annahm, musste er auf dem Sammelplatz erscheinen, sonst drohte ihm der Tod.

Bei der Musterung wurde der körperliche Zustand der Männer untersucht. Sie sollten gesund und kampfkräftig sein. Jeder Soldat brachte jedoch für den Werbeoffizier bares Geld, so dass Anspruch und Wirklichkeit oft weit auseinanderklafften. Daher wurden auch Versehrte mit geistiger oder körperlicher Behinderung vom Feldschreiber in die Musterrolle eingetragen. An frei erfundenen Namen konnten Werbeoffiziere zusätzlich verdienen.

Die Musterplätze waren gefürchtet, da die noch undisziplinierten jungen Rekruten oft gewalttätig waren. Die durch Angebot und Nachfrage bestimmten Preise bei den Marketendern, zum Beispiel für Waffen, Kleidung oder Nahrung, führten oftmals zu Streitigkeiten. Der sächsische Kurfürst Johann Georg I. gab seinen Untertanen im November 1631 bekannt, *„unsere Armée mit einer ziemlichen anzahl Volcks zu Roß und Fuß zuverstercken"*. Dem Widerstand der Städte und Dörfer gegen diese neuerliche Musterung begegnete er durch die Anordnung, dass die ungeliebten Sammel- und Musterplätze außer Landes gelegt werden sollten. Um Zusammenrottungen von Soldaten und somit eine Gefahr für die Bevölkerung zu vermeiden, durften die Rekruten auf ihrem direkten Weg zum Sammellager jeweils nur eine Nacht an einem Ort verbringen. *SE*

Um auf die Anwerbung aufmerksam zu machen, zogen Trommler, Pfeifer oder auch Trompeter durch Stadt und Land. Als Lockvögel rührten sie die sprichwörtliche Werbetrommel.

Bekanntmachung des Kurfürsten Johann Georg I. von Sachsen zur Anwerbung „einer ziemlichen anzahl Volcks zu Roß und Fuß"

TAPFER, GENÜGSAM UND FROMM – ZWANGSREKRUTIERUNG IN SCHWEDEN

In Schweden galt ein System der Zwangsrekrutierung, das als „Utskrivning" bezeichnet wird. Aus einer so genannten Rotte von zehn Männern,
ab 1642 aus zehn Häusern, wurde ein Mann eingezogen. Die Auswahl
trafen die „Zwölferleute", also die vermögenden Bauern der Dorfgemein-
schaft, aus der Gruppe der 15- bis 60-jährigen Männer. Um nicht selbst
gehen zu müssen, konnte die Rotte einen Ersatzmann stellen. Dies war
zumeist ein landloser Bauer. Die Überlebensrate der Soldaten war nied-
rig, weshalb nahezu jährlich Aushebungen stattfanden. Die jungen Männer fehlten in der Landwirtschaft, so dass viele Bauernhöfe aufgegeben
werden mussten.

Der schwedische Historiker Jan Lindegren ist den Folgen des Utskrivning-
Sytems für die Landbevölkerung nachgegangen. 1620 lebten in der kleinen Gemeinde Bygdeå in der nordschwedischen Provinz Västerbotten
1.864 Einwohner, darunter 500 Männer im wehrfähigen Alter. Zwischen
1621 und 1638 wurden 254 davon eingezogen. Nur 38 Männer kehrten in die
Heimat zurück, 216 hingegen starben, erlitten Verwundungen oder gerieten in Gefangenschaft. Fast jeden zweiten erwachsenen Mann zwischen
15 und 59 Jahren traf somit dieses Schicksal. In der Folge wurden deutlich
weniger Kinder geboren, und die Einwohnerzahl sank bis zum Jahr 1640
auf 1.773. Viele Frauen übernahmen die Höfe, lebten jedoch oftmals in
bitterer Armut und mussten sie schließlich aufgeben.

König Gustav II. Adolf bezeichnete die schwedischen Rekruten als tapfer,
genügsam, leicht zu lenken, abgehärtet und fromm. Sie wurden zu Pro-
vinzregimentern aufgestellt und militärisch ausgebildet. Bei Kriegseintritt
1630 bestand die Hälfte der etwa 38.000 Soldaten starken schwedischen
Armee aus rein nationalen Einheiten. Im Verlauf des Krieges wuchs das
Heer stark an. Ende 1632 umfasste es nahezu 150.000 Kriegsknechte. Die
Regimenter wurden mehr und mehr mit angeworbenen Söldnern beliebi-
ger Herkunft aufgefüllt. Der Anteil an Soldaten aus dem Schwedischen
Reich sank bis Kriegsende auf etwa 10%.   SE

*Wenige Wochen nach der
Schlacht von Wittstock
werden die schwedischen
Regimenter inspiziert. Die
Nachmusterung des
finnischen Reiterregiments
von Casper Ermes
verzeichnet hinter vielen
Namen „tot",
„wahrscheinlich tot",
„verwundet" oder
„gefangen genommen".*

SONDERFALL SCHOTTLAND – „EIN STARKES, DAUERHAFFTIGS VOLK"

Während des Dreißigjährigen Krieges kamen rund 100.000 Männer von
den Britischen Inseln als Soldaten auf das Festland. Darunter waren ca.
50.000 Schotten, also ein Fünftel der wehrfähigen männlichen Bevölkerung des Landes. Geworben wurden sie von schottischen Adligen für unterschiedliche Kriegsherren, überwiegend aber für die schwedische Krone. Die Art der Anwerbung variierte stark zwischen Schottland, England,
Irland und Wales. Zumeist basierte sie jedoch auf offiziellen Vollmachten,
welche die schottische oder englische Regierung herausgegeben und der
König unterzeichnet hatte. Diese erlaubten dem Werbeoffizier, eine vor-
gegebene Anzahl an Männern zu rekrutieren: zu dieser Zeit zwischen 200
und 6.000. In England wurde die Werbung oftmals vom „Trommelschlag"
begleitet, wobei die Männer die Rufe der Werbeoffiziere beantworteten
und dann zu Regimentern zusammengestellt wurden.

Ausschlaggebend für den Zulauf, insbesondere zu den schottischen Regimentern, waren Glaubensgründe sowie die allgemeine Armut. Die Söldner versuchten, ihr durch die Teilnahme am Krieg zu entkommen. Zeitgenössische Dokumente zeigen zudem, dass die Verteidigung des Geschlechts Stuart und insbesondere der schottischen Prinzessin Elisabeth von Böhmen, der Schwester König Charles' I., für viele Männer ein weiterer Grund war, Soldat zu werden.

1628 wurde das erste von 13 rein schottischen Regimentern in die Armee des Schwedenkönigs Gustav II. Adolf eingegliedert. Er zählte sie zu seinen besten Truppen, wozu nicht nur die Loyalität der Obristen beitrug. Auch die schottische Tradition, alle Jungen in der Handhabung von Waffen zu unterrichten, spielte hier eine Rolle. So waren die Soldaten als geübte Waffenknechte bei den Kriegsherren beliebt. Oftmals unterstützten altgediente Veteranen der Englisch-Niederländischen oder der Schottisch-Niederländischen Brigade die neuen Regimenter und machten daraus effektive Kampftruppen, die sich in der Schlacht beweisen konnten.

Nicht alle Rekruten zogen jedoch freiwillig in den Krieg. Etliche Kriminelle und „Asoziale" wurden nur unter der Bedingung amnestiert, als zwangsrekrutierte Soldaten nie wieder in die Heimat zurückzukehren. Viele Männer mussten sich zudem auf Befehl ihrer Clanchefs einem bestimmten Offizier anschließen. Obwohl sicherlich nicht alle dieser Aufforderung bereitwillig nachkamen, bewirkte die Clanzugehörigkeit einen größeren Zusammenhalt der Einheiten und eine größere Loyalität der Männer zu ihren Offizieren. Daher gab es in diesen Regimentern auch deutlich weniger Desertionen.

Die auch als „Irrländer oder Irren" bezeichneten schottischen und irischen Soldaten erregten auf dem Festland Aufsehen. Die Inselbewohner trugen ihre traditionelle Kleidung wie Mäntel, Hosen und Röcke in typischen Karomustern, bis sie verschlissen war. Auch die bei ihnen gebräuchlichen Langbögen fanden in ausgewählten Regimentern noch lange Verwendung. Eine zeitgenössische Flugschrift beschreibt sie als

Die 1631 in Stettin angekommenen „Irrländer oder Irren" sind in Tartans gekleidet abgebildet.

In folchem Habit Gehen die 800 In Stettin angekommen Irrländer oder Irren.

„ein starkes, dauerhafftigs Volk, behilft sich mit geringer Speis, hat es nicht Brod, so essen sie Wurzeln, wenn's auch die Nothdurfft erfordert, konnen des Tags uber die 20 teutsche meil' lauffen, haben neben Muskeden ihre Bogen und Kocher und lange Messer".

Wie bei den schwedischen Regimentern war auch unter den englischen und schottischen Soldaten die Todesrate sehr hoch. Viele starben in Gefechten und Schlachten. Noch mehr Opfer forderten jedoch Seuchen und Immunschwächekrankheiten, die den Inselbewohnern unbekannt waren. Ein Schlaglicht auf das Ausmaß der Tragödie wirft der Bericht über 12.000 britische Soldaten, die, geführt von Sir Andrew Gray, im Jahr 1624 von Dover aus an der flämischen Küste anlandeten. Sie mussten auf den kleinen Transportschiffen bleiben, wo Nahrungsmittelknappheit und die schlechten hygienischen Verhältnisse eine Epidemie auslösten und Tausenden das Leben kostete. Es starben so viele, dass man die Leichen am Strand von Seeland zu Hügeln aufschichtete. Dort wurden sie *„zum Entsetzen des Betrachters von Schweinen und Hunden aufgefressen".*   *SE/SM*

MUSTERUNG, ARTIKELBRIEF UND FAHNENEID

Nach den Vorgaben zahlreicher Werbepatente und Musterordnungen sollten anzuwerbende Söldner 20 bis 40 Jahre alt sein. Die Realität sah oftmals anders aus: In den Musterrollen tauchten viele Jugendliche unter 20 oder gar unter 15 Jahren auf, hin und wieder sogar Kinder unter zehn Jahren. Sie traten als Tamboure oder Trossbuben in die Kavallerie ein. Vereinzelt wurden jedoch bereits zwölfjährige Jungen mit dem Gebrauch der Schusswaffe vertraut gemacht. Andererseits fanden sich wiederholt über 50-jährige, selten sogar über 60-jährige Veteranen.

Mit Beginn des Dreißigjährigen Krieges ersetzten die Kriegsherren die befristete Dienstzeit durch eine unbefristete Treue- und Gehorsamspflicht. So konnten sie ihre Regimenter nach Belieben halten oder entlassen, wenn es die militärische oder ökonomische Situation erforderte. Den Söldnern kam dies mehr und mehr entgegen, bot doch das Winterquartier ein Mindestmaß an Schutz und Versorgung.

Im Jahr 1993 wurde in der Handschriftenabteilung der Staatsbibliothek Preußischer Kulturbesitz in Berlin ein Tagebuch entdeckt, das vermutlich der Söldner Peter Hagendorf geschrieben hatte. Als Bericht eines einfachen Soldaten ist es eine Rarität. Vermutlich nach Ende des Krieges berichtete Hagendorf rückblickend über seine um 1624 begonnene Zeit in der Armee. Anfänglich wurde er nur für jeweils eine Saison Soldat. Ab 1627 stand er dann 22 Jahre ohne Unterbrechung im Kriegsdienst.

Besaß der Landsknecht des 15. und 16. Jahrhunderts noch bestimmte Freiheiten, so waren diese dem Söldner des 17. Jahrhunderts bereits genommen. Die zweiseitig verpflichtenden Dienstverträge wichen den Zucht- und Arbeitsordnungen der Artikelbriefe. Zwar durfte sich der Soldat noch frei kleiden, Waffen tragen und den Traum vom militärischen Aufstieg träumen. Aber er war ab dem Zeitpunkt der Musterung einer scharfen Militärgerichtsbarkeit unterworfen. Kriegsrichter fällten die Urteile und ei-

Der prächtig herausgeputzte Werbeoffizier machte auch vor dem Anwerben von Kindern nicht halt.

gens angestellte Militärbeamte, so genannte Profosse, vollstreckten sie. Die Artikelbriefe wurden bei der Vereidigung und später regelmäßig, teilweise jede Woche, öffentlich vorgelesen. Sie regelten alle Bereiche des soldatischen Lebens: Musterung, Sold, Eid, Verpflichtung und Abdankung. Festgelegt waren die Pflege der Waffen, das Verhalten im Quartier, Schanzarbeiten sowie Alarm und Marsch. Der Gottesfurcht kam stets eine große Bedeutung zu. Erlaubt waren Beute machen und Plündern in einer eroberten Stadt und auf dem Schlachtfeld, verboten hingegen Zusammenrottungen, Brand, Raub und Diebstahl an der Bevölkerung. Streng untersagt und mit Körperstrafen geahndet wurden Respekts- und Gehorsamsverweigerung gegenüber Vorgesetzten sowie Notzucht und Raufereien unter den Soldaten. Auf Fahnenflucht, Verrat und Meuterei stand der Tod.

Die Aufnahmeprozedur der im Karree oder Kreis angetretenen Söldner in die Armee endete mit der Verteilung der Waffen und der Vereidigung auf den Kriegsherren und dessen Fahne: *„Ich gelobe und schwere alle dem Jenigen / so mir vorgehalten / dieser Articuls Brieff besaget / und einem ehrlichen Kriegsmann zuthun gebühret / getrewlich unnd auffrichtig nachzukommen/ So wahr mit Gott helffe und sein heiliges Wort".*   *SE*

Die Militärgerichtsbarkeit – iustitia militaris – verhängte oftmals harte Strafen.

Historischer Hintergrund

Während der gesamten frühen Neuzeit kämpften schottische Soldaten in den Armeen zahlreicher europäischer Mächte, sowohl als Einzelpersonen als auch in kleinen Gruppen oder größeren Einheiten bis hin zu ganzen Heeresverbänden. Einige wenige traten, angelockt durch das Geld, in den Soldatendienst. Die meisten Militärmigranten begaben sich jedoch aus politischen oder religiösen Gründen unter die Waffen und wurden vom schottischen Monarchen oder der Regierung finanziell unterstützt.

Seit 1573 wurden abertausende Schotten für den Dienst in den niederländischen Generalstaaten ausgehoben, um dort ihre calvinistischen Brüder während der Niederländischen Revolte gegen das katholische Spanien zu unterstützen. Eine ständige „Schottische Brigade" wurde ins Leben gerufen, die bis 1780 in Diensten der Generalstaaten verblieb. Sie bildete für das schottische Militär eine Trainingsbasis auf dem Kontinent. In der Zeit des Dreißigjährigen Krieges wurden die schottischen Soldaten in niederländischen Diensten von Moritz von Oranien-Nassau sogar das „Bollwerk der Republik" genannt. Als die Schottische Brigade entstand, waren protestantische Schotten in skandinavischen Heeren bereits ein regulärer Bestandteil. Auch viele schottische Katholiken dienten ohne ersichtliches Zögern in diesen Armeen und unterstützten dort indirekt auch die Interessen ihres eigenen Königs. Andere Katholiken hingegen, wie beispielsweise

Viele Offiziere, darunter der schottische Colonel Harry Lindsay, der in der Schlacht von Wittstock kämpfte, verfassten ihr Testament, bevor sie die Reise auf den Kontinent antraten.

Der schottische Hauptmann Harry Lindsay verließ Schottland mit dem möglichen Tod vor Augen. Also verfasste er sein Testament und teilte darin seine Habe auf. Insgesamt vererbte er etwa 45.000 Marks, nach heutigem Wert ca. 145.000 Euro. Harry Lindsay führte als Oberst ein Infanterieregiment der so genannten Schottischen Brigade unter Feldmarschall Alexander Leslie in die Schlacht von Wittstock. Er kehrte nach Schottland zurück und führte 1640 sein eigenes Fußregiment in der Armee der calvinistischen Covenanter. Wann Harry Lindsay starb, ist unbekannt. In seinem Testament bedachte er seine Brüder John und Robert Broun mit jeweils 2.500 Marks. 1.000 Marks sollte sein Onkel Robert Lindsay erhalten. Sein Kamerad Robert Douglas sollte 10.000 Marks erben, das höchste Deputat des Testaments. Sein Silbergeschirr teilte Lindsay auf. Stücke aus seiner Reisetruhe waren für seinen ehemaligen Kommandanten Monro gedacht; die Gegenstände, die Colonel Lumsdain für ihn verwahrte, durfte dieser behalten.

Im Testament wurde auch Geld aufgeteilt, das Harry Lindsay verliehen hatte. Die 300 Taler Schulden von Colonel Leslie gingen an Lindsays Schwester Ratharie Broun. Die 10.000 Marks Schulden des Gutsherren von Dun sollten zu gleichen Teilen an dessen Kinder und an Lord Balcarres, einen weiteren Onkel, gezahlt werden. Robert Fletcher hatte 1.000 Marks Rückstände, die mit weiteren 8.000 Marks aus Lindsays Vermögen an Lord Spynie gingen. 10.000 Marks Schulden von Patrik Wood wurden aufgeteilt: Mr. Thorntoun und der Gutsherr von Auchmont bekamen jeweils 1.000 Marks, Harrys Cousin Ludovik 2.000 Marks, die Armenfürsorge 1.000 Marks und die Universität von St Andrews 5.000 Marks für die Unterstützung von armen Studenten mit dem Namen „Lindsay". AG

Colonel William Semple, standen der schottischen Reformation vollkommen ablehnend gegenüber und bemühten sich, gegen den Willen der amtierenden Regierung, um die Rekatholisierung des Landes. Semple trat schließlich in spanische Dienste ein, wo er bis zu seinem Tod im Jahre 1633 Pläne für eine Gegenreformation schmiedete.

Alle diese Länder nahmen in verschiedener Form am Dreißigjährigen Krieg teil und brachten dabei Schotten auf die mitten im Herzen des habsburgischen Reiches gelegenen Kriegsschauplätze. Als Friedrich V. von der Pfalz den böhmischen Thron anstelle des zukünftigen habsburgischen Kaisers Ferdinand II. bestieg, wurde der Krieg unvermeidlich. Die Heirat zwischen Friedrich und der Tochter von James VI. (von Schottland)/I. (von England), Elisabeth Stuart, im Jahre 1613 brachte eine zusätzliche britische Dimension in den Krieg, besonders für diejenigen, die entweder das Geschlecht der Stuarts oder auch den Protestantismus verteidigen wollten. Andere wurden mehr oder weniger freiwillig durch die Oberschicht in den Konflikt hineingezogen. Als Ergebnis nahmen etwa 50.000 Schotten auf der Seite der habsburgischen Gegner am Krieg teil, während einige Tausend die kaiserliche Seite unterstützten. Die Schotten neigten dazu, in den Dienst desjenigen Landes einzutreten, das in der jeweiligen Phase des Konflikts die Hauptrolle gegen die Habsburger übernahm.

Im Jahre 1620 rekrutierte der schottische Katholik Sir Andrew Gray 1.500 Schotten und 1.000 Engländer, die an den Kämpfen in Böhmen teilnehmen sollten. Diese wurden durch 1.000 Schotten unter dem Obristen James Seaton ergänzt, die König James von den Generalstaaten „auslieh". Doch bevor diese Truppen den Kriegsschauplatz erreichen konnten, war das böhmische Heer schon bei der Schlacht am Weißen Berg im November 1620 auseinandergebrochen. Seaton hielt die böhmische Stadt Trebon noch bis zum Jahr 1622, annähernd anderthalb Jahre nachdem sich der Rest der protestantischen Armee aufgelöst hatte.

1624 hob Gray weitere Truppen aus und führte 4.000 Schotten in einem Heer, das aus insgesamt 12.000 Briten bestand und in der privaten Armee des Grafen von Mansfeld dienen sollte. Mehr als 6.000 Männer starben jedoch noch auf dem Weg in den Krieg an Krankheiten. Viele der Überlebenden aus Mansfelds Einheiten traten 1626 nach einem wenig erfolgreichen Kriegszug der dänischen Armee bei. Christian IV. von Dänemark-Norwegen war ein Jahr zuvor in den Krieg eingetreten. Da der dänische Monarch ein leiblicher Onkel von Elisabeth Stuart war, beschloss der schottische Adel, eine stattliche Armee für seine Dienste aufzustellen. Diese war im Jahre 1628 13.700 Mann stark. Sie dienten in vier Regimentern von jeweils etwa 3.000 Männern unter den Obristen Alexander Lindsay (Lord Spynie), James Sinclair (Baron Murckle), Robert Maxwell (Earl of Nithsdale, einem weiteren Katholiken) und Sir Donald Mackay (Lord Reay). Interessanterweise weigerten sie sich, unter der dänischen Fahne zu kämpfen und bekamen die Erlaubnis, unter schottischer Flagge in den Kampf zu ziehen.

Die vier Regimenter kamen zwar zu spät, um an der Schlacht von Lutter am Barenberge beteiligt zu sein, die in einer dänischenNiederlage endete. Sie wurden in der Folgezeit aber dennoch von Christian als seine verlässlichsten Einheiten betrachtet. Sie bekamen Kommandos übertragen und wurden als Befehlshaber, Feldherren und Gouverneure eingesetzt – Lord Spynie wurde sogar Gouverneur über die reichsten dänischen Provinzen von Skåne, Halland und Blekinge, heute im südlichen Schweden gelegen. Ihre Fähigkeiten in diesen Führungspositionen blieben weder zuhause noch im Ausland unbemerkt und wurden eindrucksvoll durch die schottischen Aktionen in Breitenburg, Oldenburg und Stralsund unter Beweis gestellt. Sie alleine reichten jedoch nicht aus, um den kaiserlichen Vormarsch aufzuhalten: Christian IV. zog sich im Jahre 1629 aus dem Kriegsgeschehen zurück, um den Weg für die schwedische Intervention unter Gustav II. Adolf freizumachen. In Erwartung von dessen Kriegseintritt waren seit 1628 bereits mehr als 12.000 Schotten in den schwedischen Dienst eingetreten. Die restlichen schottischen Soldaten des dänischen Heeres folgten im Jahre 1630. Am Ende des Krieges im Jahre 1648 hatten ungefähr 50.000 Schotten im Namen Schwedens im Heiligen Römischen Reich gekämpft.

In der schwedischen Armee konnten sich ihre Führungsqualitäten voll entfalten. Nicht weniger als zwölf schottische Feldmarschälle und Generäle, 70 schottische Obristen und acht schottische Admiräle dienten der schwedischen Krone. Ganze Heere wurden unter schottisches Kommando gestellt; besonders bemerkenswert ist in diesem Zusammenhang die nominell schwedische „Weserarmee" unter Feldmarschall Alexander Leslie, die hauptsächlich aus ausländischen Einheiten bestand. Schotten nahmen mit Auszeichnung an den Schlachten von Breitenfeld (1631) und Lützen (1632) teil. Sie wurden sogar noch nach der Niederlage von Nördlingen (1634) lobend erwähnt. Aber ihren vermutlich größten Sieg erfuhren sie 1636 in Wittstock unter Alexander Leslie. Zu diesem Zeitpunkt war Frankreich ebenfalls in den Krieg eingetreten.

Als sich die französisch-kaiserlichen Beziehungen verschlechterten, finanzierte der Marquis von Huntly 1632 ein schottisches Regiment für Frankreich. Ein weiteres begab sich 1634 unter Sir James Hepburn, einem Veteran der schwedischen Armee, in französische Dienste. Kardinal Richelieu nannte Hepburn „den besten Soldaten der Christenheit und damit der ganzen Welt". Der alternde Sir Andrew Gray brachte 1638 ein drittes schottisches Regiment nach Frankreich. Interessanterweise standen alle drei unter dem Kommando von Katholiken, obgleich, wie Richelieu vermerkte, die Mehrheit der Truppen der calvinistischen Konfession angehörten. Das Anti-Habsburg Motiv, das für die frühere schottische Beteiligung in niederländischen, böhmischen, dänischen und schwedischen Diensten eine Rolle gespielt hatte, blieb auch für den französischen Dienst relevant.

Die Anwerbung für Frankreich und Schweden setzte sich während der 1630er Jahre fort und viele frisch ausgehobene Truppen kamen bis 1638 aus Schottland. Von diesem Zeitpunkt an kehrte sich der Strom von Soldaten jedoch um: tausende Schotten kehrten in ihre Heimat zurück, um an den britischen Bürgerkriegen teilzunehmen. Kleinere Kontingente fanden zwar auch weiterhin ihren Weg nach Frankreich und Schweden, der Höhepunkt der schottischen Anwerbungen für die kontinentalen Armeen war jedoch überschritten.

Nach dem Westfälischen Frieden wurden die meisten verbliebenen schottischen Einheiten in andere Heeresverbände eingebunden oder aufgelöst. Die große Mehrheit derer, die gedient hatten, war allerdings bereits lange vor 1648 gestorben. Sie liegen in den Gräbern, überall verteilt auf den verschiedenen Schauplätzen des Dreißigjährigen Krieges.

Neue Forschungen

Die Beteiligung der Schotten am Dreißigjährigen Krieg kann besonders durch ihren Anteil an der Schlacht von Wittstock 1636 beleuchtet werden. Die meisten modernen Publikationen sprechen in Zusammenhang mit Wittstock von einer einzigen schwedischen Armee unter der Führung des Feldmarschalls Johan Banér. Tatsächlich waren dort zwei Heere anwesend: die königlich schwedische Armee unter Banér und die „Weserarmee", welche hauptsächlich aus schottischen und deutschen Regimentern bestand und unter dem Kommando von Feldmarschall Alexander Leslie stand.

Banérs Bericht über die Schlacht wurde am 25. September/5. Oktober niedergeschrieben und einige Jahre später anonym veröffentlicht und weit verbreitet. In dieser Ausfertigung für Königin Christina erkannte Banér mit folgenden Worten an, dass Leslie seinen, Banérs, Flügel vor dem Untergang bewahrt habe: „… *auch weren wegen der grosen force des feindes in eine gentzliche disorder gekommen, wan nicht der Feltmarschalch Lessle mit 5 brigaden zu fuss, die er in der battaglia bey sich gehabt, unss eben zu rechter zeit secundiret undt 4 brigaden von des feindes infanteria, die sich allbereit auch auf unss gewendet, undt unss in die flancke gehen wollen mit menlichen angriff poussiret undt von unss abgekeret, das wir etzlichermassen zu respiration kommen können*". (Moderne Umschrift: Sie wären auch wegen der großen Stärke des Feindes in völlige Unordnung geraten, wenn uns nicht Feldmarschall Leslie mit fünf Fußbrigaden, die er in der Schlacht bei sich hatte, rechtzeitig Beistand geleistet und vier Brigaden der feindlichen Infanterie (…) mit mannhaftem Angriff hofiert und von uns abgewendet hätte, so dass wir zu Atem kommen konnten).

Banér würdigte zwar die Rolle der anderen Schotten wie Major General James King oder Colonel Robert Cunningham, beschrieb den Schlachtverlauf aber so, dass seine eigene Überlegenheit herausgestellt wurde. Diese Darstellung, in Verbindung mit einigen schlecht informierten kaiserlichen Berichten, wurde später zu der immer wieder übernommenen Version der Ereignisse. Entscheidend ist, dass Banérs Report nicht der einzige ist, der die Schlacht aus schwedischer Perspektive beschreibt. Ein Bericht wurde von Generalleutnant James King zu einem unbekannten Zeitpunkt kurz nach den Ereignissen um den 24. September/4. Oktober verfasst, während zwei weitere von Alexander Leslie drei Tage nach der Schlacht niedergeschrieben wurden: ein offizieller für die schwedische Regierung und ein zweiter für den Reichskanzler Axel Oxenstierna. Dieser enthält einen zusätzlichen Absatz, in dem Leslie „seine Feinde" in der schwedischen Hierarchie attackiert, möglicherweise ein Hinweis auf Banérs Version der Vorgänge: *„Wiewohl ich nicht daran zweiffle, von meinen übell affectionirten Ew. Excell. anderst hinderbracht sein möchten, so ist doch Gott bekant, dass (ich) dahin allewege meinen scopum dirigirt, damit Ew. Excell. in meinen sachen ein satsames und wohlgefelliges genugen thun möchte. Versehe mich auch disfals meine actiones remonstriren und meine missgönnern widersprechen werden, und wünsche, dass mit Ew. Excell. in disser sachen mundliche underredung pflegen könte, wie den verhoffendlich die zeit geben wird"*. (Moderne Umschrift: Obwohl ich nicht daran zweifele, dass es von jenen, die mir übel gesonnen sind, Eurer Excellenz anders mitgeteilt worden ist, so ist doch Gott bekannt, dass (ich) stets mein Handeln darauf gerichtet habe, Eurer Excellenz in meinen Angelegenheiten ein zufriedenstellendes und wohlgefälliges Genügen zu geben. Ich hoffe auch, dass in diesem Fall meine Handlungen protestieren und meinen Missgönnern widersprechen werden. Und ich wünsche, dass ich mit Eurer Excellenz in dieser Sache sprechen könnte. Dies wird hoffentlich die Zeit ergeben).

Tatsächlich unterscheiden sich Leslies und Kings Berichte in mehrfacher Hinsicht von der Darstellung Banérs. Aus den erstgenannten und auch weiteren Dokumenten erfahren wir von der Anwesenheit eines schottischen Feldmarschalls – Alexander Leslie –, eines schottischen Generalleutnants – James King – und zweier Generalmajore – Thomas Kerr und John Ruthven – auf dem Schlachtfeld. Wir wissen nun auch, dass nicht weniger als elf Regimenter unter schottischem Kommando an der Schlacht beteiligt waren. Der ranghöchste schwedische Kommandeur, der getötet wurde, war Obrist Robert Cunningham. Eine der beiden nahezu aufgeriebenen Brigaden stand unter dem Kommando von Thomas Kerr. Diese Männer verloren ihr Leben durch die Leslie aufgezwungene Anstrengung, Banér zu retten. Die Männer schottischer Herkunft aus dem Wittstocker Massengrab gehörten wahrscheinlich zu dieser Gruppe. Auch die Aufstellung von John Ruthven ist interessant; sowohl King als auch Leslie benennen ihn als Kommandeur der Hauptreserve. Sein Einsatz an der Seite von Generalleutnant Johann

Der 1589 geborene James King, Lord Eythin, trat im Alter von 20 Jahren in den Dienst der schwedischen Krone.

Vitzthum von Eckstädt zeigt möglicherweise Leslies Misstrauen gegen den deutschen Befehlshaber. Als Vitzthum sowohl Banérs als auch Leslies Befehl, den Feind anzugreifen, nicht Folge leistete, hatte Leslie bereits einen General seiner „Weserarmee" mit zwei ausgewählten britischen Regimentern (Ruthven und Fleetwood) in Position gebracht, um zu gewährleisten, dass die Reserve in die Schlacht eingreifen würde. Dieses unterstreicht, dass in der Wittstocker Schlacht drei der vier Abteilungen der schwedischen Armee, nämlich die Mitte, der linke Flügel und die Reserve tatsächlich von Schotten kommandiert wurden. Vitzthum sah sich später Anschuldigungen von Verrat für seine Taten in Wittstock gegenüber. Er flüchtete jedoch, bevor er verurteilt werden konnte.

Die schottischen Berichte unterscheiden sich auch in anderer Hinsicht von dem Banérs. Sie widersprechen dessen Vorwurf, dass Kings Kavallerie am Tag der Schlacht nur wenig zu tun hatte. King führt explizit aus, dass sein Erscheinen für den Beginn des feindlichen Rückzugs verantwortlich war. Während der schwedische Feldmarschall Kings Truppen befahl, die Kämpfe bei Anbruch der Nacht einzustellen, rückten jedoch zwei von Kings Regimentern unter dem finnischen General Torsten Stålhandske vor und rieben drei feindliche Einheiten auf. King erhob Anspruch darauf, dass erst dieses Vorgehen, in Verbindung mit Leslies Unterstützung für Banér, schließlich den schwedischen Durchbruch ermöglichte. Banér behauptet in seinem Bericht, dass Leslie darum gebeten hatte, bei ihm bleiben und den Feldzug fortführen zu können. Leslie hingegen erinnert den schwedischen Reichskanzler Oxenstierna in seinem Schreiben daran, dass er schon vor der Schlacht um Entlassung aus schwedischen Diensten gebeten hatte und dass sich sein Wunsch nicht geändert habe. An anderer Stelle hatte er ausgeführt, dass sein Verhalten teilweise aus der Tatsache resultiere, dass die schwedischen Bestrebungen in diesem Krieg nicht mehr mit denen der schottischen Offiziere der „Weserarmee" übereinstimmen würden. Diese wären nämlich nicht mehr überzeugt, dass die Wiedereinsetzung des Pfälzers Friedrich V. in seine Kurwürde und damit die Unterstützung von dessen Ehefrau Elisabeth Stuart ein Hauptziel der schwedischen Krone darstelle. Nachdem Leslie, um die Verluste auszugleichen, 1637 eine neue Aushebung in Schottland organisiert hatte, kehrte er im folgenden Jahr schließlich nach Schottland zurück, um dort die Armee der Covenanter gegen König Charles I. zu führen.

Die schwedischen Quellen zeigen, dass die Rolle Leslies in Wittstock bereits während seiner Abwesenheit abgeschwächt wurde. Es existieren zwei Versionen der Protokolle des schwedischen Reichsrats aus dem Januar 1639. In einer wird Leslies Beteiligung an der Schlacht vollständig verschwiegen. Es wird fälschlicherweise behauptet, dass der erfolgreiche Feldzug 1636 von Banér und Torstensson geleitet worden sei – als rein schwedische Angelegenheit. Die Wahrheit liegt jedoch in den Archiven und den Wittstocker Gräbern begraben. Nur mit ihrer Hilfe verstehen wir endlich das Ausmaß der schottischen Beteiligung am schwedischen Sieg.   *SM*

Die Untersuchung der Wittstocker Skelette begann mit der Bestimmung von Geschlecht, Sterbealter und Körperhöhe. Dass alle Toten männlich waren, wurde mit anthropologischen Methoden überprüft und bestätigt.

Wichtig war die Bestimmung des Sterbealters. Dabei werden Veränderungen und Entwicklungen von Skelettmerkmalen während des Wachstums und des Alterungsprozesses abgeschätzt. Es ist lediglich das Skelettalter, d. h. das biologische Alter des Individuums feststellbar, nicht jedoch das chronologische Alter in tatsächlichen Lebensjahren. Vergleichbare mittelalterliche Massengräber, wie das von Towton in England oder Visby auf der schwedischen Insel Gotland sowie schriftliche Überlieferungen und Musterrollen legen nahe, dass in einer Armee überwiegend junge Männer dienten. Auch in Wittstock war die Mehrzahl der beigesetzten Soldaten nur 21 bis 36 Jahre alt. Sechs Männer starben im jugendlichen Alter von nicht einmal 20 Jahren, lediglich einer wurde älter als 40. Das durchschnittliche Sterbealter lag bei 28 Jahren. Wie viele Dienstjahre der Einzelne lebend überstanden hatte, ob er erst kurz vor der Schlacht der Armee beigetreten war oder schon lange kämpfte, kann nicht rekonstruiert werden.

Dieses Ergebnis entspricht den Vorstellungen von der Alterszusammensetzung einer frühneuzeitlichen Armee. Obwohl im 17. Jahrhundert nur wenige Streitmächte systematische Berichte über ihre Truppen erstellten, lassen die erhaltenen Fragmente erkennen, dass das Durchschnittsalter der eingeschriebenen Soldaten bei 24 Jahren lag.

Das durchschnittliche Eintrittsalter von Soldaten in die Armee lag im 17. Jahrhundert nur wenige Jahre unter ihrem durchschnittlichen Sterbealter.

Graue Balken:
Eintrittsalter der Soldaten in die Armee des Prinzen von Schleswig-Holstein-Gottorf 1696
Rote Balken:
Sterbealter der Soldaten aus dem Wittstocker Massengrab

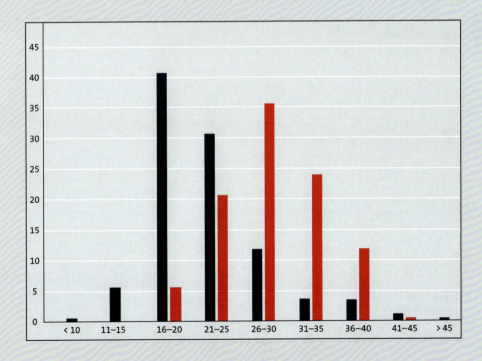

Der Vergleich der beiden linken Oberschenkelknochen verdeutlicht die Größen-unterschiede zwischen dem kleinsten und größten Wittstocker Soldaten.

Eine pilzförmige Deformierung des Gelenkkopfes am linken Oberschenkel verursachte einen hinkenden Gang. Die Abbildung im Hintergrund zeigt einen gesunden Knochen.

Von vorn ist die Verbiegung des linken Oberarmes gut zu erkennen. Das Röntgenbild legt eine Fraktur im Kindesalter nahe.

Aus den Musterrollen des Prinzen Christian August von Schleswig-Holstein-Gottorf von 1696 ließ sich berechnen, in welchem Alter die 348 aufgelisteten Soldaten erstmals in die Armee eingetreten waren. Die durchaus auf den Dreißigjährigen Krieg übertragbaren Daten zeigen, dass fast die Hälfte der Rekruten 20 Jahre und jünger war. Im Lauf des Lebens wachsen die menschlichen Knochen in die Länge. Je nach Lebensalter haben sie eine bestimmte Größe. Bei einem zehnjährigen Jungen misst beispielsweise ein Oberschenkelknochen im Durchschnitt 28 cm, fünf Jahre später ist der Knochen auf etwa 35 cm angewachsen. Das Wachstum ist beendet, wenn die Wachstums-fugen verschlossen sind. Bei Männern geschieht dies etwa mit 20 bis 25 Jahren, bei Frauen früher. Durch Längenmessung der Extremitäten-knochen kann die Körpergröße rekonstruiert werden. Bei anthropo-logischen Untersuchungen reicht hierfür die Länge einzelner Knochen oder sogar nur Knochenfragmente.

Die Wittstocker Soldaten waren durchschnittlich 1,70 m groß. Der kleinste Soldat maß 1,60 m, der größte 1,82 m. Dies ergibt sich unter anderem aus der Größe der Oberschenkelknochen, die zwischen 43 und 51 cm lang sind. Damit ist kein Unterschied zu zeitgleichen Bevölkerungen zu erkennen. Es gab also keine gezielte Größenauswahl bestimmter Männer für den Kriegsdienst.

Nicht alle Söldner waren beim Eintritt in die Armee unversehrt. Ein 25 bis 30 Jahre alter Mann litt aufgrund einer kindlichen Wachstums-störung an einer Gehbehinderung. Der Kopf des linken Oberschenkel-knochens war durch eine so genannte Epiphyseolyse deutlich verän-dert. Dabei hatte sich der Gelenkkopf vom restlichen Knochenschaft abgelöst. Dies war im Kindesalter, typischerweise zwischen dem 10. und 14. Lebensjahr geschehen, als sich dort eine knorpelige Wachs-tumsfuge befand. Verursacht wurde die Verschiebung vermutlich durch eine Verletzung. Um die volle Belastbarkeit wieder herzustel-len, hätte das Gelenk durch eine Operation oder eine feste Schiene fixiert werden müssen, was im 17. Jahrhundert jedoch nicht möglich war. Demnach blieb die Verletzung unbehandelt, konnte nur schlecht ausheilen und hatte eine pilzförmige Abflachung des Gelenkkopfes und eine Verkürzung des Halses zur Folge. Seitdem hinkte der Mann. Obwohl sich diese Behinderung sicherlich auf sein Leben auswirkte, wurde der Mann in den Kriegsdienst aufgenommen.

Ein anderer 25 bis 29 Jahre alter Soldat hatte einen im oberen Bereich leicht verbogenen linken Oberarmknochen. Die Deformation war vermutlich Folge eines unvollständigen Biegebruchs im Kindes- oder Jugendalter. Bleibt bei einem Bruch die Knochenhaut unversehrt, verschieben sich die Bruchenden nicht gegeneinander. Trotz dieses günstigen Heilungsverlaufs ist der Knochen oft dauerhaft leicht verdreht, was die volle Belastbarkeit einschränken kann.   *BJ*

Weiterführende Literatur (Kurzzitate)
Burschel, *Söldner in Nordwestdeutschland*, 1994.
Engerisser/Hrnčiřík, *Nördlingen*, 2009.
Fiorato et al., *Blood red roses*, 2000.
Huthamies, *Ersatzmänner*, 2000a.
Huthamies, *Zwangsaushebungen*, 2000b.
Lindegren, *Utskrivning och utsugning*, 1980.
Lindegren, *Frauenland und Soldatenleben*, 2001.
Murdoch, *Scotland and the Thirty Years' War*, 2001.
Murdoch et al., *Battle of Wittstock*, 2012.
Thordemann, *Battle of Wisby*, 1939.

AUSRÜSTUNG UND BEWAFFNUNG

ZU FUSS, MIT PFERDEN UND KANONEN

Die Armeen bestanden aus drei Truppenteilen, deren Aufgaben und Funktionen sich ergänzten. Die Infanterie, das Fußvolk, war die wichtigste und größte taktische Einheit. Vom Zentrum der Schlachtaufstellung aus sollte sie den Gegner durch ihre Masse und die konzentrierte Schussgewalt der Feuerwaffen überrollen. Von den Flügeln der Schlachtaufstellung startete die Kavallerie, die Reiterei, schnelle Manöver und Angriffe, um den Gegner zu überraschen und seine Linien zu durchbrechen. Die Artillerie, die aus schweren Geschützen bestand, spielte besonders bei Belagerungen eine große Rolle. Am Beginn einer Feldschlacht riss sie große Löcher in die eng aufgestellten Truppen des Gegners.

Einheitliche Uniformen gab es noch nicht und jeder trug das, was er besaß. Das zeitgenössische „Kriegsbüchlein, Das ist Grundtliche Anleitung zum Kriegswesen" des Züricher Hauptmanns Hans Conrad Lavater von 1644 empfahl den Söldnern festes Schuhwerk, dicke Socken, wetterbeständige Beinkleider und zwei Hemden zum Wechseln. Des Weiteren wurden ein ledernes Wams, ein Mantel aus Stoff gegen Regen und ein breitkrempiger Filzhut angeraten. All das sollte ohne unnötige Nähte und Falten sein – die idealen Nistplätze für Ungeziefer. Farbige Hüte, breite Hemdkragen und bunte Bänder gehörten jedoch dazu. Damit konnte sich der Soldat von den Bauern und den strikten Kleiderordnungen der Bürger abheben – zumindest, bis die Kleidung völlig zerrissen war. Offiziere waren an ihrer vornehmen, hochwertigen Tracht mit Federhut, Spitzenkragen und sorgfältig gebundenen Schärpen zu erkennen.

Der Kriegsherr stellte – gegen Bezahlung – nur die Waffen sowie Rüstungen und Helme. Um Freund und Feind im Kampf unterscheiden zu können, befestigte man farbige Bänder oder grüne Zweige an Ärmel oder Hut und schrie die vereinbarte Losung. Wichtigstes Erkennungs- und Orientierungsmerkmal waren die etwa 4 m² großen Fahnen der Infanterie und die deutlich handlicheren Standarten der Kavallerie. Sie standen sinnbildlich für die gesamte Kompanie und wurden geradezu kultisch verehrt. Die Soldaten legten ihren Eid auf den Kriegsherren und auf die Fahne ab. Der Fähnrich lernte, sie kunstfertig zu schwingen und durch das Fahnenspiel Zeichen zu geben. In der Schlacht musste er dieses wichtige Identifikationssymbol bis zum Äußersten verteidigen. Sieg oder Niederlage wurde nach der Zahl eroberter oder verlorener Feldzeichen ermittelt.

Die Fahnen waren zumeist mit gestickten allegorischen Bildern oder lateinischen Sinnsprüchen reich verziert. Ihre Farben leiteten sich oftmals von den Wappen der Obristen ab und wurden für das Regiment bezeichnend. So gab es das „schwarz-gelbe kursächsische" oder das „blaue schwedische" Regiment.

SE

Ein durch Federbusch, Schärpe und Hellebarde gekennzeichneter Offizier unterweist eine kleine Gruppe zweckmäßig ausgerüsteter Musketiere.

PIKENIERE UND MUSKETIERE – DIE INFANTERIE

Zu Beginn des Krieges formierte sich das Fußvolk in großen Gevierthaufen. Im Zentrum dieser „Tercios" standen viele Hundert Pikeniere, die von zwei bis drei Reihen davor platzierter Musketiere umgeben waren. Weitere Schützen postierte man wie Windmühlenflügel an den Ecken. Im Kampf fanden die Musketiere unter den herabgesenkten Piken oder im Inneren eines solchen Gewalthaufens Schutz.

Um die verbesserte Schusskraft der Musketen zu nutzen, entwickelten die Schweden nach niederländischem Vorbild eine lineare Schlachtaufstellung. Nur noch sechs bis zehn Reihen tief standen nun bis zu 170 Soldaten einer Brigade nebeneinander. Dabei bildeten die Pikeniere das Zentrum und die Musketiere reihten sich an den Seiten auf. Die Musketiere von zwei oder sogar drei Reihen gaben gezielt Salvenfeuer und wurden dabei von Pikeniereinheiten vor Reiterangriffen geschützt. Die Bewaffnung der Pikeniere bestand aus Spießen mit einem bis zu 5,50 m langen Schaft. Waagerecht auf Augenhöhe gehalten, wehrte man mit diesen Piken anrückendes Fußvolk ab. Schräg gegen den rechten Fuß gestemmt, bildeten sie ein Bollwerk eiserner Spitzen auf Brusthöhe der anstürmenden Pferde. Die Musketiere konnten sich bei einem Reiterangriff aber auch zum Nachladen ihrer Musketen dahinter zurückziehen. Mit der wachsenden Bedeutung der Schusswaffen für den Angriff vergrößerte sich der Anteil der mit Musketen ausgerüsteten Soldaten auf bis zu 80 %. Die wenig erstrebenswerte Position der Pikenträger – Hans Jakob Christoffel von Grimmelshausen lässt sie von seinem Romanhelden Simplicissimus Teutsch als „Schiebochsen" verspotten – war hingegen zunehmend

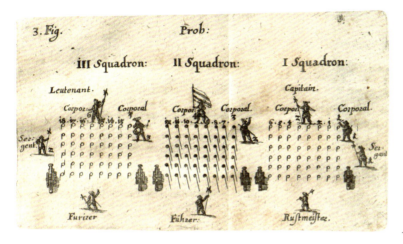

In einer linearen Aufstellung nach „königlich schwedischer Manier" standen die Pikeniere im Zentrum der Kompanie und die Musketiere auf den Seiten. Trommler, Offiziere und Unteroffiziere hatten ihre festen Positionen.

unterbesetzt. Zu den Verbesserungen der modernen linearen Schlachtaufstellung gehörten auch Reservetruppen im zweiten oder dritten „Treffen", die aufgerissene Lücken schnell wieder schließen konnten.

Im Gegensatz zu den Musketieren, die nach und nach völlig auf eine Schutzausrüstung verzichteten, gehörte ein Brustharnisch mit abnehmbaren kurzen Beintaschen zur Standardausrüstung der Pikenträger. Die oftmals in einheitlicher Größe aus dünnem Metall gefertigten Massenprodukte waren jedoch nicht schusssicher und boten daher keinen ausreichenden Schutz für den Oberkörper. Die Fußknechte bezeichneten ihren im 17. Jahrhundert verwendeten Helm allgemein als Sturmhaube. Neben dem so genannten Morion und Birnhelm gab es einen mit runder Helmglocke und verstärkendem niedrigen Kamm. Die aus mehreren getriebenen Teilen zusammengenieteten Eisenhüte wiesen ein Gewicht von nahezu 1,5 kg auf.

Ausrüstung der Pikeniere und Handhabung der Spieße nach einem zeitgenössischen Kriegslehrbuch

Die auch als Langspieß bezeichnete Pike gab den Pikenieren ihren Namen. Mit einer durchschnittlichen Länge von 5 m war sie nicht leicht zu handhaben. Im Gegensatz zum Speer wurden Piken nicht geworfen, sondern zum Stechen verwendet, was ihre Ableitung von dem französischen Verb piquer, d.h. stechen, erklärt. Die beste Qualität für den Schaft lieferte das Kernholz eines Eschenstammes, oftmals musste jedoch Tannen- oder Fichtenholz genügen. Das mit Hilfe einer Tülle auf den Schaft aufgesteckte und durch seitliche Federn gesicherte Spießeisen hatte während des Dreißigjährigen Krieges zumeist eine Vierkantform.

Alle Pikeniere trugen für den Nahkampf Schwert oder Degen und Dolch. Das Schwert, eine Hieb- und Stoßwaffe mit gerader, zweischneidiger

Die Ausrüstung eines Pikeniers umfasste zumindest einen Brustharnisch und einen Eisenhelm. Die Bewaffnung bestand – neben der Pike – aus Degen und Dolch.

Klinge, wurde mit einer Hand geführt. Etwas längere Ausführungen bezeichnet man daher als Eineinhalbhänder. Ein zum Kampf geeignetes Stahlschwert wog je nach Länge zwischen 1 und 1,5 kg. Die Qualität der Verarbeitung schwankte stark, je nachdem ob die Waffe für einen einfachen Soldaten oder einen Offizier angefertigt wurde. Zeitgenössische Dolche weisen deutliche Größen- und Gewichtsunterschiede auf. Übereinstimmend handelte es sich zumeist um Parierdolche. Die Parierstange zwischen Griff und Klinge schützte die eigene Hand vor Schwerthieben.

Mit der Verbesserung der Treffsicherheit und Durchschlagskraft der Schusswaffen wurde es immer schwerer, sich selbst zu schützen. Daher, und um die eigene Beweglichkeit zu erhalten, gaben die Musketiere die anfangs noch vorhandene Schutzausrüstung mehr und mehr auf. Nur selten wurden noch Bruststücke verwendet. Sie verzichteten auch weit gehend auf schützende Metallhelme und bevorzugten stattdessen leichte, bei Sonne und Regen gleichermaßen praktische Hüte. In der Schlacht hielt ein darunter verstecktes Hutkreuz Waffenhiebe ab.

Die Musketiere kämpften mit einer Luntenschlossmuskete, die zu Beginn des Krieges noch mehr als 7,5 kg wog. Das Abfeuern wurde durch Auflegen auf eine Stützgabel, die Forquett, erleichtert. Nur so konnten die bis zu 20 mm großen Bleikugeln halbwegs treffsicher ihr Ziel erreichen.

Im Lauf der Zeit verringerte sich das Gewicht dieser Feuerwaffen auf ca. 5 kg, was ihre Treffsicherheit erhöhte.

Die Luntenschlossmuskete war ein Vorderlader. Bei ihr wurden Schwarzpulver und eine mit Papier oder Stofflläppchen umwickelte Bleikugel mit einem Ladestock im Lauf fest verdämmt. Nun klemmte der Schütze die Lunte im Abzugshahn ein und schüttete Zündkraut auf die Pulverpfanne. Wurde der Hahn abgedrückt, entzündete die Spitze der brennenden Lunte das Pulver in der Pfanne. Die entstandene Flamme schlug durch das Zündloch in die Pulverladung im Lauf und der Schuss löste sich. Der Ladevorgang bei einer Muskete dauerte so durchschnittlich eine Minute. Die Abschussgeschwindigkeit einer Luntenschlossmuskete aus den 1630er Jahren lag bei durchschnittlicher Pulverqualität bei ca. 300 m/sek. Die maximale Schussweite betrug 350 bis 400 m, aber in 75 m Entfernung soll nur noch jede zweite Kugel ihr Ziel erreicht haben. Auf noch größere Distanz sank die Durchschlagskraft und nur noch 5 bis 7 % aller Schüsse verletzten den Gegner ernsthaft.

Diese im thüringischen Suhl gefertigte schwere Luntenschlossmuskete musste beim Abschuss auf einer Stützgabel abgelegt werden.

Für den Antrieb des Projektils im Rohr jeder Waffe musste Schießpulver gezündet werden. Seine Bestandteile Schwefel, Salpeter und Holzkohle wurden dazu, je nach Waffengattung, in unterschiedlichen Anteilen vermengt. Bereits einsatzfertig gemischt, sollte das Pulver für Pistolen aus 100 Teilen Salpeter, 15 Teilen Kohle und zwölf Teilen Schwefel bestehen. Schießpulver für Musketen enthielt im Idealfall 15 Teile Schwefel. Menge, Mischungsgrad und Körnung hatten natürlich Auswirkungen auf das Schussergebnis. So wurde für einen Musketenschuss etwa die Hälfte des Projektilgewichtes als Pulver benötigt. War das Pulver von schlechter Qualität, mussten bis zu zwei Drittel des Gewichtes der Bleikugel verwendet werden. Zudem verringerte sich in diesen Fällen die Schussweite. Bei Pistolen war höchstens das Gewicht einer halben Kugel vonnöten.

Die Lunte, eine gedrehte oder geflochtene Hanf- oder Flachsschnur, wurde mit einer Lauge aus Holzasche, Kalk, Salpeter und Rinderdung getränkt. Dadurch konnte sie stundenlang glimmen, war allerdings auch weithin zu riechen. Bei einem Überraschungsangriff musste der Schütze die Windrichtung berücksichtigen, denn sonst konnte sich der Gegner rechtzeitig vor einem Schuss in Sicherheit bringen. Somit steht die Redewendung „Lunte riechen" im heutigen Sprachgebrauch für „Verdacht schöpfen".

An einem quer über die linke Schulter gelegten Lederriemen hingen acht

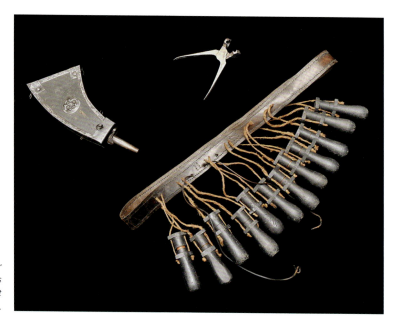

An seinem Bandelier führte der Musketier das Notwendige für zumeist zwölf Schüsse mit sich.

bis 14 hölzerne Büchsen mit der Pulvermenge für je einen Musketen-schuss. Um Geräusche zu vermeiden, waren diese Pulvermaße mit Leder bezogen. Bei Regen mussten die Musketiere das Bandelier unter dem Mantel vor Feuchtigkeit schützen. In den 1630er Jahren kamen Papier-patronen auf und beschleunigten den Ladevorgang. Nachdem sie aufge-bissen worden waren, konnten das abgemessene Schießpulver und die Kugel in den Gewehrlauf geschüttet werden. Am Gürtel oder ebenfalls am Bandelier wurde auch das Pulverin genannte Zündkrautfläschchen befestigt. In ihm bewahrten die Soldaten das schnell entzündliche Mehl-pulver, ein sehr feinkörniges Schwarzpulver, auf. Zum Nachladen trugen die Musketiere einen Lederbeutel mit meist zwölf Bleikugeln bei sich. Die geläufigsten Kaliber für Musketen und Karabiner aus Suhler, Augsburger oder Nürnberger Produktion maßen 16,2 bis 18,5 mm.

Zur Verteidigung im Nahkampf waren auch die Musketiere mit Schwert oder Degen und einem Dolch ausgerüstet. Der Degen, eine Hieb- und Stichwaffe mit langer, schmaler, zweischneidiger Klinge, besaß insbe-sondere bei den Obristen einen kunstvoll ausgearbeiteten Handschutz. Oftmals wurde auch ein Rapier verwendet, eine Art Degen mit kürzerer Klinge und schlichterer Gestaltung. Da Schwert oder Degen überwiegend rechts geführt wurden, nahm man den Dolch in die andere Hand. Daher stammt auch die Bezeichnung „Linkehand" für diese Waffe.

In die Kampfformationen eingestreut waren kleinere Gruppen von Hel-lebardenträgern. Die Hellebarde oder Helmbarte zählte zu den Stan-genwaffen. Das beilförmige Eisen und der gegenüberliegende Haken an einem bis zu 2 m langen Schaft eigneten sich zum Hauen und Stechen. Sie wurde vorwiegend vom 14. bis zum 16. Jahrhundert verwendet und kam im 17. Jahrhundert nicht mehr standardmäßig zum Einsatz. Während des Dreißigjährigen Krieges war die Hellebarde jedoch symbolträchtige Bewaffnung und Rangabzeichen insbesondere schwedischer Infanterie-

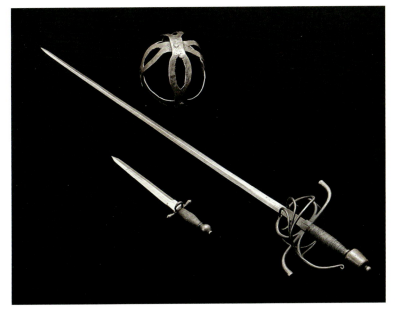

Für den Nahkampf waren auch die Musketiere mit Degen und Dolch ausgerüstet. Das unter dem Hut verborgene Hutkreuz bot einen gewissen Schutz vor Hieben auf den Kopf.

offiziere und daher in nahezu jedem Regiment vorhanden.

Der enorme Umfang an Waffen und Ausrüstungsgegenständen, die ein „Regiment zu Fuß" benötigte, wird in einer zusammenfassenden Auflistung besonders deutlich. Johann Jacobi von Wallhausen hatte 1615 in seinem Manual „Kriegskunst zu Fuß" eine solche „Idealliste" zusammengestellt. Für 1.500 Musketiere, 300 Arkebusiere, 1.200 Pikeniere und 200 Hellebardiere listete er auf:

10	Fahnen	1.500	Musketen
10	Partisanen	1.500	Musketengabeln
50	Hellebarden für die Befehlshaber	1.500	Bandeliere
31	Trommeln	1.500	Pulverflaschen mit Schnüren
20	Pfeifen	1.800	Flaschenleder
1.200	gewöhnliche Harnische	300	Halbrohre (Kurzmusketen)
1.000	lange Spieße	600	Pulver- bzw. Zündflaschen
200	gewöhnliche Hellebarden	1.851	Schützenröcke
200	Paar Blechhandschuhe		

Ein Regiment dieser Stärke führte bis zu 1.600 Pferde und Hunderte Wagen mit sich, die wiederum von entsprechend vielen Fuhrknechten und Reiterjungen betreut wurden. *SE*

Typische Hellebarde aus der ersten Hälfte des 17. Jahrhunderts

HOCH ZU ROSS – DIE KAVALLERIE

Der Anteil der Reiterei stieg in den Armeen des Dreißigjährigen Krieges stetig an. Nur zu Pferd waren die ausgedehnten Beutezüge zur Versorgung der riesigen Heeresverbände möglich. Reaktionsfähige und bewegliche Einheiten entschieden zudem mehr und mehr über Sieg oder Niederlage auf dem Schlachtfeld. Allerdings verhinderte der zunehmende Mangel an Pferden oftmals, dass alle Kürassiere der schweren oder alle mit einer Arkebuse ausgestatteten Soldaten der leichten Kavallerie ins Gefecht reiten konnten. Die ebenfalls berittenen Dragoner waren Einheiten der Infanterie, die zu Pferd schnell an einen bestimmten Ort gelangen konnten, dort zum Kampf jedoch absaßen.

Die Reitermassen standen beim Kampf gewöhnlich an den Flügeln. In meist drei dicht aufgeschlossenen Reihen ritten sie in breiter Front auf den Feind zu. Die Reiterpistolen erlaubten den Kürassieren jeweils nur einen Schuss. Den größten Effekt erzielten die Einheiten, wenn sie geschlossen in hohem Tempo auf den Gegner zupreschten und erst in

Die schwedische Kavallerie stand zum Sturm auf die Stadt Kreuznach bereit.

CRUCENACVM A SVECIS OCCULATUR

Eines der bekanntesten Reiterregimenter des Dreißigjährigen Krieges gehörte Gottfried Heinrich Graf zu Pappenheim. Die Bezeichnung der Kürassiere als „Pappenheimer" wird noch heute für die Harnische verwendet.

größtmöglicher Nähe feuerten. Schafften sie es, eine Bresche in die gegnerischen Reihen zu sprengen, wurde der Nahkampf mit Reitschwert oder Degen entscheidend. Die leichte Reiterei war mit einer Arkebuse bzw. einem Karabiner ausgerüstet. Als bewegliche Einheit diente sie zum Flankenschutz und für Kommandoaktionen.

Die schwere Reiterei rekrutierte sich noch immer vor allem aus Edelleuten. Nur sie konnten sich die umfangreiche Ausrüstung und die Pferde leisten. Die Kürassiere der schweren Kavallerie waren bis in die 1630er Jahre durch einen kompletten Harnisch, den Kürass, geschützt. Der Reiterharnisch mit Arm- und Beinschutz, Handschuhen und geschlossenem Helm wog 25 kg und mehr und verlangte von seinem Träger eine gute körperliche Konstitution. Als Rostschutz, aber auch aus optischen Gründen wurden die Oberflächen häufig geschwärzt. Einige Regimenter verstärkten den nachhaltigen Eindruck der heranpreschenden Kavallerie noch. Sie ritten durchweg schwarze Hengste und trugen abschreckende Zeichen wie Totenköpfe auf ihren Helmen. Nach und nach wurden diese schweren Rüstungen von leichteren Brust- und Rückenstücken abgelöst. Auch offene Sturmhauben, die aus Osteuropa stammenden so genannten Zischäggen, kamen auf.

Die schnelle und wendige Reiterei war für den Kampf in der Halbdistanz ausgerüstet. Pistolen mit Radschloss wurden schon einhundert Jahre vor dem Dreißigjährigen Krieg erfunden. Die kompakte und sichere Zündungsmethode machte sie zur bevorzugten Schusswaffe. In Holstern vor dem Sattel sowie oftmals zudem in den Schäften der Stiefel steckten die zwei bis drei Pfund schweren Pistolen griffbereit zum Abfeuern jeweils eines Schusses.

Auch die leichte Kavallerie verzichtete zunehmend auf Schutzausrüstungen. Die Reiter trugen oftmals nur noch ein Bruststück über dem Lederkoller. Federgeschmückte Filzhüte ersetzten den Helm. Die Arkebusiere verwendeten, da die Handhabung einer Lunte zu Pferd zu umständlich

Die Bewaffnung der Reiter bestand aus paarweise getragenen Radschlosspistolen, Reitschwert und Linkehanddolch.

Der Federmechanismus eines Radschlosskarabiners wurde mit einem Schlüssel gespannt.

war, zumeist Arkebusen oder Karabiner mit einem Radschlossmechanismus. Diese wurden mit dem Karabinerhaken an einem Riemen gesichert und quer über dem Rücken getragen. Mit einer durchschnittlichen Länge von ı m war der Karabiner wesentlich kürzer und leichter als eine Luntenschlossmuskete. Oft war auch die leichte Reiterei mit Reiterpistolen ausgestattet.

Der Nahkampf, der auch bei Reitergefechten die größte Bedeutung hatte, wurde mit Schwert oder Degen sowie Dolchen ausgefochten. Reitschwerter oder Rapiere waren zumeist etwas länger und schmaler als die Schwerter des Fußvolks. Um die Hand des Kämpfers beim Fechten vor Verletzungen zu schützen, besaßen die etwa ı,6 kg schweren Hiebwaffen oftmals ein ausgebildetes Gefäß mit seitlichen Bügeln und Parierstange. Das galt auch für viele Dolche. Ausladende Parierstangen, welche die gegnerische Klinge abwehrten oder auch einfangen konnten, sind typische Merkmale von Linkehanddolchen für den Nahkampf.

Kurz geschäftete Streitäxte und Streithämmer waren insbesondere in ost- und südosteuropäischen Regimentern verbreitet. Als zusätzliche Hieb- oder Schlagwaffen kamen sie gegen gepanzerte Kämpfer oder in sehr engen Kampfsituationen zum Einsatz. *SE*

Von der erhöhten Position eines Pferderückens herab war der Streithammer eine gefürchtete Schlagwaffe.

DAS HEERLAGER „IN DER BENZ" BEI GIELOW
(MECKLENBURG-VORPOMMERN)

Unweit der einstigen Landtagsstadt Malchin liegt zwischen Gielow und Demzin das geschlossene Waldgebiet „Die Benz". Der Name erinnert an die Wüstung des einstigen Darguner Klosterdorfes Benitz. Bei mehrjährigen intensiven Begehungen konnten ehrenamtliche Bodendenkmalpfleger mehrere Hundert Fundstücke bergen, die sich an fünf deutlich voneinander abgesetzten Plätzen konzentrierten. 1639 haben hier und in der Umgebung 80.000 sächsische und brandenburgische Söldner gelagert und die aus Pommern zurückkehrende schwedische Armee unter Feldmarschall Johan Banér erwartet. Doch dessen Truppen „lagen" ebenfalls „fest", so dass es nicht zum Aufeinandertreffen der Parteien kam. Nach sieben Wochen zwangen Pest und Hunger die kaiserlichen Armeen zum Abzug.

Trotz intensiver Suche wurden bislang keine Verschanzungen entdeckt. Es scheint sich somit um ein reines Heerlager gehandelt zu haben. Die fünf Fundkonzentrationen repräsentieren vermutlich einzelne Truppeneinheiten. Die metallenen und vereinzelten keramischen Hinterlassenschaften bieten einen ausgezeichneten Einblick in die Ausrüstung von Ross und Reiter. Auch Gegenstände des Trosses, Überreste von Werkstätten, allgemeine Ausrüstungsteile und Dinge des Alltagslebens gehören zum Fundmaterial.

Auffallend sind zahlreiche Steigbügel in unterschiedlichen Formen. Sie haben differenzierte Aufhängevorrichtungen und meist durchbrochene Trittplatten. Die Seiten sind in der Regel geschwungen und häufig verziert. Diese qualitätvollen Exemplare waren vermutlich den Offizieren vorbehalten, während einfache schlaufenförmige Bandsteigbügel wohl den Trossknechten gehörten.

Vom Pferdegeschirr kam überwiegend Zaumzeug, darunter eine komplette Kandare, zutage. Die Seitenstangen unterschiedlicher Form und Größe lassen eindrucksvoll die Hebelwirkung des Gebissstückes erkennen und die enorme Kraft, die dadurch auf das Pferdemaul ausgeübt werden

Während Striegel und Trense heutigen Exemplaren gleichen, findet die große Kandare heute zum Wohl der Pferde keine Verwendung mehr.

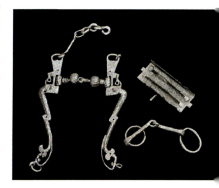

Schere und Fingerhüte wurden vermutlich von den Frauen im Tross verwendet.

Zahlreiche Steigbügel und vereinzelte Sporen blieben 1639 im Lager „In der Benz" zurück.

konnte. Auch hierbei handelt es sich wohl um die Ausrüstung eines Offizierspferdes, während die einfachen Soldaten oder Reiter im Tross ihre Pferde mit normalen Trensen zäumten.

Bei den wenigen aufgefundenen Sporen handelt es sich um einfache Rädchensporen. In großer Zahl liegen dagegen Hufeisen von recht einheitlicher Form mit einfach umgeschlagenen Stollen vor. Daneben fanden sich auch zwei unterschiedliche Typen von Pferdestriegeln. Neben rechteckigen Platten mit Seitengriff und angenieteten gezähnten Blechstreifen gibt es gewölbte Striegel mit gezähnter Kante.

Waffen sind durch Pistolen- und Musketenläufe belegt, zu denen auch Reste von Steinschlössern gehören. Ein gabelförmiges Objekt mag eine Musketengabel sein. Hinzu kommen Fragmente von Hellebarden und Spießeisen.

Zahlreiche Eisenringe unterschiedlicher Größe und Funktion fanden im Tross Verwendung. Bei einigen handelt es sich um die äußeren Beschläge oder die Innenringe von Holzrädern. Fuhrwerke sind zudem durch weitere Bestandteile belegt. Zur Versorgung nicht nur der Pferde mit Futter und Getreide mögen Sicheln und ein Schneitelmesser gedient haben. Äxte, Zangen und Hämmer stammten aus einfachen Werkstätten im Lager. Hinzu kommen Bügel von Holzeimern.

Verschiedene Facetten des Lebens der Söldner zeigen sich in Scheren, verzierten Löffeln, Resten bronzener Dreibein-Grapen und Zapfhähnen. Auch einzelne Münzen aus unterschiedlichen Ländern und Prägestätten gehören zum Fundgut. Hervorzuheben ist eine arabische Goldmünze von Osman II. (1618–1622). Zuweilen nähten sich die Soldaten solche „Notgroschen" in ihren Mantel ein. Eine komplette Bronzekette mit reich verzierten bandförmigen Verschlüssen sowie mehrere Fragmente ähnlicher Gürtel gehörten vermutlich zur Tracht wohlhabender Offiziersfrauen,

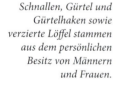

Schnallen, Gürtel und Gürtelhaken sowie verzierte Löffel stammen aus dem persönlichen Besitz von Männern und Frauen.

während der mit einem Löwenkopf verzierte Verschluss an der Kleidung eines Mannes befestigt war. Ob in einer Truhe mit kompliziertem eisernen Schloss die Kriegskasse verwahrt wurde, muss Spekulation bleiben.

Die archäologischen Funde aus der „Benz" bei Gielow machen somit ein historisches Ereignis „sichtbar" und bieten damit einen umfangreichen Einblick in das Leben und die Ausrüstung der Truppen im Dreißigjährigen Krieg. *US*

DIE MILITÄRTAKTIK IM DREISSIGJÄHRIGEN KRIEG

DIE LANDSKNECHTSZEIT DES SPÄTEN 16. JAHRHUNDERTS

Mit dem Ende der Ritterheere durch die Spießerhaufen der Landsknechte hielt eine neue Kampftaktik in Europa Einzug. Die geschlossene Infanterie bewies ihre Überlegenheit gegenüber der alten Taktik und wurde zur Hauptwaffe. Man stellte große Gewalthaufen, spanisch Tercios, auf, die aus mehreren, meist drei, Gevierthaufen bestanden und sich überwiegend aus Pikenieren zusammensetzten. Diese Spießträger wurden von den Kurzwaffenträgern, überwiegend Hellebardieren, umringt. Trafen diese Haufen aufeinander, so versuchte man durch Druck den Gegner niederzuwuchten. Die endgültige Entscheidung brachte dann der Nahkampf, wenn die Kurzwaffenträger in die feindliche Aufstellung eingedrungen waren. Diese grundlegende Kampfweise behielten viele Armeen bis in die Zeit des Dreißigjährigen Krieges bei, da eine flachere und breitere Formation viel schwerer zu bewegen und zu führen gewesen wäre. Allerdings verkleinerte man die Größe der einzelnen Haufen und erhöhte ihre Zahl. Zu Beginn des 17. Jahrhunderts umfasste ein Tercio etwa 2.500 Mann. Die Reiterei wurde zwischen den einzelnen Haufen und am Rand der gesamten Aufstellung platziert.

Die rasante Entwicklung und Verbesserung der Feuerwaffen während des 16. Jahrhunderts führte dazu, dass die Schützen vermehrt Arkebusen und die etwas längeren Musketen nutzten und damit Bogen und Armbrust ersetzten. Die neuen Feuerwaffenträger wurden jetzt als Schützenhecken rings um die Gewalthaufen platziert. Sie sollten diese vor ansprengender gegnerischer Reiterei schützen, konnten sich selbst jedoch in den Haufen zurückziehen, wenn es nötig war. Im Nahkampf spielten die Schützen nämlich zunächst keine große Rolle.

Auch bei der Reiterei ergab sich eine grundlegende Wandlung hin zur Herausbildung der Kavallerie als taktische Einheit. Insbesondere die leichte Reiterei sollte dem Gegner durch Überfälle und Verfolgung auf den Märschen erheblichen Schaden zufügen. Dadurch gewann sie immer mehr an Bedeutung.

Eine wesentliche Neuerung in der Kavallerie war die Einführung der Pistole. Sie wurde neben der Blankwaffe, zumeist ein Stoßdegen, zur Hauptwaffe. Erst die Erfindung des Radschlosses hatte es ermöglicht, eine Waffe zu entwickeln, die mit einer Hand geführt werden konnte. Ihre Nachteile, nämlich die schlechte Zündung, kurze Schussweiten und eine

Während des frühen 17. Jahrhunderts setzte sich die Radschlosspistole als Hauptwaffe der schweren Reiterei durch.

hohe Ungenauigkeit der Treffer wurden durch die Vorteile aufgewogen. So war eine Pistole einfacher zu handhaben als eine Lanze, was eine geringere Ausbildung von Pferd und Reiter erforderte. Sie hatte ein geringeres Gewicht und war für den Einsatz im Nahkampf optimal. Zudem konnten mehrere Pistolen mitgeführt werden. Zum Schutz stattete man die Reiter zunächst mit relativ schweren Rüstungen, den so genannten Dreiviertelharnischen, aus.

Die Disziplinierung der Reiterei und der Infanterie stellte in der Kampftaktik des 16. Jahrhunderts eine wesentliche Neuerung dar, die weit reichende Auswirkungen auf den Dreißigjährigen Krieg hatte. Den Angriffen der Kavallerie konnte sich ein Gevierthaufen letztlich nur durch die Schützenhecke erwehren, die mit den Musketen weit größere Reichweiten erzielte als die Pistolenreiter. Dennoch konnte ein gut geführter Reiterangriff den Vormarsch eines Gewalthaufens hemmen oder sogar stoppen und ihn somit seines Vorteils berauben. Neben der schweren Reiterei bildeten sich noch die Dragoner heraus, eine Art berittene Infanterie. Da sie weit beweglicher als die schwer gepanzerten Reiter waren, setzten sie sich immer mehr durch.

Da man große Feldschlachten weitgehend vermeiden wollte, sollten kleinere Scharmützel und Überfälle den Feind zermürben und ihm schaden. Hierbei gewannen die leichte Reiterei und die neuen Feuerwaffen an Bedeutung. Die Zahl der Schützen nahm kontinuierlich zu und ihre Waffen wurden immer besser. Waren zu Beginn des 16. Jahrhunderts etwa 10 % des Fußvolkes Schützen, so waren es um 1570 bereits 50 %, teilweise sogar mehr.

Ein geübter Musketier benötigte für einen Schuss etwa eine Minute und war damit relativ lange ungeschützt. Deshalb feuerte immer ein Teil, um diejenigen zu decken, die nachluden. Dennoch konnte ansprengende Reiterei hierbei gefährlich werden. In diesem Fall drängten sich die Schützen in die Reihen der Pikenträger – ein schwieriges taktisches Manöver, da die Gefahr bestand den Haufen zu sprengen und so seinen Vorteil zu verlieren.

DIE „ORANISCHE HEERESREFORM" AM ENDE DES 16. JAHRHUNDERTS

Die Niederlande veränderten Ende des 16. Jahrhunderts die praktizierte Kampftaktik grundlegend und umfassend. Sie schufen eine völlig neue Art der Aufstellung und Gliederung und nahmen wesentlichen Einfluss auf die Entwicklung des Kriegswesens in den folgenden Jahrzehnten. Die relativ kleinen Niederlande konnten keine großen Massen an Soldaten aufbringen, so dass der seit 1568 geführte Unabhängigkeitskrieg gegen

Spanien sie zur Entwicklung einer Taktik zwang, die den spanischen Tercios standhalten konnte. Durch die Verwendung und Weiterentwicklung von Informationen aus wiederentdeckter antiker Literatur trieb Fürst Moritz von Oranien die so genannte „Oranischen Heeresreform" voran und setzte sie ab 1590 um.

Es gab mehrere wesentliche Neuerungen. Die wichtigste war, dass die Einheiten im Gefecht nicht mehr nur mit Gewalt Druck aufbauten, sondern dass sie manövriert wurden und damit weit beweglicher einsetzbar waren als bisher. Die Qualität der Ausbildung war der Kernpunkt der Reform. Die Soldaten übten nicht nur Bewegungen und Formationen, sondern auch das Bedienen der Muskete nach Anweisungen. Dies sicherte den reibungslosen Ablauf von Laden, Zielen und Schießen in Hektik, Stress und Todesangst während des Kampfes.

Die neue Taktik sah eine flach aufgestellte Formation von höchstens zehn, später sogar nur mehr fünf Mann Tiefe vor. Sie wurde in kleine Teile untergliedert und sehr beweglich geführt. Damit waren taktische Einheiten geschaffen, die völlig unabhängig voneinander agieren konnten und sollten. Der Anteil der Schützen wurde drastisch erhöht und sie beteiligten sich nun auch aktiv am Nahkampf, was zuvor nicht praktiziert worden war. Aus diesem Grund erhielten sie jetzt auch Degen oder Schwerter als Schutzwaffen.

Die Aufstellung vor einem Gefecht variierte natürlich. Üblicherweise jedoch stellte man das erste und dritte „Treffen" deckungsgleich auf, während die zweite Reihe versetzt „auf Lücke" stand. Das zweite und dritte Treffen wurde durch kleinere Reiterformationen verstärkt. Normalerweise befanden sich etwa 250 Pikeniere in der Mitte und rechts und links jeweils 200 Feuerwaffenträger. Das ermöglichte einen verstärkten Feuerkampf. Im Lauf der Zeit setzten sich die Musketen als Hauptwaffe durch, da sie leichter wurden und die Gabel zum Aufstützen nicht mehr benötigten.

Der Vorteil dieser neuen Gefechtsaufstellung lag darin, dass man je nach Bedarf die einzelnen taktischen Einheiten rasch „verschieben" konnte. Man konnte sich schnell und wendig gegenseitig unterstützen und auf diese Weise weit mehr Kampfkraft – an mehreren Stellen gleichzeitig – gegen den Feind entwickeln als mit den großen Vierecken der Spanier.

Der Nachteil dieser Aufstellung bestand jedoch in ihrer enormen „Druckempfindlichkeit". Entwickelte ein Gegner genügend Auftreffwucht, sprengte er einen Verband auf, der damit seinen überlebenswichtigen Zusammenhalt verlor. Um dem zu begegnen, hatte man zwar die Stärke der einzelnen Glieder immens vermindert, nicht jedoch die Zahl der Befehlshaber. Weniger Mannschaften wurden jetzt durch mehr und vor allem ausgezeichnet ausgebildetes Führungspersonal geleitet. So konnte der Oberbefehlshaber durch einen zentralen Befehl alle Truppenteile schnell und effektiv lenken. Die Disziplinierung an der Waffe und bei der Durchführung von Befehlen zum Schwenken oder Wenden war ebenso wichtig wie das ordnungsgemäße Verhalten außerhalb der Schlacht.

Zu Beginn des Dreißigjährigen Krieges kämpften die bayerisch-kaiserli-
chen Truppen der katholischen Liga noch in der so genannten spanischen
Fechtweise; also in großen Tercios von Fußvolk, deren Kern aus Pikenieren bestand, die von einer Hecke von Musketieren umgeben waren. Hatten die Infanterieregimenter zunächst noch etwa gleich viele Pikeniere
wie Musketiere, so nahm die Zahl der Musketiere stetig zu. Bereits 1622
war das Verhältnis 2:1 zugunsten der Musketiere. Die unterschiedlichen
Gattungen der Kavallerie wurden je nach Bedarf eingesetzt: Die schwer
gepanzerten Kürassiere im Nahkampf mit Pistole und Degen, die Arkebusiere für das Schützengefecht zu Pferd, die Dragoner zum Feuergefecht
zu Fuß im losen Kampf und die so genannten Kroaten, kleine Gruppen
überwiegend kroatischer Söldner, meist für die Guerillataktik. Die Zahl
der Kürassiere nahm jedoch immer mehr ab. Der Trend ging eindeutig
in Richtung zu schnellen, beweglichen Einheiten. Die Reiterei sollte das
feindliche Fußvolk durch kleinere Angriffe zermürben. Fahnenträger und
Offiziere waren dabei das bevorzugte Ziel. Gegen Kriegsende führte vor
allem der Mangel an verfügbaren Söldnern dazu, dass die bayerischen
Verbände zunehmend defensiv agierten und diese Taktik auch bis 1648
beibehalten mussten.

DIE KAMPFTAKTIK DER SCHWEDISCHEN ARMEE

Der schwedische König Gustav II. Adolf übernahm die niederländische
Taktik und Gefechtsaufstellung in wesentlichen Punkten und entwickelte
sie weiter. Seine zunächst aus Landeskindern gebildete Armee hatte in
Feldzügen in Polen und Russland ihre Schlagkraft bewiesen. Sie belaste-
te das kleine Land Schweden jedoch immens. Einer Million Einwohnern
stand 1611 ein Heer von 70.000 Mann gegenüber. Die katholische Liga
hingegen zählte 1620 keine 32.000 Soldaten. Im Verlauf des Krieges warb
Schweden, wie alle anderen Krieg führenden Länder auch, vermehrt Aus-
länder und Kriegsgefangene an. Die Problematik der Sprachverwirrung
löste man in der Regel dadurch, dass man die Nationalitäten innerhalb
eines Regimentes in eigenen Kompanien zusammenfasste.
Ähnlich wie bei den Niederländern war die Antrittsaufstellung unter Gustav II. Adolf eine flache, nur sechs Mann tiefe Linienformation. Anfangs
wählte man eine Keilform, was sich jedoch im Verlauf des 17. Jahrhunderts änderte. Die Kampfweise während des langen Krieges machte
Anpassungen nötig; die Aufstellung wurde erheblich vereinfacht und die
Gegebenheiten vor Ort wurden berücksichtigt, nämlich die Landschaft,
die Wetterverhältnisse, die Anzahl verfügbarer Männer, ihre Bewaffnung,
die Ausrüstung des Gegners usw.
Auch der Schwedenkönig platzierte die Pikeniere in der Mitte und die
Feuerwaffenträger rechts und links davon. Deren bevorzugte Waffe war
die Muskete, denn sie war erheblich verbessert und vor allem leichter geworden. Ohne Musketengabel konnte nun wesentlich schneller gefeuert
werden. Bei einem drohenden Angriff zogen sich die Musketiere hinter
oder zwischen die Pikeniere zurück. Die Offiziere standen zunächst vor

der Front, bei der Annäherung an den Feind traten sie jedoch in das erste Glied zurück. Spielmänner gaben mit Trommeln und Blasinstrumenten die Befehle weiter.

Feuergefechte gewannen immer stärkere Bedeutung und wurden in Form der so genannten Caracole (= Schnecke) geführt. Die Musketiere wurden in mehrere Gruppen eingeteilt, zwischen denen eine Gasse blieb. Hatte das erste Glied gefeuert, zog es sich durch die Gasse nach hinten zurück, um dort wieder zu laden und anschließend erneut vorzurücken. Wie bei allen Manövern war die Disziplin der Männer eine überlebenswichtige Grundvoraussetzung.

Die große Beweglichkeit war der entscheidende Vorteil der Taktik Gustav II. Adolfs. Sie ermöglichte es veränderte Gegebenheiten, wie beispielsweise in Bedrängnis geratene feindliche Infanterie, auszunutzen, indem man mehrere kleine Einheiten an einer Stelle abzog und rasch andernorts einsetzte. In der Schlacht von Breitenfeld 1631 konnte der kaiserliche General Johann Tserclaes von Tilly einen sich ergebenden Vorteil nicht nutzen, weil seine schwerfälligen Tercios nicht schnell genug neu ausgerichtet werden konnten. Die Kavallerie der Schweden zwang seine Haufen in eine Verteidigungsstellung. Sie kamen zum Stehen und konnten schließlich durch die schwedische Artillerie, verstärkt durch inzwischen erbeutete kaiserliche Geschütze, unter Beschuss genommen werden.

Neben der Zunahme der Feuerwaffen in der Infanterie vermehrte Gustav II. Adolf auch die Zahl der Feuerwaffen in der Artillerie. Er führte eine neue Art von Geschütz ein, das sehr leicht und außen mit Leder überzogen

Eine der wenigen erhaltenen Lederkanonen dieser Zeit ist im Bayerischen Armeemuseum in Ingolstadt zu besichtigen.

war. Das Innovative an dieser Geschützform war ihr geringes Gewicht und damit ihre leichte Beweglichkeit. Eine Artilleriestellung konnte aufgrund des enormen Gewichts der bisher verwendeten Geschütze kaum verlegt werden. Die leichten Lederkanonen konnten hingegen von wenigen Soldaten bedient und bewegt werden. Sie unterstützten die eigene Infanterie besser, da man den vorrückenden Gegner immer wieder neu ins Visier nehmen konnte. Auch die Kavallerie wurde durch den Schwedenkönig reformiert. Er arrangierte die Reiterei in nur mehr drei Glieder, ließ mit der blanken Waffe im Galopp angreifen und nur die ersten beiden Glieder aus der Nähe eine Salve auf den Feind abfeuern. Die bis dahin geübte Schnecke, bei der das erste Glied feuerte, danach seitwärts abschwenkte und Platz für das nächste Glied machte, das dann seinen Feuerstoß abgab, schaffte er ab – genauso wie der kaiserliche General Albrecht von Wallenstein nach der Schlacht von Lützen im Jahr 1632.

Durch die konsequente Weiterentwicklung der niederländischen Taktik sowie die Verbesserung der Feuerwaffen in der Infanterie und Artillerie gelang es den Schweden, die „niederländische Ordnung" nicht nur zur Grundlage ihrer Taktik, sondern auch ihrer Strategie zu machen; die „spanische Fechtweise" hatte sich überlebt. Die neue niederländisch-schwedische Taktik in Linienformation sollte in abgewandelter Form die nächsten Jahrhunderte überdauern.   *TS*

Bei archäologischen Begehungen des Wittstocker Schlachtfeldes wurden Hunderte von Bleikugeln geborgen, die aus Pistolen, Karabinern, Musketen und leichten Artilleriegeschützen verschossen worden waren. Während des Dreißigjährigen Krieges fielen die Munitionskaliber je nach Herstellungsregion der Waffen und Zeitabschnitt unterschiedlich aus. Die Pistolenkugeln in Wittstock maßen zwischen 9,7 und 13,6 mm, die Projektile für Karabiner zwischen 12,5 und 16,8 mm, und die Bleikugeln für Musketen hatten einen Durchmesser von 16 bis 19,9 mm. Die Überlappungen zeigen, dass nicht jede Bleikugel eindeutig einer Waffengattung zugeordnet werden kann. Die Handfeuerwaffen des 17. Jahrhunderts stammten aus verschiedenen Herstellungszentren wie Augsburg, Suhl, Amsterdam oder Nürnberg und waren nicht genormt. Auch wenn es durchaus Tendenzen zur Vereinheitlichung gab, war doch jeder Lauf ein Einzelstück. Für die Munition wurde aus einem Pfund Blei eine festgelegte Anzahl Kugeln gegossen, deren Durchmesser an die Läufe der Waffen aus einem bestimmten Produktionsort angepasst waren. Da einheitliche Gewichtsmaße zu dieser Zeit noch fehlten, kam es demzufolge zu deutlichen Kaliberabweichungen: Nürnberg und Augsburg richteten sich beispielsweise nach dem Nürnberger Pfund, das knapp 510 g entsprach. Die Produktion im thüringischen Suhl folgte eigenen Gewichten sowie später vermehrt dem englischen Pfund mit 453 g.

Projektile vom Wittstocker Schlachtfeld. Von links nach rechts steigen die Kalibergrößen von 9,7 bis auf 19 mm an.

Noch im ersten Drittel des 17. Jahrhunderts begann zudem die Entwicklung zu leichteren Musketen, bei der sich zwar das Gewicht der Waffen verringerte, die Läufe jedoch einen größeren Durchmesser aufwiesen. Dies führte zu größeren und damit schwereren Projektilen. Die auf dem Wittstocker Schlachtfeld dominierenden 16 bis 18 mm großen Bleikugeln spiegeln das Spektrum der Karabiner und Musketen verschiedener Herstellungszentren der 1630er Jahre wider. Die verschossenen Pistolenkugeln lassen sowohl die Verwendung älterer Pistolen aus der Zeit bis etwa 1610 als auch neuerer Typen erkennen.

Die Munition wurde in Fässern angeliefert, jedoch nicht immer in ausreichender Menge. Doch die Soldaten konnten ihre Ausrüstung nach einer gewonnenen Schlacht durch Plünderung der feindlichen Vorräte ergänzen. In Wittstock führten die Listen der schwedischen Beute etwa 40.000 Kugeln für Handfeuerwaffen auf, die so in den Besitz der Sieger wechselten. Ansonsten beschafften sich die Soldaten Rohmaterial bei Überfällen auf Dörfer und Städte, wo verfügbares Blei, darunter auch die Bleiruten von Kirchen- und anderen Fenstern, zusammengetragen wurde. Die Handwerker in den Armeen schmolzen diese Vorräte ein und gossen handliche Barren daraus. Zwei derartige Barren stammen vom nordwestlichen Bereich des Schlachtfeldes. Das unregelmäßig rundliche, flache Stück wiegt 1,1 kg, der in eine Form gegossene Bleizylinder die Hälfte. Vermutlich gingen die beiden Rohmaterialstücke bei der Plünderung des Trosses der Verbündeten aus unbekannten Gründen verloren.

Das Gießen der Munition aus erbeutetem Blei blieb oftmals den Soldaten selbst überlassen. Innerhalb einer Rotte gab es Kugelzangen, die zu den vorhandenen Waffen passten. Für die gesamte Kompanie standen zudem größere Formen für den Guss unterschiedlicher Kaliber bereit. Das Blei, das sich bei 327 °C verflüssigt, wurde durch die Öffnung in die Form oder Kugelzange gefüllt. Sobald es abgekühlt war, konnten die Form geöffnet und die Projektile entnommen werden. Diese Herstellungsart lässt sich auch heute noch an der Gussnaht als Abdruck der Formhälften und am Zapfen überschüssigen Bleis aus dem Gusskanal erkennen. Bei den Projektilen für Karabiner und Musketen wurden die überstehenden Gussreste mit einer Zange entfernt, bei den meisten Pistolenkugeln vom Wittstocker Schlachtfeld hingegen nicht. Das Abknipsen mit der Zange hinterließ auf der Oberfläche der Kugel oft eine kleine ebene Fläche, die Scherstelle. Blieb der Gusszapfen am Projektil, erleichterte die ebene Fläche des Zapfenabschlusses das Verdämmen von Pulver und Kugel im Pistolenlauf.

Aufgrund von Munitionsmangel oder Kalibern, die in falscher Größe geliefert worden waren, mussten die Soldaten mitunter die Kugeln auf

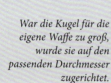

Rohmaterial für neue Projektile. Aus dem größeren Bleibarren hätten etwa 40 Musketenkugeln, aus dem kleineren ca. 45 Pistolenkugeln gegossen werden können.

War die Kugel für die eigene Waffe zu groß, wurde sie auf den passenden Durchmesser zugerichtet.

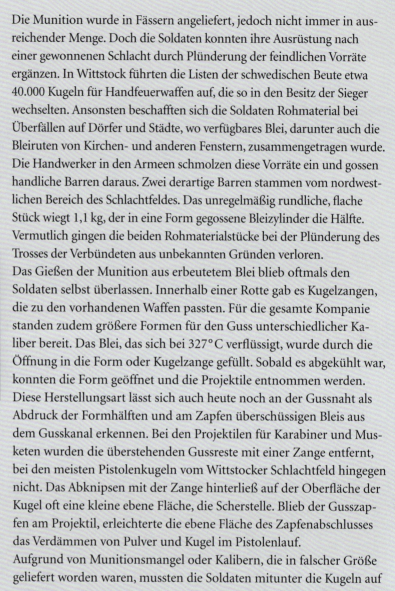

den Durchmesser ihrer Waffen umarbeiten. Dazu brachten sie die Projektile mit einem Hammer in die passende Form. Die auf dem Schlachtfeld von Wittstock gefundenen zylinderförmigen Stücke wurden aus Reiterpistolen verschossen. Diese Projektile hatten durch ihr größeres Gewicht eine höhere Durchschlagskraft. Ebenso wie die Bleikugeln mit Gusszapfen verursachten sie besonders große, stark blutende Wunden, was die Überlebenschancen der Getroffenen weiter verringerte.
Blei ist ein weiches Metall, daher lassen sich an den Kugeln Hinweise auf den Ladevorgang, das Abfeuern und den Aufprall nachweisen.

Je höher die Aufprallgeschwindigkeit auf ein Hindernis war, desto stärker wurden die Bleigeschosse verformt.

Beim Verdämmen der Kugel im Lauf konnte der Ladestock ihre Oberfläche kleinräumig abplatten. Ein um die Mitte des Projektils laufendes Band feiner Riefen entstand beim Abfeuern im Lauf der Waffe. Traf die Kugel auf ein Hindernis, verformte sie sich: je härter das Hindernis und je höher die Aufprallgeschwindigkeit, desto stärker. Auch der Eintritt eines Projektils in das weiche Körpergewebe von Menschen und Tieren verursachte spezifische Deformationen, die sich von den Kollisionsspuren auf Erde, Stein, Holz oder Metall unterscheiden.
Bei den Begehungen des Schlachtfeldes wurden viele Geschosse mit derartigen Spuren entdeckt. Manche sind noch fast rund und nur wenig verformt, andere hingegen zu flachen, oftmals ausgezackten Bleischeiben deformiert und oft in mehrere Teile zerborsten.
Experimentelle Schussversuche haben gezeigt, dass die Kugel einer Luntenschlossmuskete aus den 1630er Jahren eine Abschussgeschwindigkeit von etwa 300 m/sec erreicht. Auf der Basis solcher Experimente können auch die anzunehmenden Auswirkungen auf einen Menschen beschrieben werden: Aus 40 m Entfernung durchschlägt eine Musketenkugel einen 1,5 bis 2 mm dicken Brustpanzer aus Stahl, der Träger erleidet einen Durchschuss. Die Wucht des Aufpralls schleudert ihn zu Boden. Metall-, Leder- und Stoffpartikel dringen in die Wunde ein. Die erlittenen Verletzungen sind zumeist tödlich.
Auch bei einer Schussentfernung von 100 m wird der Brustpanzer noch durchschlagen, die Kugel bleibt aber meist im Körper stecken. Der Getroffene erleidet schwere Verletzungen der Weichteile und

Knochenbrüche. Partikel aus der Kleidung und von der Körperoberfläche dringen in die Wunde ein.

Bei einer Schussentfernung von 200 m wird ein 1,5 bis 2 mm dicker Metallschutz zwar eingedellt, aber nicht mehr durchschlagen. Das Opfer erleidet schwere Prellungen, aber keine tödlichen Verletzungen. Erst bei einer Entfernung von mehr als 300 m bleibt ein Brustpanzer unversehrt.

In jedem Fall verursachten die Bleikugeln, besonders die überstehenden Gusszapfen der Pistolenkugeln, schwerste Verletzungen. Die Zerstörung von Blutgefäßen und Knochen und der damit verbundene Schock führten in der Regel rasch zum Tod. Auch wenn das Opfer die Schussverletzung zunächst überlebte, gab es kaum Heilungsaussichten, da sich die Wunden häufig entzündeten.

Die auf dem Schlachtfeld entdeckten Geschosse sind unterschiedlich gut erhalten. Die Kugeln von der Geländeoberfläche zeigen oft nur wenig Korrosion. Anders hingegen die im Grab gefundenen Bleikugeln: Die Oberfläche der Kugel aus dem Bauchraum von Individuum 86 ist durch die chemischen Prozesse während der Verwesung des toten Körpers angegriffen. Die Kugel, die sich zwischen Brustwirbelsäule und rechter Schulter von Skelett 43 fand, ist sogar stark zersetzt. Sie wiegt nur noch knapp 4 g, während die beiden anderen mit etwa 14 g das übliche Gewicht für Kaliber um 10 mm aufweisen. Neben einer ungewöhnlich starken Korrosion während des Verwesungsprozesses der Leiche gibt es dafür noch eine zweite Erklärung. Möglicherweise überstand dieser Soldat die in einer früheren Schlacht erlittene Schussverletzung und das Weichblei der stecken gebliebenen Kugel wurde allmählich in seinem Körper abgebaut. Ähnliches ist von König Gustav II. Adolf von Schweden überliefert, der eine Schussverletzung vier Jahre überlebte, bevor er 1632 in der Schlacht von Lützen fiel. Er hatte auf das Tragen eines Kürasses verzichtet, weil dessen Gewicht Schmerzen an der alten Verletzung verursachte. *AG*

Drei Pistolenkugeln mit unterschiedlich stark korrodierten Oberflächen: links Kugel von der Geländeoberfläche, Mitte und rechts Kugeln aus dem Grab

Die Artillerie war während des Dreißigjährigen Krieges eine noch wenig standardisierte und zudem teure Waffengattung. Vom Nürnberger Stückegießer Leonhard Loewe ist die Rechnung für die Herstellung zweier jeweils 75 Zentner schwerer Belagerungsgeschütze erhalten, die auf den heutigen Wert hochgerechnet werden kann. An Material- und Lohnkosten verlangte Loewe 2.643 Gulden, das sind 105.000 bis 132.000 Euro. Das Material und der Feuerwerker-Lohn für den Abschuss einer einzigen 24-pfündigen Eisenkugel aus diesen „Halben Kartaunen" kosteten fünf Reichstaler – mehr als die monatliche Besoldung eines Fußsoldaten.

Die schweren Belagerungsgeschütze erforderten einen enormen logistischen Aufwand. Aus Gewichtsgründen mussten die Rohre und Lafetten auf den schlechten Wegen getrennt transportiert werden. In schwierigen Geländesituationen halfen Winden und Kräne die Geschütze in die richtige Position zu bringen. Um eine „Halbe Kartaune" von bis zu 4 t Gewicht zu positionieren, wurden 20 bis 25 Pferde sowie 15 bis 20 Knechte benötigt. Hinzu kamen große Mengen an Kugeln, Pulver und Lunte sowie Schaufeln und Spaten zum Schanzen. Ein repräsentativer Zug von 30 Geschützen - die Schweden eroberten in Wittstock die 33 Stücke umfassende Artillerie ihrer Gegner – erforderte zu Beginn des 17. Jahrhunderts somit mindestens 588 Pferde für die Geschützrohre und 1.525 Pferde für das Zubehör und die Bagage. Zur Bedienung waren etwa 1.500 Soldaten nötig.

Pferdewagen brachten die Geschütze am Beginn einer Belagerung oder Schlacht an ihren Einsatzort.

Auch die leichteren Feldgeschütze für den Schlachteinsatz mussten von Pferden gezogen werden und waren während des Kampfes kaum beweglich. Besonders in der schwedischen Armee war daher eine Entwicklung zu leichteren Geschützen zu beobachten. Einige Jahre lang erprobte sie die so genannten „Lederkanonen". Diese bestanden aus einem mit dickem Leder, Werg und Kitt umwickelten dünnen Kupfer- oder Eisenrohr und waren um ein Vielfaches leichter als die entsprechenden Vollrohre. Im dauernden Einsatz erwiesen sie sich jedoch als unbrauchbar. Im Verlauf des Krieges wurden dann – wiederum maßgeblich von den Schweden – die gut manövrierbaren Regimentsstücke entwickelt. Die massiven Bronzerohre dieser Drei- bis Vierpfünder wogen in den 1630er Jahren nur noch etwa 120 kg, zusammen mit Lafette etwa 260 kg. Sie waren den In-

In Handbüchern zur „Architektur des Krieges" wurde der Einsatz von Kränen oder Winden exakt beschrieben.

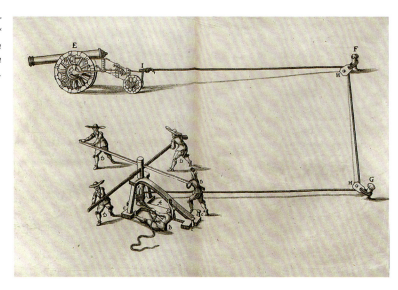

fanterieeinheiten zugeordnet und wurden ebenfalls von Pferden gezogen. Während des Kampfes konnten sie jedoch von einem Pferd oder drei bis vier Soldaten in eine neue Position gebracht werden.

Vorwiegend am Beginn einer Schlacht eingesetzt, verursachten die Geschütze hohe Verluste in den engen Kampfformationen. Neben den eher flach schießenden „Kartaunen" und „Schlangen" für Eisenkugeln von 2 bis 48 Pfund Gewicht kamen Mörser und Haubitzen zum Einsatz. Diese Steilfeuergeschütze verschossen in hohen Bögen Granaten, also mit Schwarzpulver gefüllte Hohlkugeln mit eigenem Zünder. Außerdem wurden mit Steinen, Metallkugeln oder Schrott gefüllte Büchsen oder Beutel, die so genannten Kartätschen, abgefeuert. Den Einsatz der schweren Artillerie koordinierten weit hörbare Pauken. Mit ihren jeweils etwa 50 Schuss pro Tag konnten Geschütze, die in Batterien aufgestellt waren, ein Ziel kontinuierlich unter Beschuss nehmen.

Die Kanonenkugel aus Eisen wiegt 2.460 g bei einem Durchmesser von 8,5 cm. Die Kugel aus Stein ist über 4 kg schwer und misst 14 cm im Durchmesser.

Die Handhabung der Kanonen erforderte umfangreiches Wissen und technisches Geschick. Eine anspruchsvolle Aufgabe war das Ausrichten der Rohre. Trotz erster Veröffentlichungen zu den Fallgesetzen und zur idealen Geschossflugbahn verwendeten die Büchsenmeister meist ihre eigenen Schusstabellen. Auch der Umgang mit dem häufig mangelhaften Pulver musste erlernt werden. Das Bedienpersonal, die Büchsenmeister und Feuerwerker, genossen oftmals Privilegien.

Wie sich nicht nur am Beispiel der Schlacht von Wittstock zeigt, war die Gefahr eines Totalverlustes der schweren Waffen nach einer Niederlage groß. Die Kanonen konnten nicht schnell genug vom Schlachtfeld bewegt werden und fielen so dem Sieger in die Hände. Der schwedische Feldmarschall Johan Banér listete in seinem Bericht an die schwedische Regie-

rung in Stockholm die eroberten Waffen exakt auf: Fünf Halbkartaunen, sieben Achtpfünder-Feldschlangen, zwei Sechspfünder-Feldschlangen, vier Vierpfünder und ein Dreipfünder-Geschütz sowie zwölf Haubitzen und zwei große Mörser. Sie stammten sowohl aus kaiserlichem als auch sächsischem Besitz, wie das kursächsische Wappen, zwei miteinander ringende wilde Männer und der Spruch *„Halt fest du Wilder Mann/Was du hast das laß nicht gahn"* auf dem Geschützlauf zeigen.   *SE*

In seiner Darstellung der Schlacht am Weißen Berg 1620 bildet der niederländische Maler Pieter Snayers im Vordergrund die Bedienung von zwei schweren Geschützen ab.

Die großkalibrige Munition von Artillerie und Infanterie aus Wittstock

Vollständige und große Kanonenkugeln sammelten die Soldaten unmittelbar nach der Schlacht wieder ein, sofern sie nicht in Aufprallkratern verschüttet waren. Weitere großkalibrige Munition aus Eisen oder Stein, die liegen geblieben oder übersehen worden war, wurde in den folgenden Jahrhunderten während der Feldarbeit aufgelesen. Deshalb fanden sich während der archäologischen Begehungen der Jahre 2008 bis 2011 nur vereinzelte Reste. Der Fundzusammenhang der großen Eisenkugeln im Bestand des Museums des Dreißigjährigen Krieges in der Stadt Wittstock ist unbekannt, so dass sie für die Auswertung leider nicht herangezogen werden können.

An den Hagelgeschossen sind die eingegossenen Kiesel sowie die Spuren vom Aufprall deutlich erkennbar.

Bei den, dem 17. Jahrhundert zuweisbaren Fundstücken handelt es sich um mehrere Bleikugeln, eine Eisenkugel und das Fragment einer Granate aus Buntmetall. Kanonenkugeln aus Stein fanden sich nicht. Die unregelmäßig deformierten Bleiklumpen mit einem Kaliber von bis zu 27 mm gehören zur so genannten Kartätschen- oder Hagelmunition. Dabei wurden Metallkugeln, Steine oder sogar Schrott eng in Metallbüchsen, Leinen- oder Holzbehälter gepresst und diese aus schweren Kanonen oder auch Steilfeuergeschützen verschossen. Um Gewicht und Material zu sparen, besaßen die Bleikugeln teilweise einen Kern aus Kieselstein, der sich beim Aufprall aus der Bleimatrix herausschob. Die Stücke aus Wittstock besitzen die typischen polygonalen Oberflächen: Durch die hohe Beschleunigung beim Abschuss wurden die Kugeln aus Weichblei in der Büchse zusammengedrückt und bildeten charakteristische Facetten. An einigen Stücken erkennbare Aufprallspuren auf weiches Gewebe zeigen, dass diese Munition gezielt gegen die eng aufgestellten Soldaten auf dem Schlachtfeld eingesetzt wurde.

Etwas kleinere Bleikugeln, die nicht die polygonalen Facetten der Hagelmunition aufweisen, könnten für Einzelschüsse aus leichten

Infanteriegeschützen verwendet worden sein. Ihre Kalibergröße passt zu so genannten Doppelhaken. Dabei handelt es sich um große Hakenbüchsen, die, auf Lafetten montiert, als Feldgeschütze einsetzbar waren. In der Regel fanden sie sich jedoch als ortsfeste Geschütze in Festungen und Städten.

Östlich des Massengrabes in Richtung der Niederung der Dosse fand sich eine 267 g schwere Eisenkugel von 41 mm Durchmesser. Ob sie als Einzel- oder Hagelgeschoss abgefeuert wurde, lässt sich nicht beurteilen, weil das Stück keine der für Blei üblichen Oberflächenveränderungen zeigt.

Ein kugelförmiges Fragment aus Buntmetall mit einer Wandstärke von etwa 10 mm stammt von einer Granate mit Zündloch. In den Hohlkörper wurde Schwarzpulver gefüllt, das nach dem Abschuss aus einer Vierpfünder-Kanone oder Haubitze zündete. Das bislang einmalige Stück hatte ursprünglich einen Durchmesser von 11 cm und belegt den Einsatz von Sprengsätzen während der Schlacht. Dass solche Munition nicht ungewöhnlich war, zeigt wiederum die Liste des schwedischen Feldherren Johan Banér: 13 Brandsätze, 48 große Granaten und 75 Handgranaten konnten seine Regimenter aus dem Bestand der Verbündeten erbeuten. *AG*

Artilleriemunition aus Blei und Eisen. Das zerfetzte Fragment (unten) zeigt links das Einfüll- und Zündloch der Granate.

Weiterführende Literatur (Kurzzitate)
Allsop/Foard, *Case shot*, 2008.
Blackmore, *Arms of the English Civil War*, 1990.
Brnardic, *Imperial armies, infantry and artillery*, 2009.
Brnardic, *Imperial armies, cavalry*, 2010.
Brzezinski, *Lützen*, 2001.
Brzezinski/Hook, *Die Armee Gustav Adolfs*, 2006.
Delbrück, *Geschichte der Kriegskunst*, 1920.
Engerisser, *Von Kronach nach Nördlingen*, 2004.
Fiedler, *Kriegswesen der Landsknechte*, 1985.
Foard, *Recording lead bullets*, 2009b.
Gabriel, *Hand- und Faustfeuerwaffen*, 1990.
Jakobsson, *Beväpning og Beklädnad*, 1938.
Junkelmann, *Kriegshandwerk*, 1980.
Krenn, *Alte Handfeuerwaffen*, 1989.
Ortenburg, *Waffengebrauch der Landsknechte*, 1984.
Roberts, *Pike and shot tactics*, 2010.
Rüstow, *Geschichte der Infanterie*, 1857.
Schwarz, *Gefechtsformen der Infanterie*, 1977.
Weber, *Bayerisches Heer*, 1980.

DER BERUFSALLTAG

„... DER SOLDAT ALLEIN IST DER FREIE MANN ...“

Das Leben der Söldner war unbeständig. Weite Märsche wechselten sich mit langen Belagerungen ab. Auf lebensbedrohliche Kämpfe in Scharmützeln oder Schlachten folgten Phasen ruhigen Garnisonsdienstes. Manchmal gab es Essen im Überfluss, dann wieder Tage oder Wochen ohne ausreichende Verpflegung. Nach Zeiten der Armut konnte eine ergiebige Plünderung zu vorübergehendem Wohlstand verhelfen. Auch mit der Gesundheit der Söldner stand es nicht zum Besten. Ständig drohten Hunger und Seuchen, aber auch Verwundungen.

Weil die körperlichen Strapazen während der Feldzüge enorm waren, hinterließen sie bleibende Spuren und Schäden. Unfälle und Kämpfe führten zu Verletzungen oder sogar zum Tod. Deshalb starben in den Armeen des Dreißigjährigen Krieges jedes Jahr durchschnittlich 30 % der Soldaten. In besonderen Hunger- und Seuchenzeiten sowie bei blutigen Schlachten stiegen die Verluste auf bis zu zwei Drittel. *SE*

Geflügelte Worte

Alter Schwede

Die Bezeichnung ist heute eine gemütliche Anrede oder kennzeichnet etwas nicht Erwartetes. Sie geht auf Friedrich Wilhelm von Brandenburg, den Großen Kurfürsten, zurück, der in den 1670er Jahren alt gediente schwedische Soldaten in seine Dienste übernahm. Diese „alten Schweden" verstanden es, Rekruten gut zu drillen.

Den Spieß umdrehen

Der Spieß als Waffe ist ein Bildnis für ungleiche Positionen: Dreht der Angegriffene „den Spieß herum", wird der Jäger mit einem Schlag zum Gejagten. Der Begriff stammt möglicherweise aus der frühen Neuzeit, als es im Handgemenge der großen Schlachten unter Pikenieren tatsächlich zum Tausch von Waffen kam.

Spießer oder Spießbürger

Der Spieß war, im Gegensatz zum Schwert, im späten Mittelalter und in der frühen Landsknechtszeit eine leicht herzustellende hölzerne Waffe, die sich jeder leisten konnte. Bei Aufständen wurde sie von Bürgern und Bauern auch gegen die Obrigkeit verwendet. Heute ist ein Spießer ein Mensch mit konservativen, bürgerlichen Ansichten.

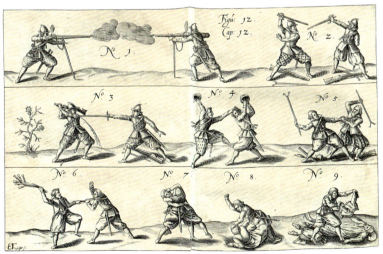

Der frühneuzeitliche Soldat wurde zum Kampf mit allen Mitteln angehalten. Als Lohn winkte die geplünderte Habe des Verlierers.

Etwas von der Pike auf lernen

Ein gerade erst angeworbener Soldat wurde meist Pikenier. Das Kriegs-handwerk mussten Soldaten ohne Erfahrung „von der Pike" auf erlernen, bevor sie eine Muskete oder ein Pferd führen konnten.

Lunte riechen

Die glimmende Lunte, die in eine spezielle Lauge getauchte Zündschnur für die Musketen, war häufig weithin zu riechen. Man konnte sich rechtzeitig vor einem Schuss in Sicherheit bringen. Somit steht die Redewendung im heutigen Sprachgebrauch für „Verdacht schöpfen".

Man kennt seine Pappenheimer

Gottfried Heinrich Graf zu Pappenheim war der Befehlshaber eines der bekanntesten Reiterregimenter der katholischen Liga und des Kaisers. Der Ausspruch „Ich kenne meine Pappenheimer!" bestätigte ursprünglich Mut, Treue, Entschlossenheit und Tapferkeit seiner Soldaten. Heute ist die Bezeichnung „Pappenheimer" eher mit der augenzwinkernden Einsicht in menschliche Unzulänglichkeiten verbunden.   SE

DRILL UND DISZIPLIN

Der Drill mit den Waffen prägte den Alltag. Die neue Kampf-taktik basierte im 17. Jahrhundert auf Schwadronen und Brigaden, die schnell manövrieren konnten. Sie machte es notwendig, dass Bewegungen des Einzelnen und auch der Formationen eingeübt wurden. Bei den Gevierthaufen dauer-te es noch ungefähr eine Stunde, um 1.000 Mann aufzustel-len. In einer gedrillten Armee stand die doppelte Anzahl Sol-daten in nur zwanzig Minuten in ihrer linearen Aufstellung. Seit dem Ende des 16. Jahrhunderts erschienen Kriegs- und Exerzierbücher mit entsprechenden Anweisungen.

Der niederländische Maler und Graveur Jacob de Gheyn ver-öffentlichte 1607 erstmals das Exerzierreglement „Künstliche Waffenhandlung". Es entwickelte sich zum wichtigsten mili-tärischen Lehrbuch des frühen 17. Jahrhunderts. Aus dem großformatigen, schweren Buch entstanden bald handliche-re und billigere „Büchlein". Sie erklärten den Soldaten, die meist nicht lesen konnten, durch Bilder den Umgang mit den Waffen: *„Allen Tapfern Soldaten zu nutzlicher beliebüng mit vielen Kupfern deütlichst vorgestellt".*

In seiner „Kriegskunst zu Fuß" aus dem Jahr 1615 stellte Jo-hann Jacobi von Wallhausen, Autor eines weiteren bekann-ten Exerzierbuchs, die Bewegungsabläufe noch übersichtli-cher zusammen. Die Handhabung einer Muskete erforderte mindestens 43 Kommandos, den Pikenieren wurden bis zu 33 Einzelschritte abverlangt. Die wichtigsten Befehle für die

Nachdem die Muskete geladen war, folgten die Anweisungen: Anheben, Anlegen und Schießen.

„Die Handgrieff ... deß Spiesses" aus dem Exerzier-buch des Johann Jacobi von Wallhausen 1615.

Den Erfolg ihrer Exerzierübungen zeigten die Regimenter bei einer Parade.

Pikenträger waren: „1. *Herstellt euch.* 2. *Fällt gegen Fußvolck ewre Spies.* 3. *Gegen Reuterey fällt ewre Spies.* 4. *Pflanzet ewre Spies*".

Die Handhabung der durch ihre Länge oftmals vibrierenden Pike setzte einige Übung voraus, zumal sowohl Angriff als auch Abwehr nur effektiv waren, wenn die ganze Einheit gemeinsam handelte. Bei den Musketieren wurde, insbesondere in der schwedischen Armee, die Salventechnik geübt. So erreichten drei- bis viermal mehr Schüsse ihr Ziel als beim kontinuierlichen Einzelfeuer der kaiserlichen Schützen.

Trompeten- und Trommelsignale mussten verinnerlicht werden. Die Reiterei trainierte das Angaloppieren und Schießen aus vollem Lauf, und die harte Dressur führte bei den Pferden zu Furchtlosigkeit und leichter Manipulierbarkeit. Bis in die 1630er Jahre übte die leichte Kavallerie die Caracole, zu deutsch „Schnecke". Dabei ritten die Arkebusiere in breiter Formation auf den Gegner zu. Die gesamte vordere Reihe feuerte gemeinsam, dann schwenkten die Reiter nach rechts ab und reihten sich hinten wieder ein. Während des Zurückreitens sollte der Karabiner nachgeladen werden. Dieses Schießen aus der Distanz schonte Pferd, Reiter und Ausrüstung, war allerdings wenig effektiv und wurde bald aufgegeben. Auch die Reiterei stellte sich nun vermehrt dem Nahkampf Mann gegen Mann. Unabdingbar zur Aufrechterhaltung der Disziplin war, dass jeder Einzelne seinen Platz kannte. Dazu mussten in der Kompanie und der Schwadron soziale Bezugssysteme aufgebaut werden, was meist die Veteranen übernahmen. Die Hauptmänner und insbesondere die Regimentsobristen entwickelten sich zu Führern, die ihre Truppe instruierten, bevor sie mit ihr ins Feld zogen. *SE*

VIELE TAUSEND KILOMETER

Die Truppenbewegungen und Marschleistungen während des Dreißigjährigen Krieges waren enorm. Die Heere der verfeindeten Truppen zogen kreuz und quer durch das Reich, um neue Gebiete zu erobern, den
Gegner zu verfolgen oder vor ihm zu weichen. Die Regimenter erhielten
oftmals kurzfristige Marschbefehle, um auch abseits der Hauptarmeen
das Eroberte zu sichern. Dabei waren sie immer auf der Suche nach Nahrung. Nur während eines Garnisonsdienstes und im Winterlager kamen
die Soldaten zur Ruhe. So ergaben sich enorme Marschleistungen und
Strapazen für die Mannschaften. Der Söldner Peter Hagendorf, der seine
Erlebnisse aus 22 Dienstjahren in einem Tagebuch festhielt, legte mehr
als 25.000 km meist zu Fuß zurück. Seine Marschroute führte ihn von
Norditalien bis an die Ostsee, von Nordfrankreich bis nach Pommern.
Blitzfeldzüge durch halb Europa oder Rückzüge bei prekärer Versorgungslage kosteten wiederholt 15.000 und mehr Soldaten das Leben. So zog
Albrecht von Wallenstein im Jahr 1626 in nur 22 Tagen etwa 600 km von
Zerbst nach Oberungarn. Die etwa 30 km pro Tag wurden jedoch mit hohen Verlusten bezahlt. Von den 20.000 aufgebrochenen Männern erreichten nur 5.000 das Ziel.
Marschiert wurde zuweilen in freier Marschordnung, meist jedoch in Formation. Dann bildeten Brückenmeister, die den Weg freimachten, Führer
und die „Avantgarde" die Spitze des Zuges. Um diesen Platz losten die
Kompanien. Dahinter marschierte der Haupttrupp, gefolgt von der Artillerie. Die Soldaten der „Nachwacht" folgten im Abstand von einer halben
oder ganzen Stunde. Die durchschnittliche Marschstrecke lag bei 5 bis
10 km pro Tag. Bei ausstehenden Soldzahlungen allerdings versuchten die
Regimenter das Tempo zu verschleppen.

Nach den Gegebenheiten der Landschaften und Wege zogen die Truppen ohne Marschordnung oder bei drohenden Überfällen in Formation.

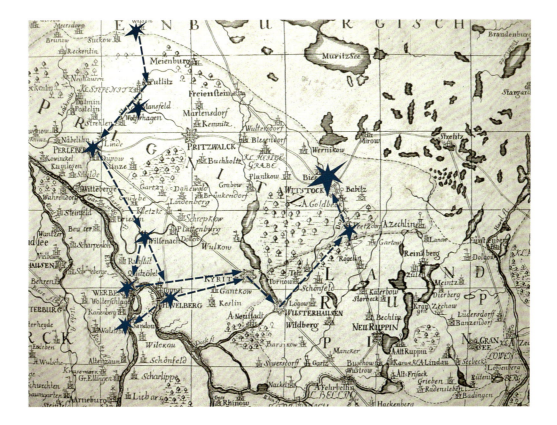

Neben und hinter der kilometerlangen Schlange aus Regimentern und Tausenden Transportgespannen zog der Tross mit oftmals ebenso vielen Menschen und Wagen. Die Wege waren entsprechend der Witterung oft staubig oder knietief aufgeweicht. Nicht nur die Passage von Gebirgszügen und Flüssen verursachte daher zahlreiche Unfälle.

Die Söldner transportierten ihre eigenen Waffen und die persönlichen Habseligkeiten über Tausende Kilometer. Manche hatten Glück und verfügten über ein Packpferd oder einen Trossjungen. Für den Hausrat waren meist die Frauen im Gefolge verantwortlich.

Das Schicksal der schwedischen Armee in den zwei Wochen vor der Schlacht bei Wittstock veranschaulicht die Strapazen, denen die Soldaten während der Feldzüge ausgesetzt waren. Im Sommer 1636 waren die Skandinavier in den äußersten Norden des Heiligen Römischen Reiches zurückgedrängt worden. Hier konnten sie weder ausreichend Nahrung finden noch neue Soldaten rekrutieren. Der schwedische Feldmarschall Johan Banér wollte daher eine Entscheidungsschlacht erzwingen, die den Weg nach Süden und Südwesten wieder öffnete. In der Hoffnung, die Schweden aus Deutschland vertreiben zu können, wollten auch die Verbündeten diese Schlacht – allerdings an einem Platz ihrer Wahl. So belauerten sich die schwedische und die kaiserliche Hauptarmee in den Tagen vor der Wittstocker Schlacht und es kam zu zahlreichen Angriffs- und Ausweichmanövern.

Zwischen dem 23. September und dem 4. Oktober, dem Tag der Schlacht, marschierte die schwedische Armee inklusive ihres Trosses und der vol-

In den zwei Wochen vor der Schlacht bei Wittstock absolvierte die schwedische Armee ein strapaziöses Marschprogramm.

len Ausrüstung etwa 150 km. Das war das Zwei- bis Dreifache einer normalen Tagesleistung. Die Soldaten verbrachten die Nächte in offenen Feldlagern und somit vermutlich wiederholt unter freiem Himmel. Die Armee überquerte zweimal den Fluss Dosse, eroberte die Stadt Havelberg, belagerte das befestigte Lager von Werben über fast drei Tage und lieferte sich mehrere Reitergefechte mit gegnerischen Einheiten. Zweimal stellten sich die Regimenter in Erwartung der großen Schlacht vor dem gegnerischen Lager in Perleberg in Formation auf. Nach einem weiteren Marsch von 10 km am Vormittag kam es dann am Samstag, den 4. Oktober gegen 14 Uhr am Nachmittag zur entscheidenden Schlacht. *SE*

ZUM SCHUTZ WURDE GESCHANZT

Die Kriegsführung während der frühen Neuzeit kannte keine festen Frontlinien. Jederzeit und überall konnten Überfälle vorkommen. Deshalb sicherten die Soldaten das eigene Lager durch Verhaue, Laufgräben, Befestigungen und Schanzen, die oftmals enorme Ausmaße erreichten. Geschanzt wurde auch auf dem Schlachtfeld, um die Artillerie in eine vorteilhafte Position zu bringen. Außerdem versuchte man, sich durch Verhaue, „Spanische Reiter" und Schanzkörbe zu schützen. Die gestaffelten Befestigungsringe um belagerte Städte mit ihren Brustwehren, Bastionen und unterirdischen Gängen waren oft viele Kilometer lang.

Einen kleinen Einblick in den Festungsbau ermöglicht ein Kupferstich des bekannten Kupferstechers und Verlegers Matthäus Merian. Auf seinem Stich zur Belagerung von Prag zwischen Juli und Oktober 1648, wurden unzählige Wälle **1** aufgeschüttet sowie Gräben **2** ausgehoben und mit Palisaden **3**, Plankenwänden **4**, „Spanischen Reitern" **5** und Schanzkörben **6** gesichert. Schwere Geschütze wurden über schräge Rampen **7** auf erhöhten und gesicherten Stellungen **8** in gute Schussposition gebracht.

Gab es zu Beginn des Krieges noch spezielle, schlecht bezahlte und meist verachtete Schanzgräber, so fiel diese Aufgabe nach und nach allen Soldaten zu. Oftmals mussten auch der mitziehende Tross oder die Bauern aus der Umgebung mithelfen. Die Schanzarbeiten waren nicht nur sehr anstrengend, sie waren auch gefährlich und mussten meist unter einem enormen Zeitdruck verrichtet werden. Vielfach wurden 10 bis 15 km lange Befestigungswerke in nur wenigen Tagen angelegt. Dies geschah oft mit einfachsten Werkzeugen, teilweise sogar mit bloßen Händen. Für den 16 km langen Befestigungsring um das kaiserliche Lager vor Nürnberg benötigten die 55.000 Soldaten Wallensteins im Jahr 1632 nur drei Tage. *SE*

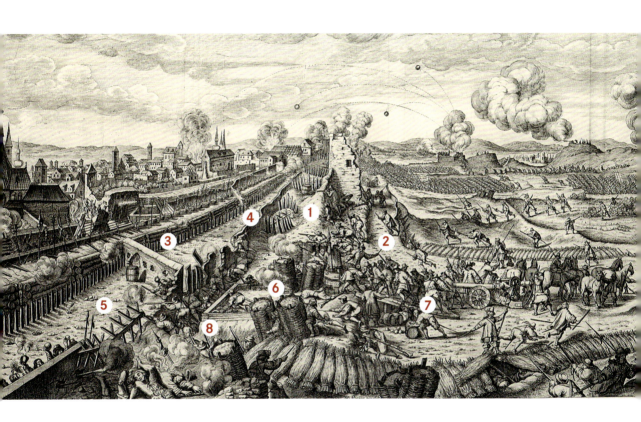

In der heutigen Landschaft
zeigen sich nur noch selten
Spuren der viele Kilometer
langen Laufgräben und
Verteidigungswälle, die
während des Dreißigjäh-
rigen Krieges entstanden
waren.

Auf der linken Gelenkfläche eines zweiten Halswirbels entstand durch Überlastung ein schmerzhafter Lochdefekt.

Lange Märsche, Drill an den Waffen und kontinuierliche harte Arbeit hinterließen Spuren an den Körpern der Söldner. Abnutzungen und traumatische Veränderungen an den Gelenken sowie „starke Knochen" durch kräftig entwickelte Muskeln deuten auf enorme körperliche Belastungen hin.

Degenerative Gelenkveränderungen bzw. Arthrosis deformans gehören zu den häufigsten Erkrankungen des menschlichen Knochenapparats. Dies betrifft insbesondere die großen Körpergelenke Schulter, Ellenbogen, Hüfte und Knie. Aber auch die kleinen Gelenke der Hände und Füße können in Mitleidenschaft gezogen werden. Ursache sind zumeist übermäßige oder einseitige körperliche Belastungen, die das Gelenk dauerhaft schädigen. Aufgrund der hohen mechanischen Beanspruchung baut sich die Knorpelschicht ab. Einen beginnenden Schaden kann der Organismus nicht selbst regenerieren, so dass die anhaltende Belastung den Knorpel weiter abnutzt. Mit dem Alter werden die Gelenkschädigungen immer stärker. Es kommt zu reaktiven Knochenneubildungen in Form von Knochenwülsten am Gelenkrand. Ist der Knorpel völlig abgebaut, reiben die gegenüberliegenden Knochen gegeneinander. Dies legt größere Areale frei, und mitunter entstehen ausgedehnte Schleifspuren.

Die Hüft- und Kniegelenke der Wittstocker Söldner waren stark von arthrotischen Veränderungen betroffen. Auf diesen beiden Gelenken lastet, neben der Wirbelsäule und den Sprunggelenken, der Großteil des menschlichen Körpergewichts. Dauerhafte und starke Belastun-

Ausgiebiges Reiten hatte bei etwa einem Drittel der bestatteten Soldaten zur Ausbildung von Reiterfacetten am Oberschenkelkopf geführt.

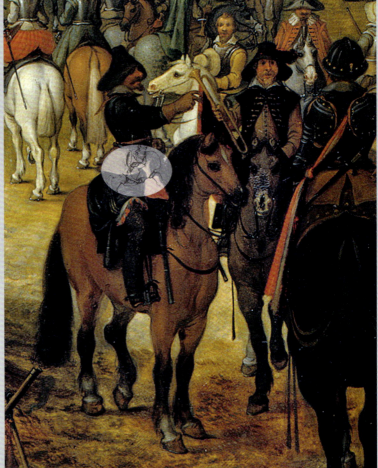

gen, etwa durch schwere körperliche Arbeit, Tätigkeiten im Stehen, das Zurücklegen großer Wegstrecken oder das Heben schwerer Lasten, erhöhen das Risiko für Arthrosen an diesen Gelenken erheblich. Die während des Dreißigjährigen Krieges üblichen langen Märsche mit schwerem Gepäck, die wiederholt beschriebenen Gewaltmärsche, forderten den Männern viel ab und hinterließen Spuren an ihren Knochen.

In zeitgleichen bäuerlichen Bevölkerungen, wie beispielsweise in Tasdorf, waren die Hüft- und Kniegelenke der jungen Männer deutlich weniger abgenutzt. Obwohl sie in der Landwirtschaft ebenfalls recht hart arbeiteten, zeigten sich derartige Überlastungen wie bei den Wittstocker Söldnern nicht.

Überdurchschnittlich häufig litten die Soldaten an akuten Gelenkdefekten, von denen jeder Vierte betroffen war. Auf den Gelenkflächen zumeist der Hüft-, Knie- und Sprunggelenke, seltener auch der Wirbel, fanden sich oft ovale bis rundliche Eindellungen. Ein lokal begrenztes Trauma infolge einer Überlastung hatte zu schalenförmigen Ablösungen kleiner Knorpelareale aus der Knochenoberfläche geführt, so dass locharтige Defekte zurückblieben. Dies verursachte Entzündungen und Schwellungen mit heftigen Schmerzen bis hin zur Gelenksperre durch verkeilte Knorpelbruchstücke. Eine Heilung war ohne intensive medizinische Betreuung nicht möglich.

Ein Muskel vergrößert sich, wenn man ihn durch bestimmte Aktivitäten dauerhaft belastet. Auch seine Ansatzstelle am Knochen wird umstrukturiert. Oft wiederholte Bewegungen lassen sich daher auch an der äußeren Form des Knochens erkennen. Die Wittstocker Söldner hatten die Muskelgruppen am Schultergürtel und an den Oberarmen stark beansprucht. Dies steht mit dem Gebrauch von Waffen in Verbindung: Sowohl das Exerzieren mit Musketen und Piken als auch die Unterweisungen in Degenfechten und Schwertkampf haben die Muskeln kräftiger werden lassen und deren Ansatzstellen am Knochen verstärkt.

Durch besondere Aktivitätsmuster können zusätzliche Gelenkflächen entstehen, die Hinweise auf bestimmte wiederholte Tätigkeiten geben. Hierzu gehören so genannte Reiterfacetten, schmerzlose Veränderungen am Oberschenkelkopf. Sie entstehen durch eine Dauerbelastung beim Reiten, wenn bei gespreizten Beinen ein beständiger Druck nach innen ausgeübt wird. Bei einem Drittel der Söldner waren diese Reiterfacetten festzustellen. *BJ*

Einkerbungen an der Rückseite des rechten Schlüsselbeins (oben) entstanden durch eine Überlastung des Gelenkbandes, das ein Vorschieben der Schulter hemmt (unten, Vergleichsknochen).

Bei diesen beiden Oberarmknochen zeugen Verdickungen am Ansatz des Deltamuskels von einer kräftigen Schultermuskulatur des Mannes.

Weiterführende Literatur (Kurzzitate)
Biermann/Gebuhr, *Befestigungen zur Zeit der Konfessionskriege*, 1998.
Biermann/Gebuhr, *Erdanlagen im Festungsbau*, 2008.
Binder, *Soldatenfriedhof in der Marchettigasse in Wien*, 2008.
Burschel, *Söldner in Nordwestdeutschland*, 1994.
Hawkey/Merbs, *Musculoskeletal stress markers*, 1995.
Matschke, *Degenerative Gelenkerkrankungen*, 2008.
Stloukal/Vyhnánek, *Arthrose der großen Gelenke*, 1975.

DAS LAGERLEBEN

LEBEN IN WANDERNDEN GROSSSTÄDTEN

Das Lagerleben war elend. Das Kriegsvolk war jeder Witterung ausgesetzt, Trockenheit und Regen ebenso wie Hitze und Frost. Doch die kleinen Zelte oder Strohhütten konnten dem Wetter nicht trotzen. Im Wechsel der Jahreszeiten erlitten die Soldaten deshalb Erkältungen, Sonnenbrand oder Erfrierungen.

Auf engstem Raum lebten sie und ihre Familien im Tross zusammen mit den Reit- und Zugpferden sowie den Schlachtviehherden. Die hygienischen Verhältnisse insbesondere in den länger bewohnten Lagern waren katastrophal. Fließendes Wasser lieferten nur nahe gelegene Flüsse oder Bäche, sanitäre Anlagen fehlten vollständig. Ebenso wenig gab es eine geregelte und zuverlässige Versorgung mit Lebensmitteln. Hunger und mangelnde Hygiene erzeugten verschiedenste Krankheiten und führten bis zum Tod.

In diesen „wandernden Großstädten" lebten Tausende Menschen unterschiedlichster Herkunft und Sprache zusammen. Immer wieder kam es deshalb zu Missverständnissen, Wortgefechten und handfesten Streitigkeiten. Da Glücksspiel, übermäßiger Alkoholgenuss und Prostitution an der Tagesordnung waren, konnten nur abschreckende Strafen die Disziplin im Lager aufrechterhalten. *SE*

VON DER LAUBDECKE BIS ZUM FEDERKISSEN

Für die Anlage langfristig genutzter Lager und der Winterquartiere gaben militärische Erwägungen den Ausschlag, der Komfort war nebensächlich. Wie in großen Städten durch Plätze, Straßen und Gassen gegliedert, reihten sich die Unterkünfte quasi endlos aneinander. Dem hierarchischen Aufbau von innen nach außen entsprechend, standen die luxuriösen Quartiere des Befehlshabers und seiner Leibgarde im Zentrum. Daran schlossen sich die Zelte und Depots des Artillerieparks sowie die der Kavallerie an. Weiter außen erstreckten sich die einfachen Zelte der Infanterie, getrennt nach Regimentern und Kompanien, und schließlich die des begleitenden Trosses. Die Richtstätte, „Scheißplätze" und Abfallgruben befanden sich in den Randzonen des Lagers.

Ein gutes Beispiel zeitgenössischer Lagerordnung bietet ein Kupferstich von Matthäus Merian. Am strategisch günstigen Zusammenfluss von Elbe und Havel bei Werben errichteten 1631 insgesamt 26.000 schwedische Soldaten ein Lager. Es erstreckte sich über etwa 3,5 km^2 in der Niederung. Die zum Wall erweiterten Deichanlagen sowie das in den Befestigungsring einbezogene Städtchen Werben schützten die nicht vom Wasser gedeckten Seiten der Zeltstadt. Trotz des geringen Komforts in den feuchten, mückenreichen, baumlosen und überschwemmungsgefährdeten Elbauen wurde das Lager in den folgenden Jahren wiederholt genutzt – auch von den gegnerischen Armeen.

Die **Befestigungsanlagen** waren umfangreich: **A** Auf dem Elbedeich wurde ein Weg zum Patrouillieren angelegt. Hohe Plankenwände mit Öffnungen für die aufgepflanzten Kanonenrohre schützten die Wachen. Die mehr als 4 km lange Befestigung entstand in nur vier Tagen. **B** Vor dem Wall erschwerte ein mit Elbewasser gespeister Graben die Annäherung. **C** Vier halbe Redouten und Bastionen, teilweise mit Geschützen, sicherten den Wall. **D** Um die spätmittelalterliche Stadtbefestigung von Werben entstanden in nur 14 Tagen die „Newen Wercke": Eine Erdbefestigung mit Wassergraben und acht Bastionen machten die Stadt zur Zitadelle. **E** Am weitesten nach Süden vorgeschoben war die bereits vorhandene Landwehr. Sie wurde erneuert, so dass Musketiere in diesem Graben Wachposten beziehen konnten. **F** Zwei Pontonbrücken – mit Wachhaus – ermöglichten den Elbübergang. Der Brückenkopf wurde aus einem Vorwerk und einer Schanze mit vier Bastionen gebildet. **G** Im Inneren des Lagers schützten eine Palisade und ein Wall das Zelt des Königs. Unmittelbar angrenzend lag das Magazin mit drei festen Häusern für das Pulver. Auch dieses war von einem Wall umgeben und durch die hier abgestellten Kanonen besonders gesichert.

Die **Lagerstruktur** folgte militärischen und hierarchischen Regeln. **A** Im Zentrum der Zeltstadt stand das große kreuzförmige Zelt des Königs. Es wurde von einer runden Palisadenwand geschützt. **B** Die großen Kuppelzelte der Leibgardisten umgaben die Unterkunft des Königs. Ein viereckiger Wall umschloss das gesamte Ensemble. **C** In der schützenden Umwallung für das Pulvermagazin durften auch die Artilleriemeister ihre Kuppelzelte aufschlagen. **D** Die Zeltstadt der Truppe gliederte sich in Gevierte. Die kleinen einfachen Zelte wurden entlang von Passierwegen aufgebaut, wobei die Fahnen der Kompanie die einzelnen Reihen kennzeichneten. Die Kuppelzelte der Offiziere befanden sich auf den Plätzen und Wegen vor dem jeweiligen Quartier. **E** Die Unterkünfte der Kavallerie reichten bis an die Elbe heran, so dass die Pferde jederzeit getränkt und auch gebadet werden konnten. **F** An zwei Galgen vollstreckte der für die Disziplin im Lager zuständige Profoss die Todesstrafe. **G** Große Freiflächen innerhalb der Umwallung erlaubten Exerzierübungen und auch das Aufstellen der Fußtruppen bei einem Angriff. **H** Hütten entlang der Zeltreihen dienten logistischen Zwecken und dem Warenverkauf durch die Mar-

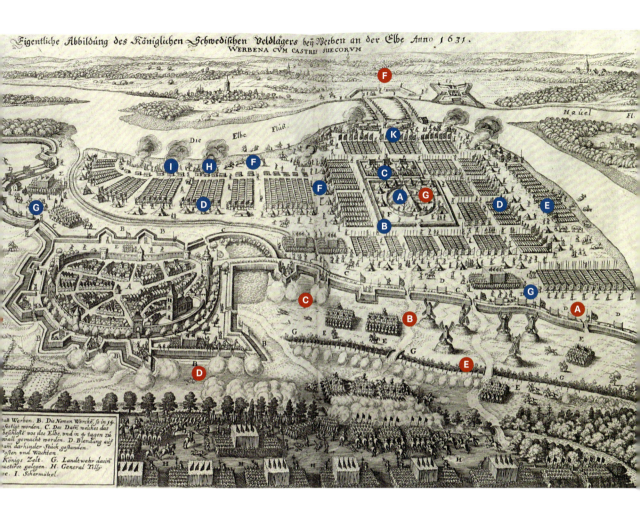

ketender. I An großen Feuern in den Versorgungsbereichen des Lagers wurde das Essen zubereitet. K Der Wagenpark des Trosses musste sich am äußersten Rand des Lagers einrichten. Das eigentliche Zeltlager des Trosses ist in dem Kupferstich nicht erkennbar, war jedoch vorhanden. Den Offizieren und insbesondere den Obristen fehlte es in ihren wetterfesten, zum Teil gefütterten und mit Öfen beheizbaren Zelten auch während der Feldzüge nicht an Bequemlichkeit. Durch zumeist senkrechte Wände boten sie ausreichend Platz. Die dichte Webart und das Aufbringen von Wachs machten den dicken Stoff wasserdicht. Eine zweite Stofflage im Inneren war oftmals kunstvoll bestickt. General Albrecht von Wallenstein wohnte meist in einem zerlegbaren Holzhaus. Oft nahm er eine silberne Badewanne mit. Der sächsische Kurfürst speiste von silbernen Tellern. Die Soldaten hingegen verbrachten die Nächte in transportablen kleinen Stoffzelten, winzigen Laub- und Strohhütten oder mit Tüchern verhängten Bretterverschlägen. Oftmals mussten sich bis zu vier Soldaten eine Fläche von nur 2 x 2 m teilen. Geschlafen wurde auf Unterlagen aus Laub oder Stroh, gesessen auf dem harten Boden. Bänke und Tische gab es nur in den Schänken und Garküchen der Marketender und Sudler. Wer Glück hatte, besaß eine Kiste, ein Fass oder eine Trommel. Die zwischen den engen Zeltreihen stehenden Unterstände für die Pferde machten die

Der Kupferstich von Matthäus Merian zeigt die „Eigentliche Abbildung des königlich schwedischen Feldlagers bei Werben an der Elbe 1631".

Im Zentrum des kaiserlichen Lagers von Nürnberg (1632) stand das transportable Holzhaus Albrecht von Wallensteins, umgeben von den geräumigen Zelten seines Stabes.

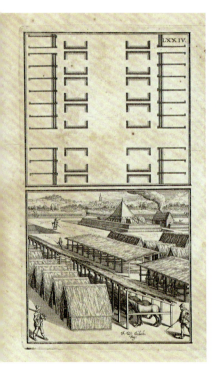

Soldaten und Pferde lebten auf engstem Raum in einfachen Strohhütten nebeneinander.

Situation noch schlimmer. Abfall, Exkremente, Ungeziefer und tote Tiere waren überall. Ein zeitgenössischer Militärarzt beschrieb den widerlichen Gestank in einem Feldlager so: *„der Gestank von Charons Grotte hätte nicht schlimmer sein können".*

Bei Einquartierungen in Städten oder Dörfern hatten die Soldaten zwar oftmals ein Dach über dem Kopf, jedoch nicht zwingend ein Bett für den müden Körper. Die Offiziere wurden bei den wohlhabenden Bauern und Bürgern untergebracht, die einfachen Soldaten bei den Ärmeren. Immer wieder gab es Proteste gegen Übergriffe der Soldaten. So beklagten sich die Bürger von Wernigerode im Harz 1632 beim schwedischen Kommissar über das schottisch-irische Regiment des Obristen Sir Alexander Hamilton, das über zwei Monate in ihrer Stadt lag: Die Soldaten würden gestiefelt und gespornt zu Bett gehen, sich über ihre Unterkunft beklagen und ihre Wirte bei Beschwerden durchprügeln. Auch für die Stadt Wittstock, in der es immer wieder Einquartierungen gab, sind ähnliche Vorfälle belegt: Das Kirchenbuch überliefert den Mord an dem Bürger Balzer Gaul durch einen einquartierten Soldaten sowie die Hinrichtung eines Armeekochs, der einen Mann erstochen hatte.

Eine der eindrücklichsten Beschreibungen der armseligen Lebensbedingungen der einfachen Soldaten in den Feldlagern und Garnisonen stammt von dem Landsknecht, Burggrafen und Dichter Hans Wilhelm Kirchhof. Er schrieb 1602 in seiner „Militaris Disciplina": *„Heut ziehen sie im Frost und Kälte/Regen und unflätigem Wetter/müssen in nassen Kleydern und Schuhen auff der harten Erden/und im Dreck/dass sie auch offtermal nicht einen sauberen Stein haben/unders Häupt zu legen/sich behelffen. Leyden darneben den bittern Hunger/haben weder zu beissen noch zu brechen/ auch vielmal nit reyn lauter Wasser/das sie trincken möchten: Liegen im Unflat/Wust/Leusen und Stanck durch einander und ubereinander".*

Archäologische Untersuchungen in Heerlagern des Dreißigjährigen Krieges erlauben mit ihren dabei beobachteten Befunden und geborgenen Objekten einen Einblick in die Ausstattung dieser Plätze, den uns die Schriftquellen zumeist nicht ermöglichen. Bei den Ausgrabungen tritt das zutage, worüber die Schrift- und die Bildquellen nur selten Aufschluss geben.

Dies zeigt sich beispielhaft an dem befestigten schwedischen Feldlager von Latdorf bei Bernburg im Salzlandkreis. Im Jahr 1644 hatte die schwedische Armee unter Feldmarschall Lennart Torstensson auf einer annähernd 9 km² großen Fläche auf der östlichen Saaleseite ihr Lager aufgeschlagen. Es war durch einen ca. 7,7 km langen Graben mit integrierten Bastionen gesichert. Die kaiserlichen Truppen ihrerseits legten auf der westlichen Seite des Flusses ein ähnlich großes und verschanztes Lager an. Nach etwa zwei Monaten gegenseitigen und ereignislosen Belauerns zogen beide Heere kurz nacheinander in Richtung Magdeburg ab. In den Jahren 2006 bis 2008 wurde eine etwa 60 ha große Fläche im Südosten des schwedischen Lagers untersucht und dabei ein längerer Abschnitt des Befestigungsgrabens freigelegt. Darin lagen einzelne Pferdeknochen sowie sechs nahezu vollständige Skelette von Pferden, die man hier entsorgt hatte. Über die Untersuchungsfläche verteilt fanden sich zudem

Der Kupferstich „Das Lager" von Jacques Callot zeigt kochende Frauen, spielende und trinkende Männer sowie Pferde auf engstem Raum.

19 Gräber mit insgesamt 23 Bestatteten. Die Toten wurden jedoch nicht achtlos in Gruben verscharrt, sondern mit einer gewissen Pietät beigesetzt. Dabei gab es – zumindest in dem ausgegrabenen Teil des Lagers – keinen zentralen Bestattungsplatz. Die Gräber lagen vielmehr inmitten der Siedlungsspuren: Reste von mehr als zwei Dutzend einfacher Unterkünfte, Abfallgruben, Öfen, Werkstätten und ein Brunnen. Besonders erwähnenswert ist eine etwa 3 x 3 m große flache Grube mit Pfosten an den Ecken und in der Mitte der Seitenwände. In einer der Ecken fanden sich Verziegelungsspuren sowie zahlreiche Ziegelsteine und Fragmente von schwarz glasierten Ofenkacheln mit figürlichen Darstellungen. Vermutlich handelt es sich um die Überreste eines Kachelofens, der im Spätherbst 1644 das Zelt eines höheren schwedischen Offiziers erwärmte.

Während der Belagerungen von Heidelberg 1622, 1633 und 1635 entstanden mehrere Feldlager auf den Hügeln oberhalb der Stadt. Über einige Wochen schlug die kaiserliche, später auch die schwedische Belagerungsarmee ihre Zeltstädte auf, in denen die Soldaten und der Tross lebten. Archäologische Untersuchungen mehr als 350 Jahre später brachten über 3.000 Einzelfunde zutage. Neben Werkzeugen, Waffen und Bleigeschossen vermitteln hochwertige Einrichtungs-, Haushalts- und Schmuckgegenstände einen Eindruck von der Ausstattung der Lager.

Ein fast 14 cm großer Schlüssel und ein kleinerer eiserner Sperrhaken verschlossen vermutlich Geldtruhen. Das Paar aus Blei gegossener Attaschen in Form eines Löwenkopfes könnte die Vorderseite eines solchen

Schwarz glasierte Ofenkachel aus einem mutmaßlichen Offizierszelt im schwedischen Militärlager Latdorf bei Bernburg (Saale), Salzlandkreis

Geld und wertvolle Gegenstände wurden in Truhen verschlossen.

Die aufwändig verzierten Steinzeugkrüge und Humpen konnten sich vermutlich nur Offiziere leisten.

Möbelstückes geschmückt haben. Das kleine Vorhängeschloss aus Buntmetall sicherte vermutlich Gegenstände, die in einer normalen Truhe aufbewahrt wurden. Der Einstellmechanismus des Schlosses bestand aus Scheiben mit Buchstaben und Zahlen.

Neben einfachen Gefäßen fanden sich aufwändig verzierte Trinkbecher und Schankkrüge in größerer Anzahl. Der 18 cm hohe Trichterhalsbecher aus hellbraunem salzglasierten Steinzeug wurde nach 1601 in Siegburg oder im Westerwald hergestellt. Die drei Rundmedaillonauflagen zeigen unter anderem einen Krieger mit Landschaftsdarstellung und die Inschrift IVLIVS sowie den heiligen Martin auf einem Pferd, der seinen Mantel für einen Bettler teilt. Der etwas ältere Bartmannkrug ist unter der fragmentarischen Maske mit rundem, gelocktem Bart ebenfalls mit drei Medaillons verziert.

Ein blau bemalter Zylinderbauchkrug fällt besonders ins Auge. Er ist durch einen umlaufenden Fries mit zwölf Feldern verziert, in denen Kirchen-, Kloster- und Stadtarchitektur mit Figuren von Klerikern und Laien zu sehen sind. In den Bögen finden sich antiklerikale Sinnsprüche über die „Übeltaten der Pfaffen". Ob sich kaiserliche oder schwedische Soldaten aus dem Gefäß mit der antikatholischen Propaganda einschenkten, ist jedoch nicht zu klären. Die Lust an sinnfälliger Verzierung zeigt sich auch an einem glasierten Humpen aus Westerwälder Steinzeug mit biblischen Motiven. Auf acht Feldern ist die Geschichte von Judith und Holofernes dargestellt. Aufgabe der meisten Frauen im Tross war es, sich um ihre Männer und Familien zu kümmern. Mehrere Fingerhüte aus Buntmetall zeigen, dass dazu auch die Instandhaltung der Kleidung gehörte. Die mit dem Tross ziehenden Offiziersfrauen hatten für solche Alltagsarbeiten zumeist Mägde und Dienerinnen. Ihr Lebensstandard war während eines Feldzuges nicht wesentlich niedriger als zu Hause. Gürtelbeschläge aus teilweise versilbertem Buntmetall, ein Haubenaufsatz aus gewickeltem Silberdraht sowie ein Ring mit zwei vereinigten Händen über einem Herz gehörten vermutlich wohlhabenden Frauen.

SE

Wer es sich leisten konnte, verzichtete auch in Kriegszeiten nicht auf seinen persönlichen Schmuck.

Zwischen 2008 und 2011 wurden große Flächen südlich der Stadt Wittstock nach Überresten der Schlacht abgesucht. Da organische Gegenstände wie Leder, Stoff, Holz oder Knochen nach 375 Jahren zumeist vergangen sind, richtete sich die Suche auf die haltbaren Metallfunde. Daher kamen bei diesen archäologischen Begehungen (Surveys) auch Metallsuchgeräte zum Einsatz. Die Suche nach archäologischen Funden mit einer Metallsonde ist in Brandenburg durch das Denkmalschutzgesetz eigentlich verboten. In speziellen, genau beschriebenen Ausnahmefällen und unter hohen Auflagen kann sie jedoch zum Einsatz kommen. In Wittstock arbeiteten die Untere Denkmalschutzbehörde des Kreises Ostprignitz-Ruppin, das BLDAM, die Interessengemeinschaft Ostfalensucher e.V. aus Braunschweig und ehrenamtliche Bodendenkmalpfleger aus Brandenburg und Schleswig-Holstein zusammen. Bei den Surveys wurden ausschließlich die im durchackerten Oberboden angezeigten Metallfunde geborgen. Insgesamt 2.700 Einzelobjekte aus ca. 4.000 Jahren brandenburgischer Kulturgeschichte kamen zu Tage. Unabhängig von seinem Alter wurde jeder Fund dreidimensional eingemessen. Nur so bleibt seine Lage nachvollziehbar und für auswertende Kartierungen nutzbar. Kugeln, Münzen und Kleidungsbestandteile wurden mit einem GPS-Tachymeter zentimetergenau, die übrigen Funde mit GPS-Handgeräten auf ca. 2 bis 4 m genau verortet. Alle Funde wurden in einer Datenbank verzeichnet und in einem Katalog beschrieben. Mit den Lagedaten verbunden, stehen nun über ein Geographisches Informationssystem GIS alle Informationen zur Auswertung zur Verfügung.

Die Begehungen hatten ursprünglich das Ziel, durch die Verteilung der Funde die Ausdehnung des Schlachtfeldes abzugrenzen und neue Erkenntnisse über die Aufstellung der beiden Armeen zu erhalten. Inzwischen sind etwa 6 km² Acker- und Wiesenflächen unterschiedlich intensiv begangen worden und die anfänglichen Fragen konnten beantwortet werden. Zudem lieferten die etwa 1.100 Fundstücke aus der ersten Hälfte des 17. Jahrhunderts Erkenntnisse zum Ablauf der Schlacht, zu Plünderungen nach den Kämpfen, zur Ausstattung der Armeen und zur Bekleidung einzelner Kontrahenten. Den größten Anteil stellen die etwa 900 Bleiprojektile unterschiedlicher Kalibergrößen, gefolgt von Kleidungsbestandteilen wie Schnallen von Gürteln und Schwertgehängen sowie Knöpfen. Weitere Funde stehen nicht unmittelbar mit dem Schlachtgeschehen in Verbindung. Sie ermöglichen vielmehr einen Einblick in das Leben im Feldlager.

So verschlossen zwei Zapfhähne Fässchen mit hochprozentigem Branntwein. Das Verfahren der Destillation war Alchemisten bereits seit dem 12. Jahrhundert bekannt und diente zur Herstellung kleinerer Mengen Arznei. Hierfür wurde, wie der Name vermuten lässt, Wein „gebrannt". Wiederholte man die Prozedur mehrfach, erhielt man

Als Faustregel gilt: Je kleiner der Zapfhahn und das Durchlassloch, desto hochprozentiger das Getränk.

hochprozentigen Alkohol, dem man noch Kräuter zusetzen konnte. Von den Weinanbaugebieten Italiens und Frankreichs aus fand Branntwein seit dem 14. Jahrhundert größere Verbreitung. Anfangs für den lokalen Bedarf produziert, wurde „Aqua vitae", das „Lebenswasser", seit dem 16. Jahrhundert in kleinen Fässern über weite Strecken verhandelt. Bezeichnungen wie „Armagnac" oder „Cognac" gehen auf diese mittelalterlichen Markennamen zurück.

Die nur knapp 5 cm großen Handhaben gehörten als Verschlussmechanismen zu einem Holzfässchen. Sie haben die am häufigsten auftretenden Formen: Hahn und kleeblattförmiger Schlüssel. Ebenso typisch sind die eingeschlagenen Marken: eine Hand sowie die Buchstabenkombination „HZ" auf dem Hahn, ein Puttenkopf auf dem Dreipass. Es dürfte sich um Meistermarken des Rotgießers oder um Beschauzeichen, eine Art Qualitätskontrolle handeln. Solche Signaturen verwendete man in spezialisierten Handwerkerzentren, z. B. in Nürnberg. Da Alkohol die Hemmschwelle senkt, ihm aber auch eine stärkende Wirkung zugeschrieben wurde, könnte der Branntwein vor der Schlacht oder in kurzen Kampfpausen an die Soldaten ausgeschenkt worden sein.

Durch das Eindrücken des eingeschnittenen Siegels in die Siegelmasse wird ein Schriftstück beglaubigt.

Ein Petschaft aus Buntmetall mit einem eingeschnittenen Wappen auf dem Typar warf einige Fragen auf. Solche Stempel wurden zur Beglaubigung oder zum sicheren Verschluss von Schriftstücken und persönlichen Nachrichten verwendet. Das eingeschnittene Siegel wird, anders als der Farbstempel auf Papier, in heißen Siegellack oder in Wachs gedrückt, das zuvor auf das Papier oder Pergament getropft worden war.

Das Wittstocker Petschaft ist nur knapp 3 cm hoch und an der rundlichen Handhabe durchlocht, so dass es mit einer Kette um den Hals getragen werden konnte. Den unteren Teil der ovalen Platte bildet ein

zweigeteiltes Wappen aus einem Jagdhorn und zwei gekreuzten Jagd-
spießen darunter. Auf dem Wappenschild steht ein Helm mit geschlossenem Visier. Dieser ist zudem mit einem dreifedrigen Helmbusch
verziert. Seitlich von Helm und Wappenschild füllen florale Elemente
die Platte. Das Petschaft ist durch die Initialen „C V H" rechts und links
des Helmes als persönlicher Besitz gekennzeichnet.

Das eingeschnittene Siegel zeigt die größten Übereinstimmungen
zu den Standardwappen der Adelsfamilie „von Horn". Diese hatte
Besitzungen in Niederschlesien, der Oberlausitz und Böhmen, also im
heutigen Dreiländereck zwischen Polen, Deutschland und Tschechien.
1671 wurde ein Mitglied der Familie, Carl Christoph von Horn, in den
Freiherrenstand erhoben. Ob er als junger Mann an der Schlacht von
Wittstock teilgenommen hatte, ist jedoch nicht bekannt.

Das zweite Petschaft vom Schlachtfeld gibt leider keinen Aufschluss
über seinen Besitzer. Auf einer der beiden Schmalseiten ist ein etwas
ungelenk angebrachtes Andreaskreuz erkennbar, das dem Verwender
die richtige Orientierung des Petschaftes vor dem Eindrücken in die
Siegelmasse anzeigte. Auf der Fußplatte lassen sich nur noch undeutli-

che Reste eines einstigen Schnittes erkennen, da das Siegel durch einen
feinen Abschliff der Platte unbrauchbar gemacht worden war. Starb
ein Wappenträger, verfiel sein persönliches Siegel. Siegelringe und Pet-
schafte wurden vernichtet. Somit dürfte es sich eher um den ehemaligen Besitz eines verstorbenen Wittstocker Bürgers handeln, als um ein
Stück, das während oder nach der Schlacht verloren ging.

Zur persönlichen Ausrüstung zählte das Essbesteck. Einfache Soldaten
und der Großteil der Menschen im Tross benutzten neben den
Fingern wahrscheinlich aus Holz geschnitzte Löffel. Teller und Schüs-
seln waren ebenfalls oft aus Holz, somit robust und unzerbrechlich.
Für das Fleisch hatte man eiserne Messer, welche die Erwachsenen
als Allzweckgerät stets mit sich führten. Diese Alltagsgegenstände hinterließen keine Spuren im Fundmaterial. Hölzerne Löffel und Messergriffe sind im Boden vollständig vergangen, die eisernen Messer-
schneiden aufgrund ihrer zweckmäßigen Form oft nicht von mittelalterlichen oder solchen aus dem 18./19. Jahrhundert abzugrenzen.
Das Tafelbesteck der Offiziere unterschied sich jedoch deutlich von

*Die Standardwappen II
und III der Adelsfamilie
„von Horn" zeigen die größten
Übereinstimmungen mit dem
Wittstocker Petschaft.*

dem der einfachen Soldaten, da sie Löffel aus Zinn oder Silber benutzten. Der auf dem Schlachtfeld entdeckte Stiel eines Zinnlöffels mit seinem Abschluss in Form eines Pinienzapfens spiegelt die gehobene Tischkultur des 17. Jahrhunderts wider. Die aus dünnem Zinnblech gehämmerte rundliche Laffe, die Löffelschale, hat sich nicht erhalten. Die Tafelmesser der Offiziere besaßen teilweise verzierte Metallgriffe mit besonders ausgearbeiteten Enden, den so genannten Messerkronen. Gabeln gehörten im frühen 17. Jahrhundert auch in den höheren Kreisen noch nicht zum allgemein üblichen Essbesteck, weshalb sie im Fundgut fehlen.

Nur wenige Funde werfen ein Schlaglicht auf das Leben der Frauen im Tross. Hierzu zählt das reich verzierte Segment eines mehrteiligen Frauengürtels. Es ist im Stil der späten Renaissance mit so genanntem Beschlagwerk, floralen Motiven und einem schwer erkennbaren Puttenkopf verziert. Wie häufig diese Verzierungen vorkommen, zeigen drei weitere in der Ausstellung präsentierte Gürtel aus dem Schatzfund von Beeskow und den Feldlagern bei Gielow und Heidelberg, die alle sehr ähnlich sind. Entsprechend der sozialen Herkunft der Besitzerin

Löffel- und Messergriffe, Messerkronen und eine Messerscheide sind Belege einer gehobenen Tischkultur – selbst im Feldlager.

Vermutlich die Frauen aus dem Tross hinterließen auf dem Schlachtfeld vier Fingerhüte und das Segment eines Gürtels sowie eines Armbandes.

änderte sich jedoch das Material: von Silber in Beeskow und Gielow, über versilbertes Buntmetall in Heidelberg bis zu einfachem Buntmetall beim Wittstocker Gürtelsegment.

Zur alltäglichen Arbeit der Frauen im Tross gehörten das Anfertigen und Ausbessern der Kleidung für ihre Familien. Wind und Wetter, die tägliche Beanspruchung und eine lange Tragedauer machten die Stoffe fadenscheinig, so dass sie oft rissen und geflickt werden mussten. Dabei verwendeten die Näherinnen Fingerhüte. Die vier gefundenen Exemplare sind unterschiedlich groß und damit an die verschieden dicken Finger ihrer Nutzerinnen angepasst. Kleine Grübchen in der Oberfläche verhinderten, dass die Nadel wegrutschte.   *AG*

Auf dem Schlachtfeld wurden nur wenige Münzen des 17. Jahr-
hunderts geborgen. Dennoch bilden sie eine wichtige Quelle zur
Wirtschaftsgeschichte der Zeit, da alle 1636 in Deutschland gängigen
Münzsorten vertreten sind.

Die beiden kurbrandenburgischen Münzen und das kaiserliche
24-Kreuzer-Stück gehörten zu den so genannten Kippermünzen.
Ihr Wert war nicht mehr durch den reinen Materialwert der Münze
gedeckt. In der Zeit von etwa 1618 bis 1623 erlebte Mitteleuropa den
Höhepunkt einer bereits um 1570 einsetzenden Inflation. Zu deren
Ursachen gehörte die Festsetzung eines starken Silbergehalts auch
bei Kleinmünzen in der Reichsmünzordnung, die Vermehrung des
Wohlstands, das starke Bevölkerungswachstum, die seit dem Ende des
16. Jahrhunderts spürbar gesunkene Silberproduktion im Heiligen
Römischen Reich Deutscher Nation, die zunehmende Aufrüstung
infolge der religiösen Gegensätze und damit der steigende Geldbedarf.
Die Anforderung der Reichsmünzordnungen von 1559 und 1566, dass
auch das kleinere Wechselgeld eine beinahe dem Taler entsprechende
Silbermenge enthalten sollte, konnte nicht aufrechterhalten werden.
Das Prägen der kleinen Münzen war sehr teuer. Daher wurde in Stän-
den, die sich wie Sachsen an der Reichsmünzordnung orientierten, zu
wenig Kleingeld geprägt.

Bereits vor dem Dreißigjährigen Krieg, im Jülich-Kleveschen Erbfolge-
streit (1609–1614), musste der Kurfürst von Brandenburg viel Geld für
die Finanzierung seines Heeres aufbringen. Als erster großer deutscher
Fürst errichtete er 1612 in Driesen an der Netze (polnisch Drezdenko),
etwa 150 km östlich von Berlin, eine nach der Reichsmünzordnung
verbotene Münzstätte zur Prägung schlechter Groschen. Dies lohnte
sich so lange, wie sich Münzen eintauschen ließen, bei denen Nenn-
und Edelmetallwert übereinstimmten. In Sachsen, Böhmen und Schlesien wurden 1621 bis 1623 Münzen in taler- oder halbtalerähnlicher
Größe mit geringem Silbergehalt, aber hohem Nennwert geprägt. Ein
Beispiel ist das auf dem Wittstocker Schlachtfeld entdeckte 24-Kreu-
zer-Stück, geprägt im kaiserlichen Glogau (polnisch Głogów), unweit
des ebenso schlesischen Crossen (polnisch Krosno Odrzańskie), das
seit 1482 dem Kurfürsten von Brandenburg gehörte.

Neben der Geldkrise kam es durch die Ernteausfälle während der
„Kleinen Eiszeit" zu einer Verteuerung von Getreide und damit zu einer weiteren Verarmung. Die Bevölkerung musste einen hohen Anteil
ihres Einkommens für den Erwerb von Nahrungsmitteln aufbringen.
Die Inflation führte 1622/1623 zu einem wirtschaftlichen Kollaps. Alle
verloren durch das Eintauschen ihrer guten Münzen gegen die neuen
mit geringerem Edelmetallwert an Erspartem, außer denjenigen, die
sich vor dem Tausch alter Taler hüteten. Die neuen Münzen wurden
immer weniger für die Entlohnung von Dienstleistungen und Waren-

Kippermünzen und Münzen von Wert vom Wittstocker Schlachtfeld

einkauf angenommen. Nutznießer waren diejenigen, die als Kipper und Wipper wirkten oder sich am Handel und an der Produktion der zahlreichen neuen Münzstätten beteiligten.

Durch die Steuern bekamen die Fürsten und Städte die von ihnen geprägten Kippermünzen wieder zurück. Damit konnten sie aber weder Waren noch Gehälter zahlen. Deshalb wandten sie sich in Norddeutschland 1622, in Sachsen und Süddeutschland mit den Habsburger Ländern 1623 wieder der Reichsmünzordnung zu.

Im armen Brandenburg wurden die eigenen größeren Kippermünzen, wie die beiden auf dem Schlachtfeld entdeckten Sechs- und Dreigröscher aus den Jahren 1622/1623, auf einen bzw. einen halben Groschen abgewertet. Sie blieben als Kleinmünzen weiterhin gültig. Durch die enge Verbindung mit dem Ostseeraum waren auch der Stralsunder Heller oder der dänische Schilling in Brandenburg nicht zu vermeiden, zumal es auf das Münzwesen in Brandenburg von Ende 1625 bis zum Kriegsende keinen durchsetzbaren kurfürstlichen Einfluss gab.

Münzen neuer Prägung im Wittstocker Fundgut sind drei Mecklenburger Dreier von 1622 und ein Magdeburger Dreier von 1623. Münzen aus der Zeit vor 1603 wurden ohnehin als Zahlungsmittel weiterhin akzeptiert, so der mecklenburgische Sechsling von 1552 und die beiden Caroli der Stadt Besançon von 1593 und 1596. Abgesehen von den beiden letztgenannten waren alle anderen Münzen auch unabhängig vom Krieg im kurbrandenburgischen Münzumlauf denkbar.

Ein auffälliges Fundstück vom Schlachtfeld ist ein quadratisches Buntmetallplättchen, das als Münzgewicht gedient haben kann. Es zeigt auf der Vorderseite das einander zugewandte Brustbild eines Königspaars, das an den Doppelexcellente mit Ferdinand von Aragon und Elisabeth von Kastilien aus dem Schatzfund von Dossow (siehe S. 38 f.) erinnert, einer Nachahmung der Stadt Kampen um 1590.

Einen genaueren Einblick in den Geldumlauf um 1636 liefert der Münzschatz von Templin aus der Uckermark, der nach 1634 verborgen worden war (siehe S. 38). Zusätzliche Informationen hätte der Inhalt der sächsischen Kriegskasse liefern können, die in Wittstock von der schwedischen Armee erbeutet wurde. Sie wird aber so gründlich geplündert worden sein, dass keine einzige Münze auf dem Schlachtfeld blieb, sondern alle in die Taschen der Soldaten wanderten.   *AG/BS*

Dieses quadratische Plättchen aus Buntmetall diente vermutlich als Münzgewicht.

HUNGER UND ÜBERFLUSS

Im Verlauf des Krieges mehrten sich Berichte, dass die „*Soldateska ... zerrissen, nackt und bloß*" war. Der fehlende Nachschub führte immer wieder zu Nahrungsengpässen und hungernden Regimentern. So zogen die Armeen dorthin, wo es die benötigten Lebensmittel und Futter für die Pferde gab. Damit hatten die Möglichkeiten zur Verpflegung einen nicht geringen Einfluss auf die Kriegsführung.

Einem einfachen Soldaten standen pro Tag etwa ein Kilogramm Brot, ein Pfund Fleisch und drei Liter eines leichten Bieres zu. Offiziere erhielten ein Vielfaches, die im Tross ziehenden Angehörigen der Soldaten hinge-

Während einer Ruhepause im Lager stärkten sich die Soldaten mit Leichtbier.

gen gar nichts. Für eine Armee von 40.000 Mann mussten pro Tag 800 Zentner Brot gebacken und ca. 100 Ochsen geschlachtet werden. Außerdem waren 2.400 Fässer Bier nötig, die jeweils 50 Liter fassten. Auch wenn riesige Viehherden mitzogen, fiel es sehr schwer diese vielen Tonnen Nahrungsmittel bereitzustellen. Dafür verantwortlich waren die Proviantmeister. Außerdem gab es Fourieroffiziere, die mit ihren Trupps systematisch das Land durchforsteten und alles Essbare beschlagnahmten. So waren die Soldaten immer wieder abwechselnd bestens versorgt oder litten großen Hunger.

Der Söldner Peter Hagendorf berichtete in seinem Tagebuch nur selten über das Alltägliche. Vielmehr hob er sowohl gute als auch schlechte Extreme hervor. So erwähnte er das Weihnachtsfest 1638, das er bei Donauwasser und ohne einen Bissen Brot verlebt hatte. Bei seinem Aufenthalt in Lothringen im September 1635 kostete ein Pfund Brot mehr als das Zehnfache von einem Pfund Fleisch. Nur wenige Monate später erstachen die Soldaten bei Kreuznach ihre eigenen Pferde, um sie nach dem Ausbluten zu verzehren. Er beschrieb jedoch auch Tage, an denen es Gänse, Enten und Hühner im Überfluss gab, wie 1629 in Pommern. Im September 1640 entdeckte er mit seinen Kameraden eine versteckte Schafherde mit 2.000 Tieren.

Die Frauen im Tross bereiteten zumeist am offenen Feuer die erbeuteten Nahrungsmittel zu. Gab es auf den Beutezügen nichts zu holen, musste man sie bei den Marketendern kaufen. Diese waren in der Regel gut ausgestattet und boten Alkohol und Lebensmittel, selbst einzelne Schlachttiere oder ganze Viehherden an. Am Rand oder außerhalb des Feldlagers betätigten sie sich oftmals als Metzger. Für die Verpflegung der Soldaten sorgten auch die Sudler, die Betreiber der zahlreichen Schankwirtschaften und Garküchen im Lager.

SE

Der Mensch lebt nicht vom Brot allein

Brot liefert pro Kilogramm etwa 2.500 Kalorien. Üblicherweise bestand es damals aus einer Mischung von Weizen und anderen Getreidesorten. In Hungerzeiten wurde der Teig mit allerlei Zusätzen gestreckt. Bohnen- oder Erbsenmehl ließ ihn allerdings schlecht gehen, Kartoffelmehl machte das Brot feucht und schimmelanfällig, und Eicheln musste vor dem Mahlen das Bittere entzogen werden. Beim Kauf waren zahlreiche, oft schädliche Beimengungen, wie Gips oder Sägespäne, zu befürchten. Wiederholt wurde auch Chlor verwendet, um das Brot weiß zu machen. *BJ*

Eine ausreichende Ernährung ist eine wichtige Voraussetzung für
Gesundheit und Wohlbefinden. Grundsätzlich kann der Mensch
als „Allesfresser" eine Vielfalt an unterschiedlichsten tierischen und
pflanzlichen Nahrungsmitteln essen. Die Ernährungsweisen in der
Vergangenheit unterschieden sich vor allem durch die Verfügbarkeit
von Lebensmitteln, aber auch durch die Möglichkeit sie zuzubereiten.
Die Esskultur einer Gemeinschaft ist zudem von der Tradition ihrer
Gewohnheiten bestimmt.

Obwohl der menschliche Organismus Hunger und Mangel in gewissen Grenzen kompensieren kann, schwächt lang anhaltende Unter-
ernährung den Körper und macht ihn anfällig für Krankheiten. Das
menschliche Skelett und dabei besonders die Zähne können Auskunft
über die Ernährungsweise eines Menschen geben.

Die Zähne zerkleinern die Nahrung und sind damit verschiedenen
schädigenden Einflüssen ausgesetzt. Insbesondere die einst in der
Getreidekost enthaltenen Verunreinigungen, wie Steinstaub der Mühl-
steine oder Kieselsäure aus den Spelzen, aber auch Herdasche rieben
den Schmelz ab. Auch war Brot damals härter als heutiges aus feinen
Auszugsmehlen und erforderte eine entsprechend lange Kauarbeit.
Auch diese beanspruchte den Zahnschmelz stark.

Ein 30 bis 39 Jahre alter Söldner hatte seine Zähne bis zum Zahnbein
abgekaut. Es zeichnet sich im Inneren dunkel gegen den Schmelz ab.
Insgesamt waren die Zähne der Soldaten jedoch wenig abgeschliffen,
was auf einen vergleichsweise hohen Anteil an Fleisch, Fisch oder
Milchprodukten hinweist.

*Die Zähne dieses Mannes
waren bis auf das
Zahnbein abgekaut.*

Eine bedeutende Rolle spielt die Ernährung auch bei der Entstehung
von Karies. Aus den niedermolekularen Kohlenhydraten von Zucker
oder Auszugsmehlen werden im Mund Säuren gebildet, die den

*In diesem Unterkiefer hat
Karies zwei Mahlzähne
stark zerstört.*

Zahnschmelz angreifen und dadurch besonders kariesfördernd wirken. Bevölkerungen mit überwiegend pflanzlicher Nahrung, insbesondere aus Getreideprodukten, sind daher stärker kariesbelastet als solche mit vorwiegend tierischer Kost aus Fleisch, Fisch und Milchprodukten. Nur etwa 50 % der Wittstocker Söldner hatten Karies. Das ist vergleichsweise wenig. Einige Männer waren allerdings stark betroffen, wie beispielsweise ein 25- bis 30-jähriger Soldat, der zwei große Karieslöcher in den beiden letzten Mahlzähnen der rechten Unterkieferseite hatte.

Zahnstein an sich ist keine krankhafte Veränderung, er kam früher jedoch häufig massiv vor. Die harten Ablagerungen an den Zahnsäumen entstehen durch Ausfällung von Kalziumsalzen des Speichels, durch organische Gewebereste und Mikroorganismen. Über 60 % der Gefallenen wiesen Zahnstein auf, ein Hinweis auf mangelnde bzw. fehlende Mundhygiene. Bei einem erst etwa 20-jährigen Soldaten hatte sich an der Innenseite der unteren Schneidezähne besonders viel Zahnstein gebildet.

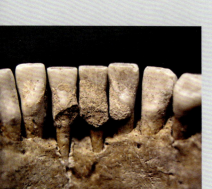

Der Zahnstein an diesen Schneidezähnen ist teilweise über 1 mm dick.

Neben diesen mit bloßem Auge erkennbaren Veränderungen am Gebiss liefern auch biochemische Analysen Informationen zur Ernährung der Wittstocker Söldner. Die beim Essen aufgenommenen Stoffe werden nicht alle wieder ausgeschieden, sondern teilweise in den Knochen abgespeichert. Insbesondere die stabilen Isotope von Kohlenstoff und Stickstoff ermöglichen dabei Rückschlüsse auf die durchschnittliche Zusammensetzung der Nahrung.

Die Analyse beruht auf der Tatsache, dass bei Lebewesen, die sich ausschließlich von Pflanzen ernähren, eine vergleichsweise geringe Menge des schweren Stickstoffisotops ^{15}N in deren Knochenkollagen eingebaut wird. Nimmt das Lebewesen tierisches Eiweiß zu sich, d. h. ist es ein Alles- oder Fleischfresser, steigt das Verhältnis von schwerem zu leichtem Isotop an. Eingefügt in das Nahrungsnetz, an dessen Basis die Pflanzen stehen, ergibt sich für zentraleuropäische Regionen bei einem Stickstoff-Isotopenverhältnis von unter 7 ‰ eine weitgehend vegetarische Ernährung. Beträgt das Verhältnis 9 ‰ oder mehr, muss man von einer guten Zufuhr an tierischem Protein ausgehen. Dies ist bei den meisten Wittstocker Söldnern der Fall, für die somit ein regelmäßiger Konsum von tierischem Eiweiß nachgewiesen werden kann. Sie haben also ausreichend Milch, Milchprodukte wie beispielsweise Käse und Eier sowie Fleisch zu sich genommen. Diese Nahrung dürfte wohl jeweils vor Ort beschafft worden sein. Die frühneuzeitlichen Bewohner des kleinen brandenburgischen Dorfes Tasdorf sind als typische Gemischtköstler einzustufen. Die heutigen Inuit im Norden Kanadas ernähren sich dagegen überwiegend von Meeresfisch und -säugern. Der Wert des im Knochen vorhandenen Kohlenstoffs (δ^{13} C) kann Hinweise auf den Fettgehalt der Nahrung liefern. Je höher der Wert ist, desto fettreicher wurde gegessen.

Durch diese Untersuchungen können allerdings keine akuten Hungersnöte oder eine Unterversorgung festgestellt werden. Lediglich die langfristige, durchschnittliche Ernährung lässt sich damit belegen.   *BJ*

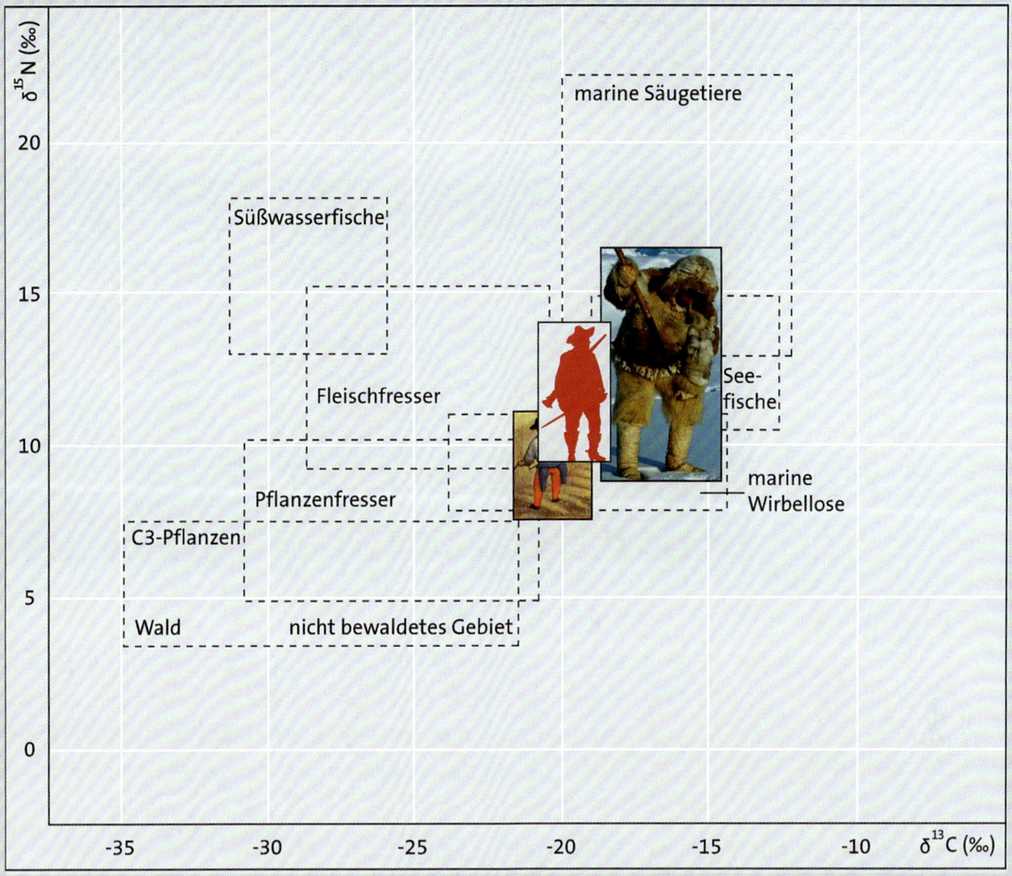
δ15N (‰)
20
15
10
5
0
marine Säugetiere
Süßwasserfische
Fleischfresser
See-
fische
marine
Wirbellose
Pflanzenfresser
C3-Pflanzen
Wald
nicht bewaldetes Gebiet
-35
-30
-25
-20
-15
-10
δ13C (‰)

Nahrungsnetz mit den Ergebnissen der Isotopenanalyse verschiedener Bevölkerungen. Im Vergleich zu einer zeitgenössischen Dorfbevölkerung ernährten sich die Wittstocker Soldaten fleisch- und fettreich.

Würfel- und Kartenspiele
waren bei den Soldaten
beliebt.

In Poesie vereint – die „Fruchtbringende Gesellschaft"

Obwohl auch die Offiziere dem Spiel zugeneigt waren, gingen sie daneben noch anderen, bisweilen kulturellen Interessen nach. Das beste Beispiel hierfür ist die „Fruchtbringende Gesellschaft". Sie wurde 1617 von Fürst Ludwig von Anhalt-Köthen gegründet, um die deutsche Sprache in Wissenschaft, Kunst und Poesie zu fördern. Auch als „Palmenorden" bekannt, hatte die Gesellschaft bis 1680 fast 900 Mitglieder. Sie fanden sich jenseits politischer, konfessioneller und militärischer Grenzen zusammen. Neben deutschen gab es auch ausländische Mitglieder, die sich sonst eher vom Schlachtfeld kannten. Aus Schweden kamen der Reichskanzler Axel Oxenstierna und Feldmarschall Johan Banér. Octavio Piccolomini war kaiserlicher General und Robert Douglas ein schottischer Feldmarschall und ehemaliger Wittstock-Befehlshaber, der in schwedischen Diensten stand. Das Oberhaupt der „Fruchtbringenden Gesellschaft" verlieh seinen Mitgliedern vor ihrer Aufnahme einen Gesellschaftsnamen, eine Devise und ein Emblem in Form einer Pflanze. Die Auserkorenen mussten sich durch eine eigene Dichtung, die alle Begriffe aufnahm, als würdig erweisen. Gesellschaftliche Unterschiede während der Treffen sollte die Verwendung des „Decknamens" ausblenden. AG

LAGERLEBEN – SPIEGEL DER SOZIALEN VERHÄLTNISSE

Allgemeine Verrohung, Entbehrungen und Tod kennzeichneten das Leben der Söldner. In den Feldlagern waren Flüche, Streitigkeiten, handgreifliche Auseinandersetzungen und Duelle an der Tagesordnung. Die Soldaten versuchten, der harten Realität zu entkommen und sich kurze Augenblicke des Genusses oder Glücks zu verschaffen. Zu den „alltäglichen Freuden" gehörten Ess- und Trinkgelage ebenso wie Prostitution, Ehebruch und Sodomie. Insbesondere das „viehische Volsaufen" war bei den einfachen Soldaten und Offizieren alltäglich – wenn Wein oder Schnaps zur Verfügung standen.

Insbesondere das Glücksspiel diente der Zerstreuung. Großer Beliebtheit erfreuten sich Würfelspiele, die dem Kartenspiel den Rang abliefen. Die Hoffnung auf Gewinn führte zum Einsatz hoher Summen und zum Verzocken von Lohn oder Beute. Um Händel und Streit zu vermeiden waren Spiele nur unter Soldaten derselben Volksgruppe und unter Aufsicht von Wachen auf den eigens dafür eingerichteten „Spielplätzen" erlaubt. Über diese Verbote setzten sich die Soldaten jedoch oftmals hinweg und nutzten jeden Ort und jede Gelegenheit, selbst kurze Pausen während eines Marsches, zum Spiel.

Hans Jakob Christoffel von Grimmelshausen lässt seine Romanfigur Simplicissimus Teutsch von zahlreichen Manipulationen der Würfel berichten. Durch das Füllen mit unterschiedlich schwerem Material, Ansägen oder Rundschleifen der Kanten entstanden so genannte Schelmenbeiner. Sie zeigten häufig die gewünschte Augenzahl. „Niederländer" mussten zum Sieg schleifend gerollt, „Oberländische" aus großer Höhe fallen gelassen werden.

Natürlich wurde jede Art von Unzucht in den Artikelbriefen verboten. Die Durchsetzung dieser Verbote blieb jedoch meist halbherzig. Nicht nur für Außenstehende wurden die Heere immer mehr zum Sündenbabel und zu Brutstätten sittlicher Verwahrlosung.   *SE*

Von einem Lagerplatz in der Nähe von Lutter am Barenberge bei Seesen stammt der aus einer Bleikugel gearbeitete Würfel.

RIESIGE KARAWANEN – DER TROSS

Der Tross war der Begleitzug der Heere. Er bestand aus den militärisch notwendigen Handwerkern wie Schmieden und Wagenführern sowie Köchen, Predigern und Feldchirurgen. Eine zweite große Gruppe bildeten die Familien der Soldaten und Offiziere sowie deren Dienstpersonal. Wichtig im Tross waren Marketender, also Händler, und Sudler, die Betreiber der Garküchen. Darüber hinaus gab es eine größere Anzahl an Gauklern, Wahrsagern und Prostituierten. Einen immer größeren Anteil hatten letztlich Glaubensflüchtlinge, Hunger leidende Zivilisten, sozial entwurzelte Außenseiter, Invaliden, Soldatenwitwen und Kriegswaisen.

War der Tross zu Anfang nur wenig größer als die kämpfende Truppe, wuchs er im Verlauf des Krieges auf das bis zu Vierfache an. So meldete Feldmarschall Jost von Gronsfeld dem bayerischen Kurfürsten Maximilian I. im März 1648, dass die Armee 180.000 Menschen umfasse. Darunter befänden sich jedoch nur etwa 40.000 richtige Soldaten. Die übrigen seien *„Jungen, Feuerknechte, Weiber und Kinder"*. Trotz Anwendung der Militärjustiz waren solche riesigen Menschenmengen nur schwer zu kontrollieren.

Dennoch war der träge „Heeresschwanz" militärisch unentbehrlich. In Zeiten fehlender systematischer Sicherung des Nachschubs leisteten die Frauen den Großteil der alltäglichen Versorgung – dabei hatten sie keinen Anspruch auf eine eigene Verpflegungsration. Ohne die Frauen im Tross hätte kein frühneuzeitliches Heer einen Feldzug bestreiten und gewinnen können. Auf den Märschen schleppten sie das gemeinsame Hab und Gut – *„selten unter fünfzig oder sechzig Pfund"*. Im Lager zogen sie die Kinder auf, kochten, pflegten ihre Männer bei Krankheiten und Verwundungen und befriedigten deren sexuelle Bedürfnisse. Sie arbeiteten als Mägde oder in Manufakturen, halfen beim Beutemachen und plünderten die Toten auf dem Schlachtfeld.

Aus dem Tagebuch des Söldners Peter Hagendorf erfahren wir Details über die Lebensverhältnisse der Frauen und Kinder, denn er verbrachte den Großteil seiner Armeezeit nicht allein. Im Tross marschierte seit 1628 seine erste, seit 1635 seine zweite Ehefrau mit. Die erste Frau Anna Stadler brachte in fünf Jahren vier Kinder zur Welt, die alle nur kurze Zeit lebten. Sie selbst starb im Alter von nicht einmal 30 Jahren während eines langen Marsches in einem Spital in München an Überanstrengung.

Nach zwei Jahren heiratete Peter Hagendorf während des Winterquartiers in Pforzheim die *„ehrentugendsame Anna Maria Buchlerin"*. In den 15 Jahren bis zum Ende des Krieges brachte sie drei Jungen und drei Mädchen zur Welt. Zwei Kinder waren 1648 noch am Leben, die anderen zumeist wenige Tage nach der Geburt verstorben. Die Fürsorge für die Familie lag

In seinem nüchternen Schreibstil, der nur selten Gefühlsregungen erahnen lässt, wünscht der Tagebuchschreiber Peter Hagendorf seiner kurz nach der Taufe gestorbenen Tochter „eine fröhliche Auferstehung".

Vom blauen Dunst

Die Geschichte des Tabaks in Europa begann mit der Entdeckung Kubas durch Christoph Kolumbus im Jahr 1492. Schon in der ersten Hälfte des 16. Jahrhunderts wurde der auf zahlreichen Karibikinseln und in Mittelamerika wachsende Tabak nach Spanien und Portugal gebracht, doch stieß das Rauchen der Blätter zunächst auf wenig Interesse. Gegen Ende des 16. Jahrhunderts jedoch setzte er sich als Genussmittel in Frankreich und England durch und gelangte dann auch nach Deutschland. Dort verbreitete sich der Tabakkonsum in Form von Pfeifen-, Kau- und Schnupftabak schnell durch die Soldaten während des Dreißigjährigen Krieges. Der Begriff „Rauchen" kam dabei erst im Lauf des 17. Jahrhunderts auf, bis dahin wurde vom Rauch- oder Tabaktrinken gesprochen.
Wer dem neuen Genuss des Rauchens frönen wollte, benötigte als Hilfsmittel eine Tonpfeife. Bei intensivem Gebrauch wirkte der harte und raue Pfeifenstiel wie ein Schleifmittel auf die Zähne und führte zu einem mehr oder weniger halbkreisförmigen Abrieb des Zahnschmelzes.   BJ

weitgehend in den Händen von Anna Maria. Zudem half sie, Lebensmittel und Wertgegenstände zu erbeuten und pflegte ihren Mann bei seinen wiederholten Krankheiten und Verletzungen. Das Paar verschaffte sich zudem einen Nebenverdienst, indem sie Getreide droschen, zu Mehl mahlten und das daraus gebackene Brot verkauften.

Aber nicht nur der Söldner war Nutznießer dieser von Historikern auch als „Beutegemeinschaft" bezeichneten Ehe. 1641 erkrankte Anna Maria und konnte nicht mehr laufen: *„... denn sie ist gewesen wie ein Krüppel. Ist mit zwei Krücken gegangen, sieben Wochen lang".* Auf einem längeren Marsch musste Hagendorf sie sogar tragen. In dieser Situation verkaufte er sein Pferd und ließ seine Frau in Ingolstadt zurück, wo sie über viele Wochen gesund gepflegt wurde. Erst nach fast eineinhalb Jahren sahen sich die Eheleute wieder.

Auf seinen kleinen Sohn war der Söldner besonders stolz. Im Alter von vier Jahren gab er den Jungen zur Erziehung in ein Kloster. Nach dem Ende des Krieges wurde sein Regiment im Frühjahr 1649 abgemustert, und er holte seinen Sohn wieder zu sich. *„Er ist gewesen fünf Jahre neun Monate als ich ihn aus Ägypten geholt habe".* Die Freude über das Wiedersehen war so groß, dass sie kaum durch die 27 Gulden Schulgeld geschmälert wurde. Deren Wert wird besonders im Vergleich zu den 39 Gulden deutlich, die Hagendorf bei der Abdankung für seine abgeleisteten Kriegsdienste erhielt: *„Ich für meine Person bekam drei Monate Sold, des Monats dreizehn Gulden".*

Für die Versorgung der frühneuzeitlichen Armeen waren auch die Marketender unentbehrlich. Sie handelten mit Lebensmitteln, Alkohol, Tabak und allem, was der Soldat sonst brauchte. Sie versilberten seine Beute – oftmals weit unter Wert – und liehen ihm Geld. Als Standgebühr mussten sie „Schatzgeld" zahlen und konnten zum Kranken- und Munitionstransport verpflichtet werden. Geschützt vor Regen und Kälte konnten die

Das niederländische Breda wurde 1624/25 belagert. Auch währenddessen liefen die Geschäfte der Marketender weiter.

Söldner in deren Zelten oder Holzhütten nicht nur essen und trinken, sondern auch tanzen und spielen. Hier wurden Informationen ausgetauscht
und, zum Missfallen der Offiziere, Gaunereien oder Verschwörungen
geplant. Marketenderinnen waren häufig auch Prostituierte. Hans Jakob
Christoffel von Grimmelshausen hat 1670 in seiner „Lebensbeschreibung
der Ertzbetrügerin und Landstörtzerin Courasche" das Porträt einer solchen Frau geliefert, die lange Jahre als Marketenderin in der kaiserlichen
Armee mitzog. Diese Geschichte diente als Vorbild für Bertolt Brechts
„Mutter Courage".   SE

*Die Soldaten und der Tross
nahmen sich von der
Landbevölkerung, was sie
benötigten.*

Weiterführende Literatur (Kurzzitate)
Binder, *Soldatenfriedhof in der Marchettigasse in Wien*, 2008.
Blázek, *Der abgestorbene Adel*, 1887.
Brock/Homann, *Schlachtfeldarchäologie*, 2011.
Egan, *Material culture in London*, 2005.
Fahr/Pacak, *Das schwedische Feldlager Latdorf*, 2008.
Fahr et al., *Das schwedische Feldlager von Latdorf*, 2009.
Huf, *Mit Gottes Segen in die Hölle*, 2003.
Kelly/Schwabe, *Historic costume*, 1929.
Krabath, *Buntmetallfunde*, 2001.
Kroener, *„Die Soldaten sind ganz arm, … "*, 1998.
Kroener, *„… und ist der jammer nit zu beschreiben"*, 2008.
Ludwig et al., *Tilly vor Heidelberg*, 2003.
Lungershausen, *Buntmetallfunde*, 2004.
Peitel, *Rekonstruktion der Ernährung*, 2006.
Peters, *Söldnerleben im Dreißigjährigen Krieg*, 1993.
Schauer/Kluge, *Münzfunde Brandenburgs*, 1996.

DIE MEDIZINISCHE VERSORGUNG

SCHLECHTE FÜRSORGE FÜR BLESSIERTE

Aus den fast vollständig überlieferten schwedischen Musterrollen und Gefallenenlisten geht hervor, dass ein einfacher Soldat seine Musterung um durchschnittlich drei Jahre und vier Monate überlebte. Dabei war es egal, ob er an Kämpfen teilnahm oder nicht. Im Vergleich dazu hatten Offiziere mit ungefähr acht Jahren bessere Überlebenschancen. Die Mehrzahl der Söldner starb jedoch nicht im Kampf, sondern an Krankheiten und den Entbehrungen des Kriegsalltags.

Neben schnell verlaufenden Infektionen, die allerdings keine Spuren an den Knochen hinterließen, wurden die Männer von alltäglichen Krankheiten wie Karies und eitrigen Fisteln geplagt. Die schlechte Unterbringung verursachte chronische Infekte der Atemwege, insbesondere der Nasennebenhöhlen. Auch Tuberkulose kam in dieser Zeit häufig vor.

Die Mehrheit der Erkrankten versorgte sich selbst. Studierte Ärzte waren meist unerreichbar und zu teuer. Die Frauen im Tross hingegen besaßen oftmals volksmedizinisches Wissen. Auch magische Heilverfahren, astraler Einfluss und beschwörende Zauberformeln spielten eine Rolle. Die „Drecksmedizin", die z. B. mit Hechtzähnen, gedörrten Kröten oder Ziegenkot zu heilen versuchte, kam ebenfalls oft zum Einsatz.

In der Landsknechtzeit des 16. Jahrhunderts entstand die Heeresmedizin. Das Wissen dieser Epoche wurde in „Feldtbüchern der Wundartzney" zusammengestellt. Die bekanntesten stammten aus der Feder des elsässischen Wundarztes Hans von Gersdorf. Auch der Apotheker und selbst ernannte Medicus Walter Herminius Ryff veröffentlichte zahlreiche medizinische Abhandlungen. Einer der berühmtesten Ärzte jener Zeit war der Franzose Ambroise Paré, der als Wegbereiter der modernen Chirurgie gilt. Im Dreißigjährigen Krieg stagnierte der Wissensfortschritt, ja er machte einen ungeheuren Rückschritt, denn bereits erworbenes Wissen geriet in Vergessenheit. Die medizinische Betreuung der auf dem Schlachtfeld schwer verwundeten Soldaten war völlig ungenügend. Während Abertausende einen elenden Tod starben, erreichten nur wenige das Zelt des Feldschers. Dieser leistete erste Hilfe bei der Wundbehandlung und nahm chirurgische Eingriffe vor. Anders als ein studierter Arzt absolvierte der Feldscher im Regelfall eine handwerkliche Lehre bei einem Bader, der sich eine Gesellenprüfung und mehrere Wanderjahre anschlossen. Seine Ausstattung war oft unzureichend, da ihm Instrumente, Arzneimittel und Verbandszeug fehlten.

Ein junger Mann mit schmerzverzerrtem Gesicht wird von einem bunt gekleideten Laienchirurgen an der Schulter operiert.

Im 16. Jahrhundert gab es erste Versuche, den ärztlichen Stand als Berufsvereinigung zu organisieren. Dies geschah insbesondere, um sich gegen andere Heilberufe oder traditionelle Heilende abzugrenzen. Auf der untersten Stufe der Militärärzte stand der Feldscher oder Wundarzt. Er arbeitete als „Handwerksarzt" beim Heer. Das Metier des Barbiers waren seit dem Mittelalter Körperpflege und Wundheilung. Der Lithotomus – „Steinschneider" – entfernte Blasensteine. Daneben gab es noch den Quacksalber, der den Kranken ohne medizinische Bildung beliebige Ratschläge erteilte und Heilmittel oder Scheinmedikamente verordnete. Daher unterstellte ihm der Volksmund eine betrügerische Absicht bei seinen heilkundigen Dienstleistungen.   BJ

Das große Alltagsrisiko der Söldner, die Verletzung im Kampf, wurde in zeitgenössischen Liedern meist verharmlost: *„Und wird mir dann geschossen, ein schenkel von meinem Leib, so tuo ichs nachher kriechen, es schadet mir nit ein meit".* Verwundete Soldaten mussten unvorstellbare Schmerzen aushalten, denn schnell wirkende Schmerzmittel und hygienische Operationssäle gab es nicht. Die Einführung von Feuerwaffen revolutionierte zwar die Kriegsführung, die Schussverletzungen jedoch verursachten viel Leid bei den Getroffenen. Zahlreiche Behandlungsmethoden, an denen festgehalten wurde, entsprachen nicht mehr dem Stand des medizinischen Wissens und muten aus heutiger Sicht barbarisch an. Kugeln zum Beispiel wurden mit Zangen gezogen und die Schusskanäle mit einem „Haarseil" gesäubert. Verheerende Auswirkungen hatte die zeitgenössische Lehrmeinung, alle Schusswunden seien durch das Schießpulver vergiftet. Man brannte sie daher mit siedendem Öl oder Glüheisen aus, was fast immer Fieber und eitrige Entzündungen hervorrief. Die heilende Wirkung, die dem Brenneisen zugeschrieben wurde, war ein fataler Irrglaube, denn in den Brandwunden vermehrten sich Keime besonders stark und verursachten lebensgefährliche Infektionen. Auch die Bleigeschosse selbst führten angeblich zu einer Vergiftung der Wunde. Die Kugeln sollten daher möglichst schnell mit dem Kugelbohrer entfernt werden. Zum Auffinden verwendete man Sonden, die aber nicht steril waren. Zum Tamponieren und Verbinden von Wunden wurden üblicherweise Fetzen oder alte gebrauchte Leinwand von zweifelhafter Sauberkeit verwendet, was das Infektionsrisiko für die Verwundeten zusätzlich erhöhte.

Medizinische Geräte des 17. Jahrhunderts: Kugelbohrer, Brenneisen in Beilform und Amputationssäge

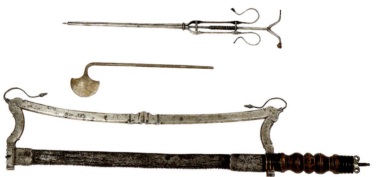

Offene Wunden waren gefürchtet, da sie sich leicht entzündeten und zu eitern begannen. Diese Infektion war meist nicht zu stoppen und führte zu gefährlichem Wundbrand. Die Bakterien verbreiteten sich rasch und konnten eine Blutvergiftung nach sich ziehen: das sichere Todesurteil für den Erkrankten. Den Feldschern stand als einziges Mittel die Amputation der brandigen Gliedmaßen zur Verfügung. Unterschenkelamputationen wurden noch genauso durchgeführt, wie sie Hans von Gersdorf im „Feldtbuch der Wundartzney" hundert Jahre zuvor beschrieben hatte. Die abgebundene Gliedmaße wurde mit einer Eisensäge abgetrennt und das Blut in einer Wanne aufgefangen. Zur Betäubung gab es – wenn überhaupt – nur Pflanzenextrakte oder Alkohol. Der Schmerz bei dem Eingriff war so stark, dass er dem Menschen das Bewusstsein raubte. In der Bewusstlosigkeit allerdings spürte er diesen dann kaum noch.

Der Feldscher arbeitete überwiegend auf eigene Kosten, denn er erhielt von den Kriegsherren nur einen geringen Grundsold. Wer medizinisch betreut werden wollte, musste die Behandlung selbst bezahlen, was sich viele einfache Soldaten nicht leisten konnten. Heeresordnungen, die dem Söldner ein Recht auf kostenlose ärztliche Versorgung zugestanden, waren selten. Es gab kaum gelehrtes Personal in den Armeen. Einzig die Obristen hatten studierte Privatärzte, die jedoch ebenfalls – der Zeit entsprechend – keine ausreichende Ausbildung besaßen. Je ärmer ein Soldat, desto geringer waren seine Chancen zu überleben. Verwundete mussten auf die Pflege durch Angehörige im Tross hoffen, ansonsten wurden sie ihrem Schicksal überlassen.

Das „Neuw Felde und Stattbuch bewerter Wundearßney" von Walter Ryff aus dem Jahr 1576

Eine eher seltene Krankenfürsorge beschrieb der Söldner Peter Hagendorf in seinem Tagebuch. Er erlitt bei der Eroberung von Magdeburg im Mai 1631 zwei Schussverletzungen. Man führte ihn zum Zelt des Feldschers im kaiserlichen Feldlager. *„Also hat mir der Feldscher die Hände auf den Rücken gebunden, damit er hat können den Meißel einbringen. So bin ich in meine Hütte gebracht worden, halbtot"*. Dort kümmerte sich seine Frau um den Schwerverletzten. Mit weiteren Verwundeten quartierte man ihn wenige Tage später in einem Dorf bei Halberstadt ein, wo er außergewöhnlich gut versorgt wurde. Stolz berichtete er, dass alle 300 Männer seines Regiments wieder gesund wurden. Da er lesen und schreiben konnte, stellte man ihn zwischen 1641 und 1646 immer wieder zur Begleitung der „Kranken und Geschädigten" seines Regiments ab. Er erhielt für jeden Knecht ein Pfund Fleisch, zwei Pfund Brot und eine Maß Bier pro Tag, für sich selbst das Doppelte. Die Kranken wurden jeweils für mehrere Wochen in verschiedenen Dörfern oder auch in Spitälern einquartiert. Die Aussicht zu genesen war für diese Soldaten recht gut. Nahezu 80 % der Kranken erholten sich wieder.

Der Wundarzt Hans von Gersdorf hat mehr als 200 Amputationen von Extremitäten selbst durchgeführt.

Nach der Schlacht von Wittstock brachte man etliche Verletzte in der Stadt unter. Das Kirchenbuch nennt zwölf Offiziere, die nach dem 4. Oktober 1636 in der Heiliggeist-Kirche beigesetzt wurden. Ebenso fanden in der Pfarrkirche St. Marien Bestattungen von Soldaten statt, die noch Wochen nach der Schlacht verstorben waren.

Auf die psychischen Belastungen, denen die Soldaten während einer Schlacht ausgesetzt waren, gehen nur wenige zeitgenössische Berichte ein: *„An diesem Tag [9.11.1620] sah ein Bürgersmann, wie ein Kavallerist schreiend und nackt, aber bewaffnet und mit Mütze durch die Altstadt lief, ein lebendes Bild des Wahnsinns, ein Zeuge des erbarmungslosen Grauens auf dem Schlachtfeld"*. Als Reaktion auf Katastrophen oder außergewöhnliche Bedrohungen konnte sich zudem eine tiefe Verzweiflung entwickeln, die heute als „posttraumatisches Belastungssyndrom" bezeichnet wird. Auch dieses wird in den Schriften der Zeit kaum thematisiert. *BJ/SE*

Bei diesem Soldaten führte ein tiefes Kariesloch im Zahn zu einer eitrigen Fistel im Knochen.

Poröse Veränderungen der Knochenoberfläche in der linken Kieferhöhle lassen erkennen, dass dieser Mann an einer chronischen Entzündung litt.

Unregelmäßige und leistenförmige Knochenneubildungen entstanden am harten Gaumen als Folge einer Entzündung der Mundschleimhaut.

Krankheiten

Noch Jahrhunderte nach dem Tod eines Menschen sind an seinen Knochen viele Krankheiten nachzuweisen, unter denen er zu Lebzeiten litt, denn sie haben charakteristische Spuren hinterlassen. Eine möglichst genaue Analyse des Krankheitsgeschehens ist daher eine wichtige Grundlage für die Diagnose der Erkrankung. An den Skeletten aus dem Wittstocker Massengrab fanden sich zahlreiche Krankheiten und Verletzungen, die auf die Lebensbedingungen während des Dreißigjährigen Krieges schließen lassen.

Karies war eine der am häufigsten vorkommenden Krankheiten am Gebiss und konnte unbehandelt die Quelle für gefährliche Infektionen sein. Da Zahnschmelz sich nicht selbst regeneriert, sind Kariesschäden irreversibel. Sie traten bei der Hälfte der Wittstocker Söldner auf und gingen bei einigen so tief, dass es zur Öffnung des Wurzelkanals kam. Bakterien drangen ein und verursachten eine Entzündung. Solche Infektionsherde führten meist zu erheblichen gesundheitlichen Störungen und starken Zahnschmerzen. Sie konnten sich ausbreiten, schließlich den Kieferknochen öffnen und zu Fistelgängen führen. Im günstigsten Fall floss das eitrige Sekret durch die Öffnung der dünnen Alveolarwand ab. Wenn jedoch Komplikationen auftraten, weitete sich die Entzündung aus, wodurch eine Blutvergiftung mit lebensbedrohlichem Zustand und tödlichem Ausgang möglich war.

An vielen Knochen zeigten sich Spuren von Entzündungen. Schlechte Wohnverhältnisse, Mangelernährung und Parasitenbefall schwächten das Immunsystem, was die Anfälligkeit des Körpers für Infektionserkrankungen deutlich erhöhte. So waren Infektionen der Schleimhäute in den Nasennebenhöhlen infolge von Erkältungen häufig. Die Wände einer gesunden Kieferhöhle sind glatt, chronische Entzündungen verursachen poröse Veränderungen der Knochenoberfläche. Ein Drittel der Söldner litt an einer Sinusitis maxillaris. Dies ist eine chronische Kieferhöhlenentzündung, die durch die oftmals feucht-kalten Wohnverhältnisse sowie durch den Rauch von Herd- bzw. Lagerfeuern begünstigt wurde. Anfangs traten Schnupfensymptome wie Rötung und Schwellung der Nasenschleimhaut und verstärkter Ausfluss auf, welche mit Niesen, Kratzen im Hals und erschwertem Atmen einhergingen. Später kam es zu einem Druckgefühl im Bereich der Wangenknochen oder über den Augen, das oft von Schmerzen begleitet war. Die Betroffenen litten fast immer unter einem starken Krankheitsgefühl.

Als Begleitreaktion einer Infektionskrankheit war die so genannte Stomatitis häufig, eine schmerzhafte Entzündung der Mundschleimhaut, zu der Rötungen und Schwellungen gehörten. Die Erkrankten hatten Probleme mit der Nahrungsaufnahme und bildeten mehr Speichel. Die Stomatitis konnte auch unabhängig von anderen Erkrankungen auftreten, dann von Bakterien, Pilzen oder Viren (z. B. Herpes) verursacht. Oft ging sie aber von einer oberflächlichen Entzündung des Zahnfleischsaumes aus oder entwickelte sich im Zusammenhang mit anderen Krankheiten. Am Skelett zeigten sich unregelmäßige und leistenförmige Knochenneubildungen am harten Gaumen als Folge des Entzündungsprozesses. Jeder dritte Wittstocker Söldner war akut von einer Stomatitis betroffen, was die allgemeine Schwäche ihrer Abwehrkräfte aufgrund von zeitweise unzureichender Ernährung und schlechten Lebensbedingungen abermals bestätigt.

Weit verbreitet war im 17. Jahrhundert die Tuberkulose, eine bakterielle Infektionskrankheit, die in verschiedenen Körperregionen vorkommt. Am häufigsten tritt sie in der Lunge auf, aber auch die Knochen können befallen sein. Neben einer Übertragung von Mensch zu Mensch führt auch die nicht pasteurisierte Milch von infizierten Kühen zur Ansteckung. Ein 30 bis 34 Jahre alter Söldner litt an fortgeschrittener Knochentuberkulose, seine Wirbel waren großflächig zerstört.

Der vordere Rand eines Brustwirbels ist als Folge einer Knochentuberkulose zerstört.

Verheilte Verletzungen

Zwei Söldner wiesen verheilte Knochenbrüche auf. Neben dem Einsatz im Gefecht bargen auch das Alltagsleben und die Arbeitswelt mit Drill und Marschieren zahlreiche Risiken, wobei Verletzungen durch Stürze vermutlich am häufigsten waren. In jedem Fall geben verheilte Verletzungen Auskunft über die Art der medizinischen Behandlung.

Das linke Schienbein eines 35 bis 39 Jahre alten Soldaten war infolge eines Knochenbruchs etwa 10 cm kürzer als das rechte. Im Röntgenbild sind die Bruchenden im oberen Knochenabschnitt deutlich zu erkennen. Eventuell war hier ein Biegebruch die Ursache, der aber nicht aus einer Schlacht stammen muss, sondern vielleicht bei einem schweren Sturz entstand. Während der Heilung wurde das Bein zwar ruhig gestellt, wuchs jedoch schief zusammen, da es zuvor nicht gerichtet worden war. Starkes Hinken als Folge schränkte die Kampfkraft des Mannes erheblich ein.

Am Skelett eines 25 bis 29 Jahre alten Schotten zeigte sich eine besonders schwere Verletzung des rechten Schultergelenks. Die Gelenkfläche des Schulterblatts war völlig deformiert und das Gelenk am Oberarmknochen nicht mehr vorhanden. Möglicherweise hatte sich der Mann bei einem Sturz einen komplizierten Splitterbruch zugezogen, der anschließend behandelt worden war. Dabei entfernte man vermutlich die

Nach einer Fraktur des linken Schienbeins sind die verschobenen Bruchenden in Fehlposition verheilt.

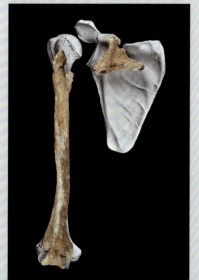

Die Gelenkdeformationen an Oberarm und Schulterblatt werden vor dem Hintergrund gesunder Knochen deutlich sichtbar.

Die Hiebverletzung am linken Jochbein eines 25 bis 30 Jahre alten Mannes war bereits verheilt.

abgelösten Knochenpartikel. Der Soldat konnte seinen rechten Arm kaum noch benutzen und sicher keine schwere Waffe halten. Dennoch ist er in die Schlacht gezogen und darin gefallen.

Sechs Söldner hatten sich vermutlich in früheren Scharmützeln oder Schlachten Verletzungen zugezogen, die zum Zeitpunkt ihres Todes bereits verheilt waren. Verletzungen durch scharfe Gewalt, also durch Klingen, verlaufen meist regelmäßig gerade und besitzen einen v-förmigen Querschnitt. Im Zuge der Heilung verrunden diese Einschnitte. Ein 25- bis 30-jähriger Mann überlebte den quer über das Gesicht verlaufenden Hieb mit einer Blankwaffe. Als Folge der Verletzung fand sich am linken Jochbein des Mannes eine solch abgerundete Einkerbung. Sein Gesicht dürfte durch eine lange Narbe über der linken Wange gekennzeichnet gewesen sein.

Ein 23 bis 40 Jahre alter Skandinavier scheint früher in einen Kampf mit einem Reiter verwickelt gewesen zu sein. An seiner linken Schädelseite war der Knochen auffallend eckig eingedrückt. Hier traf ihn von vorn oben ein Schlag mit einer länglichen, kantigen Waffe, vermutlich ein Kriegshammer. Die enorme Wucht des Aufpralls führte zu einem unvollständigen Splitterbruch, bei dem ein Stück des Schädelknochens nach innen gedrückt wurde. Verheilungsspuren an den Bruchrändern lassen jedoch erkennen, dass der Mann seine Verletzung bereits mehrere Monate überlebt hatte, als er in die Wittstocker Schlacht geschickt wurde.

Die eher unscheinbare knöcherne Erhebung an der Hinterseite des zehnten Brustwirbels stammte von einer Stichverletzung. Ein Dolch, der von hinten oben in den Rücken gestoßen wurde, sprengte einen Knochensplitter ab. Während der Heilung ist er wieder mit dem Wirbelbogen verwachsen. Da die Wunde nicht bis zum Rückenmark reichte, hatte sie für den 30 bis 35 Jahre alten Söldner außer einer kleinen Narbe keine Folgen. *BJ*

Vermutlich ein Kriegshammer verursachte diese, zum Todeszeitpunkt bereits verheilte Impressionsfraktur an der linken Schädelseite.

Der Dolchstich in die Rückseite des zehnten Brustwirbels ist ohne Folgen für den Verletzten verheilt.

„VON STUND' AN KOMMT PESTE DREIN" – HYGIENE, PARASITEN UND SEUCHEN

Das Kriegsvolk musste auf engstem Raum und unter katastrophalen hygienischen Bedingungen zwischen *„Unflat/Wust/Leusen und Stanck"* zusammen leben. Je länger die Armeen an einem Ort kampierten, desto unerträglicher wurde die Situation. In den frühneuzeitlichen Heerlagern gab es keine festen sanitären Einrichtungen. Die am Rand zur Verrichtung der Notdurft ausgewiesenen „Scheißplätze" wurden, selbst bei Androhung strenger Strafen, nicht immer aufgesucht. Auch die rasche Entsorgung von Abfällen, die eigentlich angeordnet worden war, unterblieb oftmals. So verbreiteten die Lager bereits nach wenigen Tagen einen *„ubeln und grewlichen Gestanck".* Sollte sich der Aufenthalt noch verlängern, mussten Bauern den Platz zuvor umpflügen.

Während heute der Befall mit Parasiten tabuisiert wird, war er im Dreißigjährigen Krieg normal. Jeder hatte Läuse und Flöhe oder litt unter Wanzen. Die Menschen sahen noch keinen Zusammenhang mit bestimmten Krankheiten und Seuchen, und so galten sie nicht als Bedrohung, sondern als weit verbreitetes Übel. Durch Entlausen wurde ihre Vermehrung zwar eingedämmt, doch ließ man stets ein oder zwei übrig, da „die Läuse das schlechte Blut fressen". Vielfach galt der Lausbefall sogar als Zeichen von Gesundheit und Potenz.

Parasitenbefall sowie verunreinigtes Wasser und Schmutz im Essen führten zu einer Schwächung des Immunsystems. Die große Mehrheit der Bevölkerung verrichtete die Körperpflege achtlos. Ein Bad oder das Waschen der Haare waren so gut wie unbekannt. Die allgemeine Nachläs-

Die „Scheißplätze" zur Verrichtung der Notdurft lagen nahe bei den Unterkünften der Soldaten.

Zwei Soldaten nutzten eine kurze Marschpause für die Suche nach Flöhen und um sich ausgiebig zu lausen.

sigkeit förderte eine Reihe von Infektionserkrankungen entscheidend. So verbreitete sich Fleckfieber durch das lange Tragen ungewaschener Kleidung, weil darin Kleiderläuse lebten, welche die Krankheit übertrugen. Bis ins 17. Jahrhundert hinein wurde mit den Händen gegessen. Magen- und Darmkrankheiten konnten sich so schnell verbreiten, denn wer aus einem Topf mit anderen aß, der teilte mit ihnen auch die Krankheitserreger. Typhus und Ruhr wurden zutreffend als die „Krankheiten der schmutzigen Hände" bezeichnet.

Schriftliche Überlieferungen berichten immer wieder von verheerenden Seuchenzügen, wobei sich die Anschauungen über deren Ursache im Lauf der Zeit geändert haben. Noch im 18. Jahrhundert wurde grundsätzlich zwischen epidemischen und ansteckenden Krankheiten unterschieden. Erstgenannte, so glaubte man, entstanden durch bestimmte jahreszeitliche Witterungszustände, wogegen für die ansteckenden Krankheiten „Krankheitssamen" und „belebte Keime" verantwortlich gemacht wurden. Ansteckende Krankheiten konnten sich unter den Söldnern schnell zur Epidemie ausweiten. Eine der schlimmsten Seuchen war die Pest, aber auch Ruhr, Pocken und Fleckfieber forderten viele Opfer. Bei den Schotten, die 1631 an der Oder stationiert waren, starben jede Woche etwa 200 Soldaten daran. Seuchen, die in den Heeren ausbrachen, verbreiteten sich rasch auch außerhalb der Lager. So forderte insbesondere die Pest während des Dreißigjährigen Krieges viele Opfer. In zwei großen Wellen

„Flöhe und Wanzen gehören auch zum Ganzen"

Die Liste der auf, in und vom Menschen lebenden Parasiten ist lang. Bei allen größeren Tiergruppen gibt es Parasiten, die vom „Energieraub" leben. In der Humanmedizin werden Einzeller, Würmer und Insekten dazu gezählt. Besonders viele Parasiten gehören in die Gruppe der Insekten. Die in der Kleidung lebende Kleiderlaus überträgt beim Blutsaugen das gefährliche Fleckfieber sowie das Fünftagefieber. Sie ist bei Menschen häufig, die unter mangelhaften hygienischen Bedingungen leben, ihre Kleider nicht waschen und nur selten wechseln können. Die Stiche der in den Haaren lebenden Kopf- und Filzläuse führen zwar zu Rötungen, Schwellungen und starkem Juckreiz, lösen aber keine Krankheiten aus. Anders ist dies beim Menschenfloh, der beim Blutsaugen die Erreger des Fleckfiebers und der Beulenpest weitergeben kann. Die zu den Spinnentieren gehörende Krätzemilbe durchdringt die Hautoberfläche und legt in tieferen Hautschichten ihre Eier ab. Aufgekratzte Milbengänge können sich mit Bakterien infizieren und eitrige Hautentzündungen hervorrufen.

Pestärzte schützten sich mit Schnabelmasken vor Ansteckungen.

wütete sie in weiten Teilen Deutschlands. Besonders viele Tote gab es in den 1630er Jahren. Durch die Entbehrungen des Krieges waren die Menschen geschwächt und besonders krankheitsanfällig. So kam es, dass bis zu 80 % derer, die an Beulenpest erkrankten, starben. Bei der Lungenpest betrug die Todesrate sogar fast 100 %.

Die Pest galt als Katastrophe und Gottesstrafe. In einer Zeit der göttlichen Botschaften und der spekulativen Wahrnehmung von Vorzeichen deutete man Krieg, Hunger, Pest und Tod als die vier apokalyptischen Reiter. Während des Dreißigjährigen Krieges waren diese vier die treuesten aller Verbündeten: *„Keiner blieb allein und keiner kam zu kurz"*.

Die Syphilis, die seit dem späten 15. Jahrhundert in Europa auf dem Vormarsch war, führte erst nach vielen Jahren zum Tod. Sie schwächte aber die Kampfkraft der Söldner erheblich, und ihre schrecklichen Symptome riefen Entsetzen und Ekel hervor. Die erste, Albrecht Dürer zugeschriebene Abbildung eines Syphiliskranken findet sich auf einem Flugblatt von 1496 aus Nürnberg. Ein Gedicht in lateinischer Sprache warnt vor der auch Franzosenkrankheit genannten Geschlechtskrankheit: *„Weissagung über die epidemische Krätze, die allenthalben am ganzen Erdkreis wütet"*. SE/BJ

Die Ruhramöbe, ein Einzeller, gelangt über verunreinigtes Trinkwasser in den menschlichen Körper und löst eine schwere Darmkrankheit, die Amöbenruhr, aus. Die Ansteckung mit einem weiteren Einzeller, den Trichomonaden, führt bei Frauen zu Ausfluss, Brennen und Jucken in der Genitalregion. Bei Schwangeren erhöht sich das Risiko für eine Frühgeburt und ein niedriges Geburtsgewicht des Kindes. Der im Enddarm des Menschen lebende Madenwurm verursacht heftigen Juckreiz am After. Die zwischen 25 und 40 cm langen Spulwürmer besiedeln den Dünndarm. Mit dem Kot ausgeschiedene Eier können bis zu vier Jahre überleben und werden mit verschmutzter Nahrung immer wieder verschluckt. Durch den Verzehr von rohen Innereien oder den Kontakt mit Ausscheidungen befallener Tiere kann der Hundebandwurm auf den Menschen übergehen. Er löst die gefährliche Echinokokkose aus, ein starkes Zystenwachstum in Leber, Herz oder Lunge des Opfers. BJ

Auf einer spätmittelalterlichen Flugschrift dient ein mit Pusteln übersäter Landsknecht als abschreckendes Beispiel für die Syphilis.

Schriftliche Aufzeichnungen berichten über eine Reihe von Krankheiten, an denen die Soldaten des 17. Jahrhunderts gelitten haben. Sie liefern wichtige Anhaltspunkte für die Diagnose der an den Knochen beobachteten krankhaften Veränderungen. Weil Knochen nur beschränkt auf Erkrankungen reagieren, sind gewisse pathologische Spuren bei vielen Erkrankungen sehr ähnlich. Schnell verlaufende Infektionen wie Pest oder Ruhr schließlich sind an der Knochenoberfläche äußerlich gar nicht erkennbar.

Parasiten

Ein Parasitenbefall durch Kopfläuse oder Ekzeme der Kopfhaut verursachen einen ständigen entzündlichen Reiz, auf den die darunterliegenden Strukturen manchmal reagieren. Die normalerweise glatte Knochenoberfläche wird porös, höckerig und wulstig. Dies liegt daran, dass es mehr Gefäßkanäle gibt, die zudem fistelartig erweitert sein können. Es kommt zu einer Entzündung der Knochenhaut (Periostitis), die sich über eine Knochenentzündung (Ostitis) zu einer Knochenmarkentzündung (Osteomyelitis) ausweiten kann. Die porösen Veränderungen lassen sich aber auch auf Infektionen mit verschiedenen Fadenpilzen zurückführen, welche die Kopfhaut befallen. Mangelnde persönliche Hygiene und enge Wohnverhältnisse in den Feldlagern oder Garnisonen haben den Befall mit Parasiten deutlich begünstigt. Mehr als die Hälfte der Wittstocker Söldner wies poröse Schädelknochen auf, was die äußerst schlechten Hygienebedingungen während des Dreißigjährigen Krieges unterstreicht.

Poröse Veränderungen am Schädeldach deuten auf Parasitenbefall hin.

Seuchen

Als eine der schlimmsten Seuchen der frühen Neuzeit gilt die Syphilis, auch als Lues oder Venusseuche bezeichnet. Die Erkrankung wird durch das Bakterium Treponema pallidum, Subspezies pallidum, ausgelöst und verläuft in vier Stadien, wobei erst das dritte Stadium am Knochen zu erkennen ist. Nach einer schmerzlosen Hautläsion an der Infektionsstelle, die nach kurzer Zeit abheilt, treten einige Wochen später grippeähnliche Symptome auf, die mit einem Hautausschlag einhergehen. Diese Symptome klingen ebenfalls spontan wieder ab. Nach einer latenten Periode von bis zu 30 Jahren hat sich der Erreger im ganzen Körper ausgebreitet und innere Organe befallen. An den Knochen, vorwiegend am Schädeldach und an den Schienbeinen, können sich die charakteristischen Gummigeschwülste (Gummen) entwickeln. Akute Gummen sind scharf begrenzte, rundliche, meist nur wenige Zentimeter große Defekte. Nach ihrer Abheilung bildet sich teilweise neuer Knochen und es entsteht eine knotige, narbenähnliche Oberfläche. Zudem verdickt sich die äußere Schicht der Langknochen und erhält dadurch ein charakteristisches aufgetriebenes Erscheinungsbild. Im Röntgenbild wird eine Verkleinerung der Markhöhle sichtbar. Die letzte Krankheitsphase, in der vor allem das Nervensystem betroffen ist, wird neuerdings als eigenes und damit viertes Stadium angesehen. Trotz der sichtbaren Knochenveränderungen kann der sichere Nachweis einer Syphiliserkrankung an historischen Knochen nur durch eine mikroskopische Untersuchung oder den genetischen Nachweis der Erreger-DNA erfolgen.

Wie hoch die Durchseuchung einer Armee im Dreißigjährigen Krieg mit Syphilis war, ist bislang nicht bekannt, jedoch litten vermutlich viele Soldaten darunter. Bei elf Männern aus dem Wittstocker Massengrab hatte die Erkrankung bereits das dritte Stadium erreicht.   *BJ*

In den verschiedenen Ansichten und dem Röntgenbild eines linken Schienbeines zeigen sich die für Syphilis typische unregelmäßige Knochenoberfläche und die Verdickung der äußeren Knochenschicht.

Weiterführende Literatur (Kurzzitate)
Ackerknecht, *Die wichtigsten Krankheiten*, 1963.
Adler, *Knochenkrankheiten*, 1983.
Clemens, *Pest in Berlin*, 1996.
Czarnetzki, *Stumme Zeugen ihrer Leiden*, 1996.
Dobson, *Seuchen, die die Welt verändern*, 2009.
Feuerstein-Herz, *Gotts verhengnis*, 2005.
Guthrie, *Entwicklung der Heilkunde*, 1952.
Habrich, *Badermedizin*, 1995.
Karger-Decker, *Geschichte der Medizin*, 2001.
Rüster, *Alte Chirurgie*, 1999.
Vasold, *Pest, Not und schwere Plagen*, 1999.
Vollmuth, *Sanitätsdienstliche Versorgung*, 1991.

der Kaÿserli vnd Sachsischen Armée

DIE SCHLACHT VON WITTSTOCK

EINE FOLGENREICHE ENTSCHEIDUNG

Im Herbst 1636 war die Situation der schwedischen Armee kritisch. Ohne Verbündete in den Norden des deutschen Reiches zurückgedrängt, sah sich der schwedische Feldmarschall Johan Banér zu einer Entscheidungsschlacht gezwungen. So kam es am Samstag, dem 4. Oktober 1636 (nach altem Kalender der 24. September) nahe der Stadt Wittstock zu einer der blutigsten Feldschlachten des Dreißigjährigen Krieges.

Das kaiserlich-sächsische Heer unter Generalfeldmarschall Graf Melchior von Hatzfeld und Kurfürst Johann Georg I. von Sachsen zählte 22.000 bis 23.000 Mann und befand sich in einer vorteilhaften, verschanzten Stellung. Die Schweden hatten nur etwa 19.000 bis 21.000 Soldaten. Dennoch errangen sie aufgrund einer ungewöhnlichen Umgehungstaktik den Sieg. Alle zeitgenössischen Beobachter beschrieben die Schlacht als überaus grausam und schockierend. So verloren ca. 1.000 schwedische und 5.000 bis 8.000 kaiserlich-sächsische Soldaten ihr Leben. Darüber hinaus wurden 2.130 schwedische und vermutlich noch mehr gegnerische Kämpfer verwundet.

Dieser Sieg stärkte die schwedische Position in Deutschland und der Krieg, der schon fast entschieden schien, verlängerte sich um weitere zwölf Jahre. *SE*

Eine Schlacht – zwei Daten: die gregorianische Kalenderreform

Nach unserem heutigen Kalender fand die Schlacht von Wittstock am 4. Oktober 1636 statt. Auf zahlreichen zeitgenössischen Schriftstücken findet sich jedoch das Datum 24. September. Grund dafür ist die Kalenderreform von Papst Gregor XIII. am Ende des 16. Jahrhunderts. Sie verbesserte die Regelung für Schaltjahre und führte so dazu, dass der Frühlingsbeginn innerhalb eines Sonnenjahres wieder auf den 21. März fiel. Um das Osterfest nach dem Vollmond berechnen zu können, ließ er zudem zehn Tage überspringen. So folgte im Jahr 1582 auf Donnerstag, den 4. Oktober gleich Freitag, der 15. Oktober.
In den katholisch regierten Ländern setzte sich die Reform schnell durch, doch die protestantischen Länder lehnten diese „papistische" Neuerung lange ab. Das evangelische Schweden zum Beispiel führte sie erst Mitte des 18. Jahrhunderts ein. *SE*

Über den Verlauf der Schlacht informieren Rapporte der Feldherren, Briefe beteiligter Offiziere, Karten, Aufstellungsordern und Verlustlisten. Sie geben allerdings nur die Standpunkte des jeweiligen Schreibers oder Auftraggebers wieder und sind selten objektiv. Unkenntnis und das bewusste Weglassen oder Verändern von Sachverhalten führten dazu, dass sich die Schriften teilweise widersprechen. Die Informationen wurden in Einblattdrucke und Flugschriften aufgenommen, deren Anzahl während des Dreißigjährigen Krieges stark anstieg. Die Bevölkerung wollte genauer und häufiger über die Situation im Land informiert werden. Die Drucke begannen heutigen Zeitungen mit ihrer Kriegsberichterstattung zu ähneln. Um die Geschehnisse von damals zu rekonstruieren, müssen die Historiker möglichst viele Quellen sorgfältig vergleichen und sich immer wieder die Frage stellen, warum ein Sachverhalt genau so geschildert wurde, wie er geschildert wurde. Zu berücksichtigen sind zudem die Entstehung der schriftlichen Überlieferung, z. B. wer sie wann und warum verfasst hat, und ihr Umfang. Nur weil viele auseinander hervorgehende Quellen einen Sachverhalt in einer bestimmten Weise beschreiben, muss eine einzige gegenteilige, auf anderen Informationen beruhende Schrift nicht falsch sein. Nur mit sorgfältiger und umfangreicher Quellenkritik kann man dem wahren Ablauf der Geschehnisse näher kommen.

Mehrere der verantwortlichen schwedischen Generäle haben Berichte über die Wittstocker Schlacht geschrieben, die heute noch erhalten sind. Die Rapporte von Johan Banér an die schwedische Königin Christina und an Reichskanzler Axel Oxenstierna sowie ein fast gleich lautender Brief an Landgraf Wilhelm V. von Hessen-Kassel sind die umfangreichsten. Der kürzere Bericht von Feldmarschall Alexander Leslie lässt zwischen den Zeilen Kritik an Banérs Vorgehensweise erkennen. Erst im Jahr 2010 entdeckte Adam Marks aus dem Team von Prof. Steve Murdoch von der Universität St Andrews in einem Londoner Archiv einen schriftlichen Bericht von James King, der die Aktionen des linken Reiterflügels beschreibt. Beide liefern weitere Facetten zur Rekonstruktion des gesamten Geschehens. Die Berichte Banérs waren die Grundlage für mehrere Flugschriften, welche die Geschehnisse aus schwedischer Sicht beleuchteten.

Auch der kaiserliche Heerführer Graf Melchior von Hatzfeld hat unmittelbar nach der Schlacht dem Kaiser und weiteren Adressaten von den Ereignissen berichtet. Seine Ausführungen sind fast wörtlich in die Flugschrift *„Eigentlicher Verlauff Des Treffens bey Wittstock/[etc]. vorgangen den 4. October / 24. September 1636"* übernommen worden. Der beigefügte Kupferstich von Samuel Weishun erklärt die sächsische Sicht auf die Dinge. Zwar ist ein ausführlicher schriftlicher Bericht des sächsischen Kurfürsten Johann Georg I. nicht erhalten, doch lassen mehrere Einzelheiten über den Kurfürsten vermuten, dass dieser das

Werk bei Weishun in Auftrag gegeben hatte. Weitere ergänzende Rand-notizen finden sich in Schreiben anderer Teilnehmer des Kampfes, beispielsweise des österreichischen Feldherren Raimondo Graf von Montecuccoli, des kaiserlichen Oberstleutnants Hieronimo de Clary oder auch eines namenlosen schwedischen Offiziers.

Welches Regiment an welcher Position kämpfen sollte, hielten so genannte „ordres de bataille" fest. Noch heute existieren mehrere dieser schmalen, handlichen Papierstreifen von der schwedischen Seite. Sie stimmen zwar im Prinzip überein, zeigen jedoch im Detail Abweichungen. Daher handelte es sich vermutlich eher um Planskiz-zen aus dem Vorfeld als um Kopien, welche die Befehlshaber mit in die Schlacht nahmen. Die „ordres de bataille" berücksichtigten zudem weder die topografischen Bedingungen des Geländes noch die tatsäch-lichen Ereignisse. Besonders bei Schlachtfeldern mit bewegtem Relief und unerwarteten Wendungen im Ablauf der Kämpfe sind die stark schematisierten Darstellungen nur mit Vorsicht zur Interpretation heranzuziehen.

Auch für die kaiserliche Seite gab es solche Aufstellungsordnungen, darunter eine von Melchior von Hatzfeld eigenhändig gezeichnete. Die vom sächsischen Kupferstecher und Verleger Samuel Weishun veröf-fentlichte Karte enthielt in der beigefügten Beschreibung eine Liste aller beteiligten Regimenter. Sie spiegelte wohl weitgehend die tatsächliche Aufstellung der Verbündeten wider. Die Schweden hatten nämlich we-nige Tage vor der Schlacht einem bei Havelberg gefangenen Unteroffizier einen Aufstellungsplan abgenommen. Diese so genannte „Liste des Proviantmeisters" stimmte mit Weishuns Angaben ungefähr überein.

Die Niederlage der Kaiserlichen und Sachsen wog schwer. Tausende Soldaten starben oder wurden verwundet. Zudem ging die Ausrüstung fast vollständig verloren. Dies zu akzeptieren und der eigenen Bevöl-kerung zu vermitteln, war nicht einfach. Eine aus sächsischer Feder stammende Flugschrift aus dem Jahr 1636 negierte daher die Verluste und berichtete, dass der Abzug vom Schlachtfeld *mit guter Manier* erfolgt sei. Die Bagage, die Ausrüstung und der Tross, seien voraus

Feldmarschall Johan Banér legte diese Schlacht-aufstellung seinem Bericht an die Regierung vom 5. Oktober 1636 bei und ergänzte sie um die Regimentsstärke.

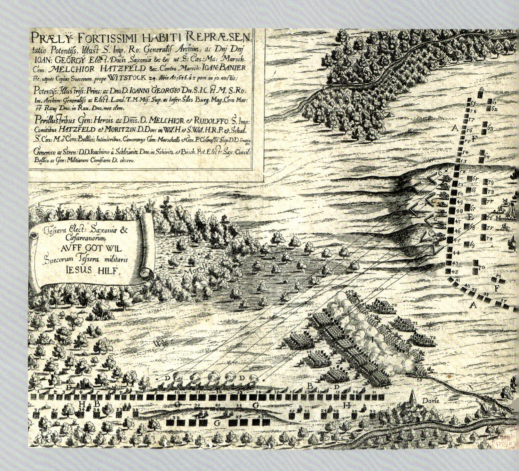

PRÆLY FORTISSIMI HABITI REPRÆSEN.

tatio Potentiss. Illust. S. Imp. Ro: Generaliss. Archim. ac Dnj Dnj
IOAN: GEORGY Elect. Ducis Saxoniæ &c &c. ut S. Cæs. Ma: Marsch:
Com: MELCHIOR HATZFELD &c. Contra Marsch: IOAN. BANIER
&c. utpote Copias Suecorum prope WITSTOCK 24. 7bris A: 1636. h. 2 pom. in 10. noctis:

Potentiss. Illus.triss. Prin: ac Dno. D. IOANNI GEORGIO Du. S.I.C. H. M. S. Ro.
Im. Archim. Generaliss. ac Elect. Land. T. M. Mis. Sup. ac Infer. Siles Burg. Mag. Con Mar:
17 Ravy Dno. in Rau. Dno. meo clem.

Perillus.tribus Gen: Herois ac Dñis. D. MELCHIOR et RUDOLFFO S. Imp:
Comitibus HATZFELD et MORITZIN D.D.ñis in W.Z.H. et S.Wst. H.R.P. et Schal.
S. Cæs: M. et Cons: Bellicis Intimioribus, Camerarys Gen: Marschallis et Gen: P. Colmestri Sup. D.D. Gratiis
Bellicis ac Gen: Militarum Comissario D. observa:

Tessera Elect. Saxoniæ &
Cesareanorum
AVFF GOT WIL
Suecorum Tessera militaris
IESVS HILF.

geschickt worden und am folgenden Tag „*ohne hinderniß*" in Werben an der Elbe angekommen.

Die dem Kupferstich von Samuel Weishun beigefügte Beschreibung des „*blutigen Treffens*" beschönigte die Geschehnisse: Weil die Infanterie ohnehin ziemlich Schaden gelitten hatte, hielten es die Verbündeten für ratsam, mit ihren ermüdeten Regimentern abzumarschieren. Sie hätten sich in guter Manier gegen Werben gewendet und den Marsch begonnen.

Bald wurde auch die Suche nach Schuldigen erkennbar. Wer die Schriften verfasste oder verfassen ließ, suchte die Gründe für die Niederlage natürlich nicht gerne bei sich selbst. So führte man äußere Umstände wie die Dunkelheit an, durch die man „*nicht mehr [hat] sehen können, wer Freund und Feind gewesen*". Auch die schwedische Taktik der doppelten Umgehung, die nicht der üblichen offenen Aufstellung „Auge in Auge" entsprach, wurde verunglimpft, um die Niederlage zu entschuldigen: „*Es haben aber die Schwedischen über alles verhoffen und jedermans auch wohlfundiger Meinung sich durch Wälder an dem Ufer der Dorsche herauff geschlichen …*". Am häufigsten finden sich jedoch Schuldzuweisungen an die einfachen Soldaten. Die Infanterie habe zwar männlich gefochten, sei jedoch von der Kavallerie nicht unterstützt worden, der Artillerie seien alle Pferde entritten, was zum Verlust aller Kanonen geführt habe, oder die Soldaten zu Ross und zu Fuß hätten begonnen, sich wegzuschleichen.

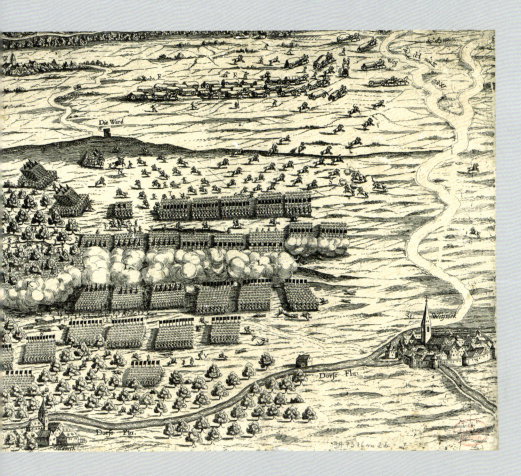

So folgerichtig die eine Partei die Niederlage verkleinerte, versuchte die andere, den Sieg zu überhöhen. Der schwedischen Heerführer Johan Banér schrieb an die Königin, dass die Gegner *„an reutern und knechten sehr überlegen gewesen"*. Feldmarschall Alexander Leslie bestätigte in seinem Bericht: *„Welche ahnzahl wir bey fernem nicht erreicht"*. Eine noch 1636 in Stockholm erschienene Flugschrift trägt den bezeichnenden Titel: *„Relation, Was vor eine herrliche grosse Victori der Gerechte Gütige Gott am 24. Septemb. dieses 1636. Jahrs bey Wittstock in der Marck Brandenburg / bey vorgangenem Haupt-Treffen / der Königl: Mayst. zu Schweden / unter Conduicte dero Feldt Marschalck Herrn Johann Bannern / wider die Chursächsische und Kayserische gesambte Armaden aus Gnaden gegönnet und verliehen"*. Dem Leser in der Heimat sollte damit Folgendes vermittelt werden: Die Größe des Sieges konnte nur bedeuten, dass Gott auf der Seite der Schweden stand und somit alle politischen und militärischen Entscheidungen richtig waren und auch in der Zukunft richtig sein würden.

Insgesamt steht somit eine breite Palette schriftlicher Informationen zur Verfügung, deren Blickwinkel, Intention und Wahrheitsgehalt aber sorgfältig verglichen und interpretiert werden müssen. Wie in einem Mosaik ergänzen sich die einzelnen „Wissenssteinchen" und lassen das entstehende Bild immer deutlicher werden. *SE*

Im linken Teil von Weishuns Kupferstich zur Schlacht bei Wittstock sind alle beteiligten Brigaden eingetragen. Ein zugehöriger Text listet die jeweiligen Regimenter auf.

DIE SCHLACHT

DER VORABEND – ANNÄHERUNG UND KAMPFVORBEREITUNG

Das kaiserlich-sächsische Heer verließ am 29. September 1636 das feste Lager bei Perleberg und zog in Richtung Osten. Am Mittwoch, dem 1. Oktober, lagerte es bei Wittstock. Der schnelle Anmarsch der Schweden ließ kein Ausweichen zu und zwang die Verbündeten zur Entscheidungsschlacht. Die Befehlshaber Melchior von Hatzfeld und Johann Georg I. von Sachsen suchten einen für den Kampf geeigneten Bereich. Sie entschieden sich für die Wiesen- und Ackerflächen, die südwestlich von Wittstock bis nach Papenbruch reichten. Auf den flachen Anhöhen errichteten die Soldaten Befestigungen und leichte Schanzen, ebneten das Gelände ein und brachten die etwa 40 Kanonen der Artillerie in geeignete Schusspositionen. Die Zwischenräume wurden durch Wagen und Karren gesichert.

Am Freitag, dem 3. Oktober, erreichten die Schweden nach mehreren Eilmärschen die Dosse bei Fretzdorf, etwa 10 km und somit eine schwedische Meile von den gegnerischen Stellungen entfernt. Sie eroberten den Flussübergang und reparierten die zerstörte Brücke. Etwa 1.000 Musketiere setzten zum Gut Warnstadt über und sicherten damit den Übergang. Die Reiterregimenter von General Lennart Torstensson und Johan Banérs eigenes Regiment folgten noch am Abend.

Die Schlacht schien unausweichlich und so gaben die Verbündeten die Kampf-Losung aus: „Auf Gott Will".

Die Soldaten verbrachten in banger Erwartung des Kampfes eine kurze Nacht unter freiem Himmel, seit den frühen Morgenstunden sogar in formierter Stellung. Wie gingen sie dabei mit ihrer Angst um? Alkohol und Pfeifentabak konnten diese sicherlich zum Teil nehmen. Außerdem fanden sich nicht nur auf dem Wittstocker Schlachtfeld Belege für die Anrufung des rechten christlichen Glaubens. Dazu gehörten Paternosterperlen katholischer Rosenkränze ebenso wie Buchschließen protestantischer Gebetbücher.

Buchschließen, Kruzifix-Anhänger und Rosen-kranzperlen vermutlich von Gebetbüchern sind Hilfsmittel für ein Gebet zu Gott.

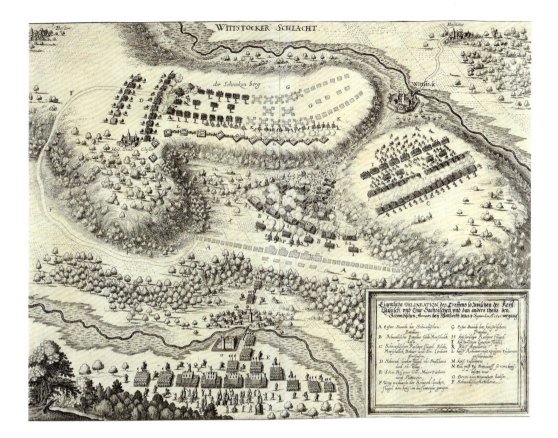

Zauberwaffen, das jeden Stich und Schuss abweisende Hemd oder den unverwundbaren Körper kursierten an allen Lagerfeuern. Um unverletzt zu bleiben, steckten sich die Männer Bleikugeln mit eingeritzten Kreuzen oder gebrauchte Henkersstricke in das Wams – letzter Halt in einer haltlosen Welt.

Drei Jahre nach der Schlacht veröffentlichte Matthäus Merian, der sicherlich bekannteste Kupferstecher dieser Zeit, eine Karte zum Ablauf der Geschehnisse bei Wittstock.

DER MORGEN – AUFSTELLUNG UND STRATEGIE

Am frühen Morgen stellten die Verbündeten ihre Truppen in Schlachtordnung auf. Zehn sächsische und 24 kaiserliche Infanterieregimenter nahmen im Zentrum ihre Position ein, die Reiter von 19 sächsischen und 20 kaiserlichen Regimentern gruppierten sich an den Flügeln. In einer etwa 3 km langen, doppelten Frontlinie warteten sie auf den schwedischen Gegner, der im Südosten vermutet wurde.

Seit den frühen Morgenstunden setzten die schwedischen Truppen bei Fretzdorf über den Fluss. Zuerst kam die Kavallerie, dann folgte die Infanterie. Um die Mittagszeit sammelte sich der Großteil der Regimenter auf einem Feld in etwa einer halben Meile (ca. 5 km) Entfernung vom Feind und stellte sich auf. Feldmarschall Banér erkannte, dass ein frontaler Angriff auf die gesicherten kaiserlich-sächsischen Positionen erfolglos wäre und entwickelte eine für die damaligen Gepflogenheiten unübliche Taktik. Er teilte seine Armee und ließ sie einen doppelten Flügelangriff ausführen. Die ca. 2.650 Mann starke, aus Schweden, Finnen und angeworbenen deutschen Truppen bestehende Reiterei des linken Flügels unter den Generälen Torsten Stalhanske und James King machte sich nach Westen

Die exakte Wiedergabe des Geländes und die vielen Details zur Schlacht lassen vermuten, dass der Zeichner dieser schwedischen Karte das Schlachtfeld aus eigener Anschauung kannte.

auf den Weg, um die kaiserliche Armee zu umgehen. Die überwiegend aus nationalschwedischen Brigaden bestehende Kavallerie vom rechten Flügel unter General Torstensson und Johan Banér selbst umging die feindlichen Stellungen östlich. Entlang der Niederung der Dosse bewegten sie sich außerhalb der Sicht des Gegners auf Wittstock zu. Die Infanterie des Zentrums unter Alexander Leslie folgte den Reitern in einigem Abstand.

DER NACHMITTAG – KAMPF UND GEMETZEL

Gegen 14 Uhr wurde die schwedische Reiterei erstmals für die Kaiserlichen und die Sachsen sichtbar. Um das Einfallen in ihren Rücken zu verhindern, drehte sich der linke Flügel der kaiserlichen Armee und preschte, angeführt von ihrem Feldmarschall Hatzfeld, den Schweden durch den „Langen Grund" entgegen. Damit begannen die Kampfhandlungen. Schnell griffen auch die Reiter des verbündeten rechten Flügels ein und es kam an den Hügeln unmittelbar südlich der Stadt zu heftigen Kämpfen. Die schwedischen Reiterregimenter ritten immer wieder, nach schriftli-

chen Berichten bis zu zehn Mal, gegen die Anhöhen. Gemäß der detail-
reichen farbigen Karte eines anonymen schwedischen Grafikers führte
Lennart Torstensson den Reiterangriff. Die Grafik zeigt eine Reiterfigur im
Galopp auf die in hohem Tempo von einem Hügel herabkommenden ver-
bündeten Reiter zupreschen. Dort hatten bereits drei weitere sächsische
Infanterieregimenter Position bezogen. Auf der südlich anschließenden
Kuppe im Mittelteil der Karte sind die Reitertruppen unter dem mit dem
Buchstaben **N** gekennzeichneten Feldmarschall Johan Banér in heftige
Kämpfe verwickelt. Des „Feindes ganze Forza von Kavallerie" richtete sich
auf den rechten schwedischen Flügel, so dass die Position der kaiserli-
chen und sächsischen Einheiten trotz anfänglicher Schwierigkeiten zunehmend besser wurde.

Nach dem mühsamen Weg entlang der Dosse-Niederung erreichte das
schwedische Fußvolk unter Feldmarschall Alexander Leslie am frühen
Nachmittag das Kampfgebiet. In der „anonymen Karte" reitet der mit
dem Buchstaben **P** markierte schottische Feldherr an der Spitze seiner

Truppen. Die fünf Brigaden mit zahlreichen schwedischen, finnischen und schottischen Einheiten umfassten etwa 4.780 Mann. Ihr Einsatz verschaffte der schwedischen Reiterei zwischenzeitlich Entlastung. Als sich jedoch schließlich die kaiserliche und sächsische Infanterie in die neue Kampfrichtung gedreht hatte und eingriff, konnte keine Partei mehr einen deutlichen oder schnellen Vorteil für sich erringen.

Feldmarschall Leslie berichtete dem schwedischen Reichskanzler Axel Oxenstierna später, dass er ein so *„scharpffes rencontre"* in seinem Leben *„fast nicht mehr gesehen"* habe. Die von ihm geführten Regimenter zu Fuß mussten hohe Verluste hinnehmen, so verlor z. B. die schottische Brigade mehr als die Hälfte ihrer Soldaten.

Die Schlacht dauerte mehrere Stunden. Es gab unendliche Grausamkeiten, viele Söldner starben oder wurden verletzt. Dennoch findet sich kaum eine zeitgenössische Abbildung, die einen realistischen Eindruck vom Kampfgeschehen in Wittstock vermittelt. Auch der Kupferstich auf einem französischen Flugblatt zeigt beide Armeen in perfekter Ordnung. Galoppierende Pferdehufe und schmetternde Trompeten, donnernde Schüsse und Pulvernebel, klirrende Schwerter und laute Schmerzensschreie der Verletzten, zerschmetterte Schädel und abgetrennte blutige Gliedmaßen, das verzweifelte Flehen der Sterbenden und das Röcheln verletzter Pferde, das alles lässt sich nicht einmal im Ansatz erahnen.

DER ABEND – SIEG ODER NIEDERLAGE

Je länger die Schlacht andauerte, desto deutlicher wurde die Übermacht der Verbündeten. Diese hatten mittlerweile den größten Teil ihrer Regimenter in den Kampf geführt. Die Schweden erwarteten immer dringender die Unterstützung durch ihren linken Kavallerieflügel sowie die Infanteriereserve. Generalmajor Johann Vitzthum von Eckstädt erschien jedoch erst kurz vor Sonnenuntergang von Süden mit der Reserve des Fußvolkes und griff in die Kämpfe ein. Nach der Schlacht kritisierte Feldmarschall Banér den Deutschen heftig für diesen verzögerten Anmarsch und ließ ihn dazu in Schweden durch ein Gericht befragen.

Gleichzeitig erreichten die Reiter des linken schwedischen Flügels, die unter ihren Generälen Stalhanske und King die „Natte Heide" weiträumig umgangen hatten, ihr Ziel. General James King erläuterte in seinem Bericht an den englischen König, dass einige Regimenter einen zu weiten Weg nahmen. Andere, darunter sein eigenes, waren unterwegs in längere Gefechte mit abseits der kaiserlichen Hauptarmee befindlichen Truppen verwickelt worden. Im letzten Tageslicht erreichten die Truppen jedoch ihr Ziel und fielen den kaiserlichen Infanterieeinheiten, die noch in der ursprünglichen Position standen, überraschend in die Flanke.

Aufgrund der Dunkelheit kamen die Kämpfe an den verschiedenen Fronten gegen 18 Uhr ohne eindeutigen Sieger zum Erliegen. Zwischen all den toten und verletzten Menschen und Pferden mussten die Soldaten auf dem Schlachtfeld bleiben. Wegen der an verschiedenen Stellen neu aufgeflammten Gefechte konnten die Verbündeten die tatsächliche Größe der schwedischen Truppen nicht mehr einschätzen. Hohe Verluste und

In diesem Kupferstich eines französischen Flugblattes sind mehrere Regimenter beider Parteien namentlich gekennzeichnet.

mehr und mehr Fahnenflüchtige in den eigenen Reihen veranlassten sie, das Schlachtfeld in der Nacht zu räumen. Damit hatte die schwedische Seite den Sieg errungen.

Am folgenden Morgen, dem 5. Oktober 1636, setzten die Schweden den Verbündeten in Richtung Pritzwalk nach, töteten noch viele Soldaten und machten überreiche Beute. Neben der kompletten Artillerie, Hunderten Transport- und Munitionswagen sowie zahlreichen Fahnen und Standarten fiel auch der sächsische Kanzlei- und Silberwagen in schwedische Hände. Feldmarschall Banér ließ das Schlachtfeld aufräumen und nach verwundeten Offizieren suchen. Dabei legten vermutlich schwedische Soldaten am Weinberg das Massengrab an.

Nach der siegreichen Schlacht ermittelten die Schweden die Anzahl von toten und verletzten Soldaten. Die Höhe der „Victoria" wurde jedoch an der Beute festgemacht. Fahnen und Standarten standen jeweils für eine zerschlagene gegnerische Einheit. Der Bericht Johan Banérs an die Regierung listet 127 Infanterie- und fünf Dragonerfahnen sowie 19 Reiterstandarten auf. Somit konnten die Schweden etwa die Hälfte der kaiserlich-sächsischen Regimentszeichen in ihren Besitz bringen. Die Verbündeten hingegen eroberten nur sechs Stücke. *SE*

In seinem Bericht an die schwedische Regierung listete Feldmarschall Banér die verwundeten und toten schwedischen Soldaten auf.

Der Ort des Geschehens

Seit über 100 Jahren versuchen Forscher das Kampfgeschehen zu rekonstruieren und das Wittstocker Schlachtfeld einzugrenzen. Legt man
alle Kartierungen übereinander, ergibt sich jedoch ein viel zu großes
Areal mit stark voneinander abweichenden Aufstell- und Kampfzonen.
Wo fand die Schlacht nun wirklich statt? Um dies mit Sicherheit sagen
zu können, müssen zuerst alle Informationen aus den Schriftquellen
herangezogen, verglichen und gegeneinander abgewogen werden. In
einem zweiten Arbeitsschritt gilt es dann, die frühere Landschaft zu
rekonstruieren. Historische Landkarten helfen dabei, denn sie zeigen
die Topografie zu verschiedenen Zeiten. So lassen sich bauliche Veränderungen, aber auch das ursprüngliche Aussehen der Landschaft erfassen. Die abgebildete Karte von Wittstock und seiner Umgebung wurde
um 1700 gezeichnet. Neben der Stadt im Mittelpunkt sind die Straßen
und Gewässer, aber auch Gärten, Ziegeleien und Mühlen eingetragen.
Die außerhalb der Gemarkung Wittstock gelegenen Dörfer Papen-

*Handgezeichnete Karte der
Stadt Wittstock und ihrer
Umgebung um 1700*

bruch, Goldbeck und Jabel sowie das große Feuchtgebiet der „Natten Heide" im Süden wurden lediglich skizziert. Die bereits seit dem Spätmittelalter bestehende Landwehr westlich der Stadt sowie die Hottenberge mit der Hottenburg sind deutlich hervorgehoben. Über den heute noch gut erkennbaren Verlauf hinaus erstreckte sich die aus Wall und Graben gebildete Landwehr damals weiter nach Süden bis nach Papenbruch. Sie stellte für marschierende, insbesondere jedoch für anstürmende Truppen ein schwer zu überwindendes Hindernis dar. Von den drei Hügeln südlich der Stadt war 60 Jahre nach der Schlacht nur der südliche, der eigentliche „Scharfe Berg" bewaldet. Wenn der Wald im Jahr 1636 bereits bestand, war das Areal für großflächige Formationskämpfe ungeeignet. Heute ist auch der Weinberg mit Kiefern bewachsen, während der nördliche Abhang des Scharfenberges baumfrei ist. Genau diese Stelle der Karte wurde in jüngerer Zeit mit zwei gekreuzten Schwertern und der Jahreszahl 1636 markiert. Dabei überdeckte man die ursprüngliche Beschriftung teilweise.

Weitere Informationen über den Ort des Geschehens ergeben sich aus der Sichtung alter Luftbilder. Der Blick aus der Vogelperspektive macht deutlich, dass sich das Schlachtfeldareal in den letzten 50 Jahren baulich stark verändert hat. Die Stadt ist weit über ihre mittelalterlichen Grenzen hinaus gewachsen, neue Wohngebiete wurden erschlossen. Zudem führten der Sandabbau und der Bau von Gewerbegebieten, Freizeiteinrichtungen, des Autobahndreiecks Wittstock/Dosse und von Windkraftanlagen zu Bodeneingriffen im Bereich des Kampfgebietes. Die Luftbilder aus den Jahren 1959, 1974, 1985, 1996 und 2004 wurden sorgfältig nach Bewuchsmerkmalen an Pflanzen abgesucht. Eine Abfallgrube im Untergrund zum Beispiel lässt Getreide besser wachsen, es wird hier schneller grün und die Halme sind länger. Im Getreidefeld ist diese Stelle als positives Bewuchsmerkmal erkennbar. Schlechte Wachstumsbedingungen, beispielsweise oberhalb von Mauern, lassen das Korn an diesen Stellen schneller vertrocknen und gelb werden. Aus der Luft zeichnet sich im Feld ein gelb-brauner Streifen als negatives Bewuchsmerkmal ab. Es wurde erwartet, dass sich die in den Schriftquellen erwähnten Schanzen der verbündeten Armee in solchen Bewuchsmerkmalen zeigten. Insbesondere oberhalb der Gräben, die sich in den Wochen und Monaten nach der Schlacht langsam mit dem nährstoffreichen Oberboden der Umgebung verfüllt haben müssten, hätten sich den Pflanzen deutlich bessere Bedingungen geboten. In den alten Luftbildern konnten allerdings keinerlei Spuren entdeckt werden.

Um sicher zu gehen, beflog man das Gebiet zwischen 2007 und 2011 systematisch und verstärkte so die Suche. Die Luftbildarchäologen Dr. h. c. Otto Braasch und Dr. Joachim Wacker beobachteten das Schlachtfeld immer wieder während unterschiedlicher Vegetationsphasen. Neben überwachsenen Meliorationsgräben verzeichneten sie jedoch ausschließlich natürliche Spuren im Gelände. Dies lässt den Schluss zu, dass es sich bei den Schanzanlagen der Verbündeten nur um einfache, wenig in den Untergrund eingreifende Konstruktionen

Das aus vielen einzelnen Fotokacheln zusammengesetzte Bild zeigt die Landschaft um Wittstock im Sommer 1974.

gehandelt hat. Hohe Wälle hinter tiefen Gräben und ausgedehnte aufplanierte Flächen hat es nicht gegeben.

Die bei einer Laserscan-Befliegung gesammelten Vermessungsdaten ermöglichen eine genaue Darstellung der Geländeoberfläche, selbst in Waldgebieten. Durch die große Genauigkeit zeichnen sich auch kleinste, mit bloßem Auge nicht erkennbare Erhebungen und Vertiefungen ab. Der Verlauf der Dosse ist immer noch durch eine Vielzahl von Kleingewässern in einer breiten Niederung erkennbar. Damals wie heute konnte der Fluss nur an speziellen Furten oder Pässen überquert werden, insbesondere wenn eine große Menschenmenge in kurzer Zeit passieren sollte.

Die Hügelkette in der Mitte der Geländeansicht erstreckt sich über den Bohnekamp, den Weinberg und den Scharfenberg weiter nach Süden. Auf diesen Erhebungen wächst heute jedoch, wie vermutlich bereits im 17. Jahrhundert, Wald. Der Scharfen- und der Weinberg gehen ineinander über und sind durch viele moderne Bodeneingriffe in Mitleidenschaft gezogen. Der nördlich gelegene Bohnekamp hingegen ist durch eine Geländerinne von diesen abgesetzt und trotz einzelner moderner Bauten in seiner ursprünglichen Form und Ausdehnung erhalten.

Die spätmittelalterliche Landwehr oberhalb von Papenbruch ist als doppeltes Wall-Graben-System sichtbar. Zusammen mit dem hier deutlich ansteigenden Gelände deckte sie den Rücken der Verbündeten.

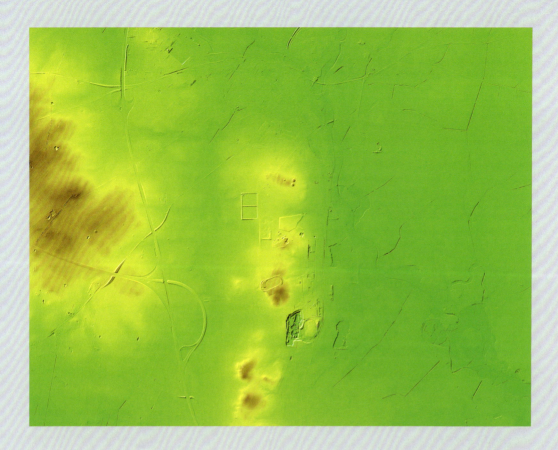

Die zahlreichen Entwässerungsgräben südlich von Papenbruch meliorieren heute die damals noch sehr wasserreiche „Natte Heide". Aus diesem Feuchtgebiet heraus war kein Angriff zu erwarten und eine nach Süden ausgerichtete Aufstellung der Verbündeten somit unwahrscheinlich. Auch in dieser Geländeansicht sind jedoch keinerlei Spuren der Schanzanlagen erkennbar. *SE*

Von Osten nach Westen steigt die Landschaft südlich von Wittstock von der flachen Dosse-Niederung (grün) über die umkämpfte Hügelkette (gelb) zu den Hottenbergen (braun) an.

Archäologische Begehungen und Kartierung der Funde

In den Jahren 2009 bis 2011 wurden weite Bereiche des Schlachtfeldes begangen und nach Funden insbesondere aus Metall abgesucht. Der Survey begann in den Arealen, die Historiker als Aufmarsch- und Kampfbereiche deuteten. Entsprechend der Häufigkeit, aber auch dem Fehlen von Geschossfunden kamen neue Flächen hinzu. Die Metallsucher gingen zumeist in einem Abstand von etwa 2,5 bis 3 m, am Bohnekamp und am Weinberg noch dichter. Inzwischen wurden mehr als 6 km² prospektiert.
Neben der Fundaufnahme und -einmessung wurden auch Geländemerkmale wie beispielsweise moderne Störungen und aufgefüllte

Areale erfasst. Hier ließen sich keine Gegenstände aus dem 17. Jahrhundert finden. Solche Flächen sind deshalb in den Verteilungskarten farbig hervorgehoben, damit sich ihre Fundleere direkt erklärt. Betrachtet man diese hellbraun eingefärbten Flächen, wird schnell deutlich, dass viele von ihnen in den 1636 besonders hart umkämpften Bereichen liegen. Bereits vor dem Zweiten Weltkrieg gab es Areale im Schlachtfeld, die durch Tonabbau in Mitleidenschaft gezogen worden waren. Die größten Zerstörungen haben jedoch seit etwa 1960 sowie, in einer zweiten Phase, nach 1990 stattgefunden.

Unter den etwa 1.100 Fundstücken aus der 1. Hälfte des 17. Jahrhunderts befinden sich ca. 900 Bleiprojektile unterschiedlicher Kaliber. Ihre Kartierung auf einer modernen topografischen Karte lässt schnell Abweichungen von den historischen Darstellungen der Schlacht erkennen.

Die Projektile konzentrieren sich deutlich in einem etwa 2,5 km langen und wenige hundert Meter breiten Areal an den Hängen des Scharfen- und Weinberges sowie am Bohnekamp. Am Süd-, Ost- und Nordhang und auf der Kuppe dieses nördlichsten Hügels, der nicht einmal 1 km vor den Toren der Stadt liegt, ist die Zahl der Projektile am höchsten. Weitere Geschosse fanden sich nordwestlich der Hauptkonzentration entlang der Landstraße nach Papenbruch. Die übrigen lagen in einem Streifen entlang des „Langen Grundes" sowie östlich und nördlich von Papenbruch. In den letztgenannten Bereichen sind die Projektile jedoch in der Minderzahl, während andere Funde wie Münzen, Ausrüstungteile oder persönliche Gegenstände deutlich überwiegen. Als

Kartierung aller Geschosse (schwarz) und sonstigen zeitgenössischen Funde (rot)

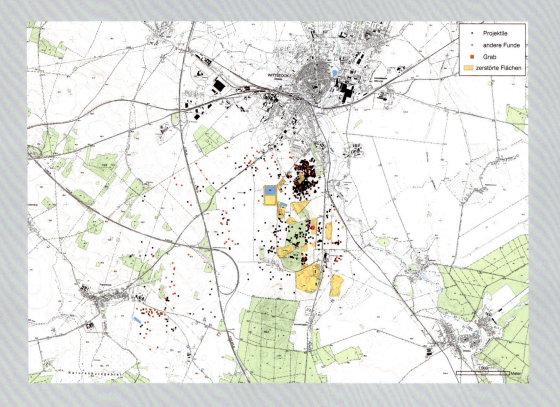

eigentliches Kampfareal wird somit die Hügelkette erkennbar, während die übrigen Bereiche Lager-, Aufstell- oder Passierzonen waren. Dieser erste Eindruck verstärkt sich bei der genaueren Betrachtung der Projektile. Der Großteil der Bleikugeln für Handfeuerwaffen zeigt deutliche Abfeuerungs- und Aufprallspuren. Unterschiedlich starke Deformationen sind die untrüglichen Zeichen für den Aufprall auf unterschiedlich harte Ziele. Konzentrationen unverschossener Kugeln deuten auf Bereiche, in denen die Waffen geladen wurden, aber auch auf Verluste bei der Flucht oder Plünderung. In den lockeren Fundstreuungen am Rand der Untersuchungsfläche hält sich die Anzahl von verschossenen und unverschossenen Bleikugeln die Waage; östlich von Papenbruch waren sogar zwei Drittel der gefundenen Projektile noch nicht abgefeuert worden. Ganz anders ist dies auf den drei Hügeln. Hier überwiegen Bleikugeln mit Abfeuerungs- und Auftreffspuren. Am Bohnekamp zum Beispiel machen sie mehr als 95 % aus. Die in den Schriftquellen beschriebenen Kämpfe um die Anhöhe müssen hier stattgefunden haben. Erst viel weiter im Norden als alle Historiker bislang vermutet hatten, konnte die verbündete Armee den geplanten Umgehungsversuch des rechten schwedischen Flügels abfangen und dessen weiteres Vordringen in den Rücken ihrer Aufstellung unterbinden.

Leider sind die Aussagemöglichkeiten zum Weinberg stark eingeschränkt. Die Kuppe wurde in den vergangenen Jahrzehnten weitgehend abgetragen, so dass hier die Funde fehlen. Die heute bewaldete Ostflanke zeigt durch die Fülle an Kugeln, dass sie damals nicht mit

Aus Handfeuerwaffen verschossene und nicht verschossene Projektile im Kartenbild

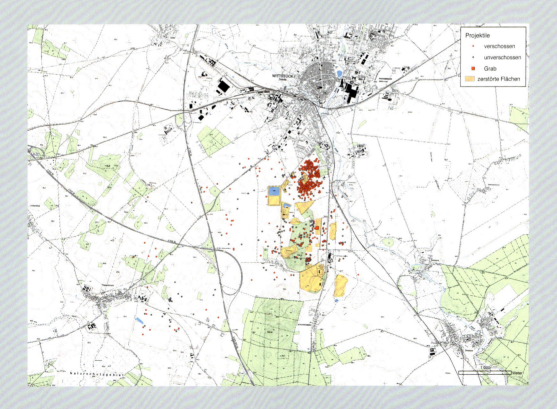

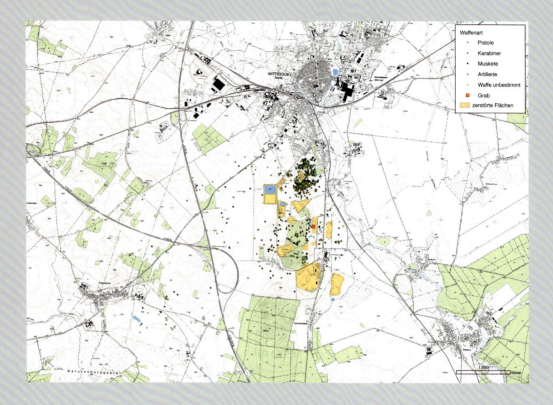

Legende:

Waffenart
- Pistole
- Karabiner
- Muskete
- Artillerie
- Waffe unbestimmt
- Grab
- zerstörte Flächen

Nach Waffengattungen unterschiedene Kartierung der Projektile

Bäumen bestanden, sondern ebenfalls umkämpft war. Am Scharfenberg hat es zwar auch Zerstörungen gegeben, doch liegen auf den unberührten Flächen die Projektile in einer charakteristischen Verteilung vor. Anhäufungen am Ost- und Nordhang und die Dominanz verschossener Kugeln lassen für dieses Areal ebenso heftige Kämpfe erkennen. Die eigentliche Hügelkuppe ist jedoch bis auf wenige unverschossene Bleikugeln fundfrei. Wie die handgezeichnete Karte Wittstocks aus der Zeit um 1700 bereits vermuten lässt, war der Hügel im Jahr 1636 somit tatsächlich bewaldet. Kämpfe in Formation waren im Wald nicht möglich. Die Spuren der Schlacht, die an den Kugeln abzulesen sind, reichen nur bis zum Waldsaum. Die wenigen unverschossenen Bleikugeln gingen vermutlich beim Rückzug einzelner Soldaten in dieses Gehölz verloren.

Die Bleikugeln ermöglichen jedoch noch weiter gehende Interpretationen. Während des Dreißigjährigen Krieges wurden Feuerwaffen zwar bereits in hohen Stückzahlen in Manufakturen hergestellt, aber die Produktion erfolgte immer noch in Handarbeit. Die verwendete Munition passte man den Rohrkalibern der Waffenläufe an, die von Herstellungsort zu Herstellungsort differierten und weit davon entfernt waren, einheitlich zu sein. Dennoch kann durch die Bestimmung des „rollenden Kalibers" und des Gewichtes einer Kugel in vielen Fällen auf die verwendete Waffe geschlossen werden. Die im Durchschnitt 9,7 bis 19,9 mm messenden Bleikugeln der Handfeuerwaffen lassen sich Reiterpistolen, Arkebusen und Musketen zuweisen. Die Kartierung der Kugeln nach diesen Waffentypen erlaubt es, Areale abzugrenzen, in denen die entsprechenden Einheiten eingesetzt waren. Aufgrund von Überlappungen zwischen Pistolen- und Arkebusenkalibern einerseits sowie Arkebusen- und Musketenkugeln andererseits stehen diese Ergebnisse allerdings unter einem gewissen Vorbehalt.

Die dichte Konzentration am Bohnekamp-Hügel besteht sowohl aus Pistolen- und Arkebusenmunition als auch aus Musketenkugeln. Am zahlreichsten sind Musketengeschosse, doch ist dieser Anteil an Infanteriegeschossen nicht höher als der Anteil an Kavalleriemunition, d. h. an Pistolen- und Arkebusenkugeln zusammen. Trotz der anzunehmenden Dominanz der Reiterei am Bohnekamp lässt sich diese gleiche Verteilung einfach erklären: Reiter geben aus ihren Pistolen während der Kämpfe nur ein oder zwei Schüsse ab, Arkebusen, insbesondere jedoch Musketen, lassen sich viel häufiger abfeuern.

Die Verteilung der Bleikugeln am Weinberg ist weniger dicht als am Bohnekamp. Aber auch hier machen Musketenkugeln etwa die Hälfte der Funde aus. Innerhalb der Munition der Kavallerie sind Kugeln für Karabiner häufiger als die für Pistolen. Im Bereich um das Massengrab kehrt sich dieses Verhältnis jedoch um. Wie auch im Grab selbst, wo 21 der 24 Projektile aus Reiterpistolen stammen, ist ihr Anteil hier deutlich höher. Zudem gibt es unter diesen deutlich mehr Kugeln, bei denen der Gusszapfen nicht entfernt wurde.

Insgesamt lassen sich somit andere Gefechte als am Bohnekamp erfassen. Der Weinberg kann als Mittelpunkt der Infanteriekämpfe angesehen werden. Das schwedische Fußvolk des Zentrums war hier in blutige Auseinandersetzungen verwickelt. Dies ist auf der im Kriegsarchiv in Stockholm aufbewahrten anonymen Karte und auch in den Berichten Johan Banérs und Alexander Leslies dargestellt. Als der schottische Oberbefehlshaber mit seinen Fußsoldaten das Kampfgebiet erreichte, waren die Gefechte rundherum bereits entbrannt und die eigene Kavallerie in großer Bedrängnis. Die geringe Anzahl an Kugeln, die in den Schriftquellen aufgeführten hohen Verluste der beteiligten Einheiten und auch die Art und Anzahl der erlittenen Verwundungen (siehe S. 154 ff.) lassen annehmen, dass die Infanterie schnell zum Nahkampf mit Schwert und Degen übergehen musste. Bei einzelnen Reiterangriffen kamen ebenfalls viele Männer zu Tode. Allerdings bleibt unklar, welche Partei jene Angriffe ausführte. Diese Einheiten verwendeten in einem überdurchschnittlich hohen Maß Kugeln mit Gusszapfen, die besonders schwere Verletzungen bei den Getroffenen bewirkten.

Auf der Kuppe und am Osthang des Weinberges fanden sich die unterschiedlichen Einzel- und Kartätschengeschosse der Artillerie. Die Munition konnte aus leichten Bockbüchsen oder Falkonetten sowie aus Geschützen abgefeuert werden, bei denen es sich mindestens um Drei- oder Vierpfünder-Kanonen handelte. Insbesondere diese Kanonen ließen sich aufgrund ihres vergleichsweise geringen Gewichts gut manövrieren und während der Schlacht mitführen. Nur die Granate setzte wegen eines Durchmessers von 11 cm eine Achtpfünder-

Kanone, eine Haubitze oder einen Mörser voraus. Diese waren zwar genau auszurichten, konnten aber angesichts ihrer Masse während der Schlacht nicht umpositioniert werden. Das Einrichten der großkalibrigen Artillerie war wohl nur für die Armee der Verbündeten möglich, da sie in den zwei Tagen vor der Schlacht ausreichend Zeit dafür hatte. Alle anderen Geschosse können jedoch auch von der erst am Vormittag anrückenden schwedischen Infanterie aus den mitgeführten Regimentsgeschützen abgefeuert worden sein.

Die Artilleriemunition fand sich nur am Weinberg und damit in einem Gebiet, das von der Erstaufstellung der verbündeten Armee nördlich von Papenbruch aus beschossen werden konnte. Deren nach Osten ausgerichtete Stellungen hatten den „Langen Grund" und den Westhang des Weinberges als ursprünglich geplantes Kampfareal im Visier. Die Kuppe und der Osthang des Weinberges liegen jedoch etwa 1,5 bis 2,5 km von dieser Position entfernt und überschreiten damit teilweise die maximalen Schussweiten der Geschütze. Je nach Pulverqualität lagen diese für die großen Kaliber bei bis zu 2.000 m, bei den kleineren Vierpfündern bei 1.150 bis 1.600 m und bei den Mörsern bei bis zu 1.500 m. Somit spricht zwar einiges dafür, dass die Artilleriemunition von den Kaiserlichen oder den Sachsen abgefeuert wurde, ein Beschuss aus schwedischen Geschützen kann jedoch nicht ausgeschlossen werden. *SE/AG*

Die Rekonstruktion der Geschehnisse

Am Ende des Untersuchungsmarathons können alle Informationen aus den historischen, geografischen und archäologischen Analysen zusammengefügt werden. 375 Jahre nach der Schlacht sind so erstmals verlässliche Angaben zu Ort und Ablauf des Geschehens möglich. Die kaiserlichen und sächsischen Truppen lagerten mit ihrem Tross in den zwei Tagen vor der Schlacht auf den Wiesen und Feldern südöstlich und östlich von Papenbruch. Hier waren sie nach Süden und Osten durch das Feuchtgebiet der „Natten Heide" und ein angrenzendes großes Waldgebiet geschützt, nach Westen und Norden sicherten das Dorf und die Landwehr das Lager. Am Morgen des 4. Oktober 1636 stellten sich die Soldaten auf den leichten Anhöhen zwischen Papenbruch und der als „Langer Grund" bezeichneten Geländerinne in einer ca. 2,5 km langen, doppelten Frontlinie auf. Die Formationen waren dabei nahezu nach Osten und nicht – wie bislang zumeist angenommen – nach Süden ausgerichtet. So schützten die Hottenberge mit der Hottenburg und die spätmittelalterliche Landwehr den Rücken und der Ort Papenbruch die rechte Flanke der Aufstellung. Die Artillerie war auf den Weinberg ausgerichtet, nicht auf das Feuchtgebiet der „Natten Heide" im Süden. Zu ihrem Schutz hatten die Regimenter auf den Anhöhen Schanzen angelegt, bei denen es sich – entgegen einigen zeitgenössischen Darstellungen – jedoch nicht um tiefe Gräben und hohe Wälle handelte, sondern um kaum in den Boden eingreifende Verschläge und Wandkonstruktionen.

Die Schweden hatten die Nacht ca. 10 km südlich davon bei Fretzdorf verbracht. Am Morgen des 4. Oktober zogen sie entlang der Dosse-Niederung an die Stadt heran, ohne dass ihre Gegner sie bemerkten. Dieses Aufmarschgebiet konnte bislang nicht archäologisch untersucht werden, so dass noch unklar ist, wo genau sich die schwedische Armee in Formation stellte. Feldmarschall Banér nahm die gegnerischen Stellungen in Augenschein und erkannte, dass der übliche Frontalangriff nicht erfolgreich sein würde. Deshalb traf er die ungewöhnliche Entscheidung, diese durch seine Kavallerie auf beiden Seiten zu umgehen. Die Reiterei vom rechten schwedischen Flügel bewegte sich entlang der Dosse-Niederung weiter nach Norden. Spätestens auf Höhe des Scharfenberges wurde sie für die Verbündeten sichtbar. Um ein Einfallen in ihren Rücken zu verhindern, bewegten sich die kaiserliche und sächsische Kavallerie sowie etwas später auch die schwerer zu manövrierende Infanterie aus den gesicherten Stellungen heraus nach Nordosten und Osten. Dazu zogen sie durch den „Langen Grund" und stellten sich den Schweden am Bohnekamp-Hügel entgegen. An dessen Nord-, Ost- und Südflanke kam es zu den beschriebenen Attacken der schwedischen Kavallerie gegen Reitereinheiten der Verbündeten. Zahlreiche Musketenkugeln zeigen, dass auch Fußtruppen, allerdings vermutlich nur die der Verbündeten, in diese Kämpfe verwickelt

Als Ergebnis aller Untersuchungen können Aufmarsch-, Kampf- und Passierzonen voneinander abgegrenzt werden.

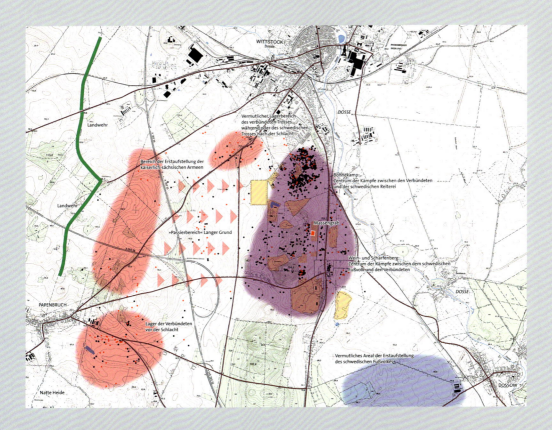

waren. Der hohe Anteil stark deformierter Musketen- und Karabiner-
kugeln lässt auf das Abfeuern vieler Waffen aus kurzer und kürzester
Distanz schließen. Die Artillerie der Verbündeten konnte dieses Areal
nicht beschießen. Selbst wenn ihre Geschütze oder die der Schweden
einsatzfähig gewesen wären, hätten die Kugeln in jedem Fall auch die
eigenen Truppen getroffen. Das Fehlen von Artilleriemunition am
Bohnekamp kann somit als ein weiterer Beleg für die Nahkämpfe des
Nachmittags gesehen werden.

Eine Zone starker Infanteriegefechte gab es am südlich anschließenden
Weinberg, an dem auch das Massengrab liegt. Unmittelbar in dessen
Nähe fanden außerdem Gefechte der leichten, eventuell auch der
schweren Kavallerie statt. Zudem bestrichen die Kanonen der Verbündeten dieses Areal vermutlich zu Beginn der Schlacht. Der Weinberg
muss auch als Kampfgebiet der schwedischen Fußtruppen angesehen
werden, in dem mehrere nationalschwedische und schottische Regimenter aufgerieben wurden. Der für die Schlacht namengebende
Scharfenberg dagegen war von den Kampfhandlungen weniger betroffen. Die Gefechte konzentrierten sich auf seine nördliche Hälfte und
sparten die bewaldete Kuppe aus.

Nicht genau abgrenzbar ist derzeit das Areal, in dem der linke schwedische Flügel nach der Umgehung der „Natten Heide" die verbliebenen kaiserlichen Infanterieregimenter in letzte Gefechte verwickelte.
Die Anhäufung von Funden nordwestlich des Kampfgebietes entlang
der Straße Wittstock–Papenbruch steht in Verbindung mit der Versorgung der Truppen und somit vermutlich mit einem Tross. Ob jedoch
die Begleitmannschaft der Verbündeten hier das Kampfgeschehen
abwartete und den Munitionsnachschub organisierte oder ob das
Areal zum schwedischen Lager gehörte, das nach dem Ende der Kämpfe
aufgeschlagen wurde, kann nicht sicher gesagt werden. Einiges
spricht für die zweite Möglichkeit, da der schwedische Tross nach der
Schlacht nahe der Stadt gelagert haben soll. Diese Bereiche sind inzwischen jedoch weitgehend überbaut und daher archäologisch kaum
noch zu erforschen.

Bislang nicht untersucht ist der Weg der fliehenden kaiserlich-sächsischen Truppen nach der Schlacht in Richtung Heiligengrabe und
Perleberg.

SE/AG

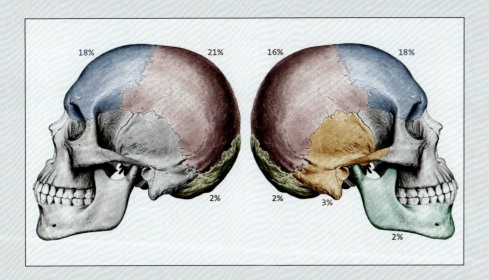

Die toten Soldaten

Die prozentualen Anteile
verletzter Schädelknochen
zeigen, dass die Stirn und
die beiden Scheitelbeine
am häufigsten getroffen
wurden.

Nach den großen Feldschlachten bedeckten die Toten zu Tausenden
die Kampfplätze. „… *da sah man nichts als einen dicken Rauch und
Staub, welcher schien, als wollte er die Abscheulichkeit der Verwundeten und Toten bedecken, in demselbigen hörete man ein jämmerliches
Weheklagen der Sterbenden …*". So beschrieb Hans Jakob Christoffel
von Grimmelshausen im „Simplicissimus Teutsch" das Schlachtfeld
von Wittstock am Ende der Kämpfe. Vermutlich waren mehr als 8.000
Männer gefallen. Sie starben an Verletzungen lebenswichtiger Organe
und an starkem Blutverlust. Insgesamt kamen im Dreißigjährigen
Krieg etwa 1,7 Millionen Soldaten ums Leben, davon jedoch nur jeder
siebte in einer Schlacht.
Die Ausgrabungen im Sommer 2007 brachten 125 Tote aus der
Schlacht bei Wittstock zurück ans Tageslicht. Die Skelette ermöglichen
Einblicke in die Momente vor dem Sterben, denn an ihnen werden
Verletzungsmuster und Todesursachen sichtbar. Schwere äußere Gewalteinwirkungen hinterlassen auch am Knochen meist deutliche Spuren, deren Entstehung noch nach Jahrhunderten rekonstruierbar ist.
Speziell bei den Söldnern aus der Wittstocker Schlacht konnten Informationen zum Entstehen der einzelnen Verletzungen den Schlachtab-
lauf genauer beleuchten. Nach dem Vorbild moderner Polizeiarbeit
werden verschiedene Fragen zum Tathergang gestellt: Von welcher Art
war die Tatwaffe? Welche Position hatten Täter und Opfer zueinander?
Wie wurde die Waffe geführt? Aus welcher Richtung wurde der Schuss
abgefeuert? In welcher Körperhaltung befand sich das Opfer?
Bei 22 der insgesamt 80 erhaltenen Schädel konnten unverheilte Verletzungen nachgewiesen werden. Am häufigsten findet man Hiebe von
Blankwaffen, aber auch Trümmerfrakturen von stumpfer Gewalteinwirkung sind zu sehen. Insgesamt ließen sich an jedem dritten Skelett

Blessuren aus der Wittstocker Schlacht feststellen. Der tatsächliche Anteil an Verwundungen wird jedoch höher gewesen sein, da nicht jede Gewalteinwirkung Spuren an den Knochen hinterließ. Die Art und Form der Verletzung erlaubt Rückschlüsse auf die verwendete Waffe. Blankwaffen verursachen meist gerade, regelmäßig geformte und im Querschnitt v-förmige Kerben im Knochen. Die Schwere solcher Verletzungen reicht von kleinen Ritzungen bis zu langen, tiefen Schnitten, die den Knochen durchschlagen oder den Körperteil sogar vollständig abtrennen. Verletzungen durch „stumpfe Gewalt" entstehen, wenn Gegenstände wie z. B. Keulen oder Kriegshämmer flächig einwirken. Die kompakte, äußere Schädeldecke bricht senkrecht zur Krafteinwirkung, was zu Berstungsfrakturen und ausgedehnten Trümmerzonen führt. Einschusslöcher sind in der Regel rund oder oval, scharf begrenzt und nach innen trichterartig erweitert. Austrittsöffnungen erweitern sich nach außen, sind größer als der Einschuss und unregelmäßiger geformt. Die Größe des Defektes hängt vom Kaliber, von der Dicke des Knochens und der Geschwindigkeit des Projektils ab.

Der Verlauf der Kerbe im Schädelknochen lässt einen Hieb von oben erkennen. Somit stand hier vermutlich ein Infanterist einem Reiter gegenüber.

Mehrfach fanden sich Hiebe von Schwertern, Degen oder Reiteräxten. Hellebarden hinterließen tiefe Wunden am Schädel. Nicht jeder Hieb auf den Kopf jedoch war tödlich. Wurde der Knochen an der Oberfläche nur angeritzt, kam es lediglich zu starken Blutungen der verletzten Kopf- und Knochenhaut. Durchtrennte die Waffe den Schädelknochen ganz und zog das Gehirn in Mitleidenschaft, starb der Getroffene unweigerlich. Traumatologische Analysen der einzelnen Verletzungen decken die persönlichen Schicksale der Söldner auf. Von einer scharfen Klinge, möglicherweise einem Degen, wurde ein 35 bis 40 Jahre alter Söldner am Kopf getroffen. Der Hieb kam von oben, wahrscheinlich von einem Reiter, der von rechts vorn her angriff. Die entstandene, etwa 5 cm lange Wunde durchtrennte zwar die Kopfhaut, ließ den Knochen aber weitgehend unverletzt. Es kam zu starken Blutungen, die jedoch vermutlich nicht zum Tod führten.

Anders war dies bei einem 25- bis 30-jährigen Finnen. Hier wies das Stirnbein über dem rechten Auge einen großen Lochdefekt nach einem schweren Hieb mit einer Hellebarde oder auch einer Reiteraxt auf. Vermutlich von seinem – links vom Opfer befindlichen – Pferd herab führte der Reiter den Hieb mit so großer Wucht, dass ein ganzes

Ein mächtiger Hieb mit einer Hellebarde (Foto) oder Reiteraxt (Schemazeichnung) verursachte die tödliche Schädelverletzung.

Knochenfragment abgesprengt wurde. Die offene Hirnverletzung hatte vermutlich tödliche Folgen.

Etliche Söldner waren in komplexe Kampfabläufe verwickelt, in denen sie sich mehrere Verwundungen zuzogen. Bei der Abwehr eines wuchtigen Hiebes erlitt ein 30 bis 34 Jahre alter Söldner eine Mehrfachverletzung des rechten Unterarmes. Die scharfe Hiebwaffe, vermutlich ein Schwert, zertrümmerte das untere Ende der Elle, so dass sie in mehrere Fragmente zerbrach. An der Speiche hinterließ sie eine scharfkantige Kerbe. Solche Abwehr- oder Parierfrakturen waren typische Nahkampf-Verletzungen.

Das obere Ende des linken Oberarmes war ebenfalls durch einen heftigen Hieb in mehrere Bruchstücke zerschlagen. Vermutlich kam diese Verwundung erst nach dem Unterarmbruch, der ihn erheblich geschwächt haben dürfte, zustande. Nachdem die Arme zertrümmert waren, traf ein weiterer Hieb den wahrscheinlich nun am Boden liegenden Söldner an der rechten Halsseite, wodurch der Kopf teilweise abgetrennt wurde. Am Warzenfortsatz, dem Ansatz des großen Kopfwendemuskels am unteren Schädel, war ein beträchtliches Knochenstück scharf abgeschlagen. Aufgrund der gleichzeitigen Verletzung der Halsarterie dürfte der Mann schließlich verblutet sein.

Einer der jüngsten Soldaten, ein 17 bis 20 Jahre alter Finne, hatte eine Kopfverletzung mit Verheilungsspuren. Sie war etwa zwei Wochen alt und entstand eventuell bei den Scharmützeln zwischen einigen schwedischen und kaiserlichen Regimentern bei Perleberg. Wohl kaum genesen, erlitt dieser junge Mann in der Wittstocker Schlacht fünf weitere Hiebe am Kopf. Vier davon verwundeten den Knochen nur oberflächlich. Die entstandenen Kerben verlaufen in unterschiedlichen Richtungen und überkreuzen sich sogar. Dies lässt auf ein heftiges Kampfgeschehen mit abgewehrten Hieben schließen. Tödlich war schließlich der wuchtige Schlag mit einer Hellebarde von hinten (siehe Abbildung S. 156). Die beim Auftreffen nach rechts abgelenkte Klinge sprengte ein großes Knochenstück an der rechten hinteren Kopfseite ab. Dabei entstand ein trapezförmiger Lochdefekt in der Schädeldecke und das Gehirn wurde verletzt. Dies führte zur Bewusstlosigkeit und anschließend zum Tod.

Durch einen kräftigen Hieb wurde der Unterarm zertrümmert: Nachdem die Elle durchschlagen und in mehrere Teile zerbrochen war, schlug die Klinge noch eine Kerbe in den Speichenknochen.

Beim Abschlagen des Warzenfortsatzes an diesem Felsenbein wurde der Kopf des Soldaten partiell abgetrennt.

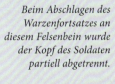

*Ein junger Finne bekam
fünf Hiebe auf den Kopf,
der letzte war tödlich.*

*Durch einen heftigen
Schlag wurde der
komplette Hinterkopf
zertrümmert.*

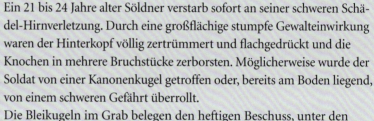

Ein 21 bis 24 Jahre alter Söldner verstarb sofort an seiner schweren Schädel-Hirnverletzung. Durch eine großflächige stumpfe Gewalteinwirkung waren der Hinterkopf völlig zertrümmert und flachgedrückt und die Knochen in mehrere Bruchstücke zerborsten. Möglicherweise wurde der Soldat von einer Kanonenkugel getroffen oder, bereits am Boden liegend, von einem schweren Gefährt überrollt.

Die Bleikugeln im Grab belegen den heftigen Beschuss, unter den die Soldaten gerieten. Zwei Kugeln steckten noch in den Knochen, doch die meisten, die von Treffern in die Weichteile stammten, lagen daneben. Bei 19 Skeletten wurden insgesamt 24 Bleiprojektile gefunden; fünf Männer waren von je zwei Kugeln getroffen worden. Zudem lassen sich acht Durchschüsse nachweisen. Zum überwiegenden Teil stammen die Kugeln aus Reiterpistolen mit Kalibern unter 14 mm. Alle weisen den typischen Gusskanal auf, der sich beim Aufprall auf den Knochen teilweise verformt hatte. Die Deformationen an den Projektilen lassen vermuten, dass die meisten Kugeln mit hoher bis mittlerer Geschwindigkeit auftrafen. Dies deutet auf eine geringe Entfernung von unter 15 m zwischen Pistolenschütze und Opfer im Nahkampf hin. Nur drei Mal waren Männer von Musketenkugeln getroffen worden, wobei eine Kugel das typische Kaliber von 19 mm der schwedischen Musketen nach 1632 aufweist.

Die Bleigeschosse häufen sich im Bereich der rechten Schulter, des Nackens und des Unterbauches. Es scheint, dass die Soldaten zwar einen Brust- und Rückenschutz trugen, dieser aber oftmals unzureichend war. Bei der geschätzten, relativ geringen Schussentfernung waren einfache Lederjacken oder die etwa 2 mm dicken Brustpanzer der Pikeniere kein wirksamer Schutz.

Bei den festzustellenden Durchschüssen einzelner Knochen waren interessanterweise nur der obere Schädel sowie die Kniebereiche betroffen, während es keine entsprechenden Spuren am Becken, den

*Die Oberflächen der
Bleikugeln aus dem
Massengrab sind durch die
Zersetzungsprozesse der
toten Körper angegriffen.*

*Fünf Soldaten waren
jeweils von zwei Blei-
projektilen getroffen worden.*

Eine aus geringer Entfernung abgefeuerte Musketenkugel durchschlug den Schädel von hinten bis vorn. Der Mann war sofort tot.

Die hinten eingetretene Pistolenkugel hat vorne große Partien des Schienbeinknochens abgesprengt.

Trotz des ungewöhnlich kleinen Kalibers dieser Reiterpistole führte ein Kniedurchschuss unweigerlich zum Tod durch Verbluten.

Armen oder den übrigen Bereichen der Beine gibt. Insbesondere die wiederholten Treffer in die recht kleine Kniekehle sprechen dafür, dass diese aus allernächster Nähe abgefeuert wurden; eventuell handelt es sich sogar um aufgesetzte Schüsse. Nur dann waren sie so präzise und ihre Energie zugleich so hoch, um die zumeist trichterartig erweiterten Austrittslöcher der Kugeln zu verursachen. Die Getroffenen verbluteten ohne sofortige intensivmedizinische Betreuung rasch, da große Blutgefäße, welche die Kniekehle durchziehen, verletzt wurden. Die beiden in den Knochen steckenden Kugeln weisen im Gegensatz dazu auf eine geringe Geschwindigkeit der Geschosse und somit eine größere Abschussdistanz hin.

Ein Kopfschuss tötete einen 35 bis 40 Jahre alten Söldner. Die Bleikugel drang von rechts hinten in den Schädel ein und trat über dem linken Auge wieder aus. Die Wucht der Kugel verursachte zwei lange Berstungsbrüche am Hinterkopf. An der Austrittsöffnung war der Knochen trichterartig nach außen erweitert und ebenfalls radial zerbrochen. Die Größe des Einschussloches erlaubt es, ein Projektil mit einem Kaliber von 17 bis 18 mm zu rekonstruieren, das aus relativ geringer Entfernung aus einer Muskete abgefeuert worden und somit mit hoher Geschwindigkeit aufgetroffen war.

Die Kugel einer Reiterpistole durchdrang das rechte Schienbein eines 30- bis 34-jährigen Finnen von hinten knapp unterhalb der Kniekehle. Die Einschussöffnung maß im Durchmesser 13,4 mm. Durch die Wucht des Geschosses ist die Austrittslücke aufgesprengt und trichterförmig erweitert. Der Durchschuss verletzte wichtige Blutgefäße, was ohne medizinische Versorgung durch den starken Blutverlust schnell zum Tod führte.

Unter heftigen Beschuss geriet ein 25 bis 35 Jahre alter Schotte. Zwei Kugeln blieben im unteren Bauchraum stecken. Eine dritte Kugel

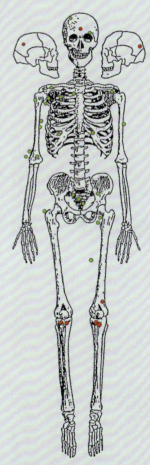

Schussverletzungen lassen sich an aufgefundenen Projektilen ablesen (grün) sowie an Durchschüssen (rot).

1a

1b

2

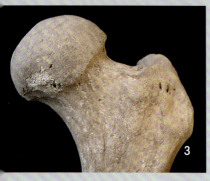

3

4

6

5

7

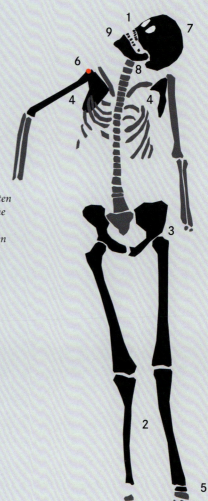

*Lage des Skeletts des jungen Schotten
Individuum 71 im Grab. Zahlreiche
Knochen zeigen krankhafte oder
verletzungsbedingte Veränderungen
(schwarz markiert).*

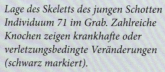

8

1   Oberkiefer
1a Harter Gaumen
1b Kieferhöhle
2   Beide Schienbeine
3   Linker Oberschenkelkopf
4   Gelenkfläche des Schulterblatts
5   Gelenkfläche des linken
    Sprungbeins
6   Rechter Oberarmknochen,
    links im Röntgenbild
7   Schädel
8   Zweiter Halswirbel
9   Unterkiefer

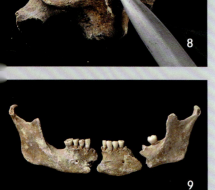

9

traf den Mann etwas unterhalb der rechten Kniekehle von hinten. Der Schienbeindurchschuss deutet mit dem ungewöhnlich kleinen Lochdurchmesser von 7,5 mm auf eine kleinkalibrige Reiterpistole aus der Zeit um 1600 hin, die im Dreißigjährigen Krieg nur noch selten verwendet wurde. Auch hier verletzte die Schusswunde lebenswichtige Blutgefäße im Bein, wodurch der Söldner verblutete.

In drei Fällen kamen die Bleikugeln von hinten, ebenso wurden sieben der Durchschüsse von hinten abgegeben. Die beteiligten Einheiten kämpften somit nicht in allen Phasen der Schlacht in Formation. Vielmehr bedrängten sich die Gegner stark und die Kämpfer mussten schnell auf veränderte Situationen reagieren. Nicht nur alle Hieb- und Stich-, sondern auch ein großer Teil der Schussverletzungen entstanden im Nahkampf. Vielfach konnte die verwendete Waffe rekonstruiert und damit auf die beteiligte Waffeneinheit geschlossen werden. Die Männer im Massengrab gehörten vermutlich überwiegend zu Infanterieregimentern der schwedischen Armee. Sie kamen bei den Kämpfen der verfeindeten Fußtruppen und bei Attacken durch die Kavallerie der Verbündeten ums Leben. *BJ/HGK/JW*

Das Schicksal hat ein Gesicht

Unter den Toten fällt ein 21 bis 24 Jahre alter Schotte durch besonders viele Krankheitsspuren und schwere Verletzungen auf. Mit fast 1,80 m war er zudem der größte Soldat im Grab. An ihm werden die Entbehrungen während des frühen 17. Jahrhunderts und die Brutalität der Wittstocker Schlacht eindringlich fassbar.

In seinem fünften Lebensjahr verursachte Mangelernährung oder eine schwere Krankheit Störungen in der Zahnschmelzbildung, die noch heute als feine horizontale Rillen zu sehen sind. Infolge fehlender Zahnpflege bildeten sich Zahnstein und Parodontose sowie Karieslöcher in zwei Zähnen des Oberkiefers 1. Die erbärmlichen Lebensbedingungen im Heerlager schwächten die Immunabwehr des jungen Mannes und führten zu Mangelerscheinungen und verschiedenen entzündlichen Erkrankungen. Poröse Veränderungen am harten Gaumen des Oberkiefers 1a weisen auf eine Entzündung der Mundschleimhaut hin, solche am Boden der Kieferhöhle 1b belegen eine chronische Entzündung der oberen Atemwege. Das Lebensumfeld war wohl von schlechter Luftqualität mit viel Rauch und feucht-kalten Unterkünften geprägt. Chronischer Vitamin D-Mangel, die so genannte Osteomalazie, weichte den Knochen auf und führte anschließend zum Verbiegen der Schienbeine. Die zusätzliche Verdickung der Knochenschäfte 2 resultierte vermutlich aus einer Entzündung der Knochenhaut, die massive Knochenneubildungen nach sich zog. Wahrscheinlich war dies eine Folge von schlecht sitzendem Schuhwerk, etwa dem beständigen Reiben der Stiefelränder am Unterschenkel während der langen Märsche. Die Hüft- 3 und Schultergelenke 4 des noch jungen Mannes waren bereits mittelschwer degeneriert, was durch körperliche Überlastung hervorgerufen wurde; ob während seiner Dienstzeit oder bereits davor, bleibt jedoch ungewiss. Die Absprengung eines Knorpelfragmentes hinterließ ein Loch in der Gelenkfläche des linken Sprungbeines 5. Die Gelenkerkrankung entstand durch kurzzeitige Überbelastung bei Drill, Marsch oder Kampf und verursachte starke Schmerzen.

In der Wittstocker Schlacht erlitt er mehrere schwere Verwundungen, wobei der zeitliche Ablauf ihrer Entstehung jedoch nicht sicher geklärt werden kann. Wahrscheinlich geschah Folgendes: Ein Schuss aus einer Reiterpistole traf den Mann von der rechten Seite her. Die Bleikugel blieb im oberen Bereich des rechten Oberarmknochens stecken 6. Im Röntgenbild sind die Bleipartikel des Geschosses deutlich zu erkennen. Die Wucht des Aufpralls führte neben den Weichteilverletzungen zu zahlreichen Berstungsbrüchen im Knochen und sprengte mehrere Fragmente ab. Obwohl stark verletzt, wurde der Soldat anschließend in einen Nahkampf verwickelt. Vermutlich der schwere Hieb mit einer Hellebarde durchdrang den Knochen an der rechten Schläfe mit großer Kraft, was zu einem langen Berstungsbruch entlang der rechten Schädelseite führte 7. Die offene Schädel-Hirnverletzung dürfte sofort zur Bewusstlosigkeit geführt haben, nicht zwangsläufig jedoch unmittelbar zum Tod. Der Verletzte fiel aufgrund der schweren Kopfwunde augenblicklich zu Boden. Offensichtlich lag er auf dem Rücken, als ihn dann ein Dolchstich in die Kehle traf. Der Dolch durchdrang den Hals von vorne, durchtrennte die Luft- und Speiseröhre und sprengte am zweiten Halswirbel den zentral gelegenen Wirbelfortsatz ab 8. Diese Verletzung war mit Sicherheit tödlich. Möglicherweise lässt sich der Dolchstich in die Kehle als Gnadenstoß für den tödlich verwundeten Soldaten interpretieren. Zum Schluss traf den am Boden liegenden Verstorbenen ein weiterer massiver Schlag oder Tritt von vorn auf den Unterkiefer. Daraufhin zerbarst der Knochen in drei Teile 9. Wie viel Zeit zwischen den einzelnen Angriffen lag, bleibt jedoch im Dunkeln der Geschichte verborgen.

Die beeindruckende und leidvolle Lebensgeschichte dieses jungen Mannes gab den Ausschlag, gerade sein Gesicht nachzubilden und damit seinem Schicksal ein Gesicht zu geben. Hilja Hoevenberg vom Brandenburgischen Landesinstitut für Rechtsmedizin ist eine Expertin auf dem Gebiet der forensischen Gesichtsrekonstruktion. Auf Basis der Schädelknochen hat sie das Gesicht von Individuum 71 exakt rekonstruiert. Die Haar- und Augenfarbe sollten mithilfe einer Genanalyse ermittelt werden, doch war aufgrund der schlechten Knochenerhaltung keine DNA erhalten. So sind sie nun fiktiv, orientieren sich aber an der schottischen Herkunft des Mannes. Es kann ein heller Hauttyp mit hellen, eventuell rötlichen Haaren angenommen werden. Die Frisur und Barttracht stimmen mit der zeitgenössischen Mode überein. Aufgrund seiner zahlreichen Leiden und Mangelzustände dürfte das Antlitz des Mannes eher krank und blass gewirkt haben. *BJ*

So könnte der junge schottische Soldat Individuum 71 ausgesehen haben.

FORENSISCHE GESICHTSREKONSTRUKTION

Siegfried Lenz schreibt in seinem Roman „Deutschstunde": *„das asch-blonde Haar mit dem Wirbel gezähmt, tiefliegende, helle Augen wie mein Bruder Klaas, unscheinbare Nase mit leichtem Sattel, kantiger, sagen wir ruhig Nußknackermund – Pelle Kastner hat das schon richtig gesehen –, kräftiges Unterkinn, schadhafte, wie angeknabbert wirkende Zähne – sicher ein Erbteil des Scheßels –, etwas zu langer, aber nicht dünner Hals, zufrie-den stellende Wangen: ich".*

Das Gesicht eines Menschen ist Vieles. Es ist eine anatomische Kon-struktion, verleiht dem Menschen seine Individualität, ist seine Visiten-karte zur Außenwelt, informiert andere über sein Befinden, ist Kommuni-kationsmittel. Das Gesicht wird jedoch nicht nur als Form wahrgenommen und wiedererkannt, als Kommunikationsmittel im direkten Austausch verstanden, sondern es wird auch bewertet und mit persönlichen Eigen-schaften und Fähigkeiten in Zusammenhang gebracht. Als Charles Dar-win 1831 als „Gentleman Companion" auf der „Beagle" anheuerte, schloss der Kapitän des Schiffes und ein Anhänger der Physiognomik, Robert Fitz-Roy aus der Tatsache, dass Darwin eine Stupsnase hatte auf dessen Mangel an Energie und Entschlossenheit und er bezweifelte, dass der Forscher die Reise durchstehen würde. Das Gesicht ist somit auch Pro-jektionsfläche und sagt nicht nur etwas über die Person, die ist, sondern auch über die Person, die wahrnimmt.

In verschiedenen Zeiten und Kulturen wurden und werden Gesichter durch Maler, Bildhauer und Fotografen dargestellt. Wie die Geschichte des Porträts zeigt, wandelten sich die Motive in vielfältiger Weise: mal erscheint das Gesicht vereinfacht, verallgemeinert, mal individualisiert, mal überpersönlich als Herrscherbild, mal persönlich als Privatporträt, mal ist die Gesichtsoberfläche mit Falten, Tränensäcken und einem oder keinem Doppelkinn maßgeblich, mal wird es als Spiegel der Seele und des Geistes dargestellt.

Die Möglichkeit Weichteile auf den Schädeln Verstorbener nachzubilden und so ein Bildnis der Person zu schaffen, erschien in verschiedenen Zeiten und Kulturen immer wieder. Anfänglich hatte dies meist religiöse oder kultische Motive. In der zweiten Hälfte des 19. Jahrhunderts begann man dann aus wissenschaftlichem Interesse die Gesichtsweichteile auf Schädeln aus vor- und frühgeschichtlicher Zeit, von historischen Persön-lichkeiten oder Menschen nicht europäischer Herkunft nachzubilden. In jener Zeit fand eine „Vernaturwissenschaftlichung" und Objektivierung der Wissensbildung statt. Man versprach sich durch die genaue Vermes-sung des menschlichen Körpers eine objektive und präzise Bestandsauf-nahme, auch um die alte philosophische Frage beantworten zu können, was der Mensch eigentlich sei.

Der Anatom Julius Kollmann und der Bildhauer W. Büchly schrieben in ihrem 1898 veröffentlichten Artikel „Die Persistenz der Rassen und die Reconstruction der Physiognomie prähistorischer Schädel" über ihr Mo-tiv für ihre Rekonstruktion der Frau von Auvernier – eine Gesichtsrekon-struktion auf einem weiblichen Schädel aus der neolithischen Periode:

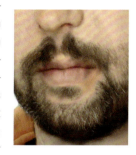

Beispiel einer Gesichts-rekonstruktion aus der Rechtsmedizin: Befundsituation (oben), Rekonstruktion (Mitte) und Vergleichsbild (unten)

„das wir in das Gesicht sehen [...], um die Menschrassen und ihre Varietä-
ten zu unterscheiden".

Etwa zeitgleich wurde zum ersten Mal die Möglichkeit der Gesichtsrekonstruktion zu Identifizierungszwecken angewandt. Im Jahr 1894 erhielt Wilhelm His d. Ä. den Auftrag des Rates der Stadt Leipzig die Überreste von
Johann Sebastian Bach zu identifizieren. His erstellte ein Knochengut-
achten und verglich den Schädel mit Porträtgemälden des Komponisten.
Außerdem fertigte der Bildhauer Carl Ludwig Seffner für ihn eine „Repro-
duction von Bach's Zügen über dem Schädelabguss" an. Als Grundlage
dienten ihm die von His errechneten Durchschnittswerte aus Weichteildi-
ckenmessungen an acht gesunden älteren männlichen Leichen.

Als mehrere Wissenschaftler unabhängig voneinander Gesichtsrekonstruktionen an ein- und demselben Schädel vornahmen, kamen sie zu ganz
verschiedenen Resultaten. Ein Beispiel sind die in den Jahren 1910 und
1913 durch die Anatomen Bernhard Solger und Heinrich von Eggeling
angefertigten Gesichtsrekonstruktionen des Neandertalers aus Le Mous-
tier. Die unterschiedlichen Ergebnisse brachten von Eggeling dazu seine
Studien zu den Korrelationen zwischen Weichteilgewebe und knöchernen
Schädelstrukturen zu testen. Die bei zwei Bildhauern in Auftrag gegebe-
nen Skulpturen hatten weder Ähnlichkeit miteinander, noch mit der von
der Leiche abgenommenen Totenmaske. In den nächsten Jahren prüfte
u. a. auch der Anatom Franz Stadtmüller die Qualität der Rekonstrukti-
onsmethode, wobei er nicht nur Totenmasken, sondern auch Fotogra-
fien verwendete. Sowohl von Eggeling als auch Stadtmüller kamen zu
der Schlussfolgerung, dass es nicht möglich sei, das individuelle Gesicht
anhand des Schädels zu rekonstruieren.

Die Modellierungen des Neandertalers und der Frau von Auvernier sowie
die Büste von Johann Sebastian Bach bewegen sich zwischen Wissenschaft, Kunst und Handwerk. Mit ihnen wurden Darstellungen geschaffen, die nicht einfach nur abbildeten, sondern Neues hervorbrachten.
Damit sind sie keine Rekonstruktionen, sondern Konstruktionen und jede
für sich ist ein kulturhistorisches Dokument.

Bis in die heutige Zeit scheiterten die Versuche zur Validierung der Methoden zur Gesichtsrekonstruktion und es gibt nach wie vor keine ver-
bindlichen Richtlinien zu deren Durchführung. G. V. Lebedinskaya schrieb
1993 in ihrem Artikel „Principles of facial reconstruction", dass die zwei
Hauptprobleme die Korrelation zwischen dem Weichteilgewebe und den
Knochenstrukturen des Schädels sind sowie die Festlegung verbindlicher
Formbestimmungsregeln, die eine Ähnlichkeit erzeugen.

Diese offenen Fragen werden in dem Forschungsprojekt „Forensische
Gesichtsrekonstruktion" aufgegriffen, das seit dem Jahr 2002 vom Brandenburgischen Landesinstitut für Rechtsmedizin zusammen mit der Cha-
rité Berlin durchgeführt wird. Anhand der festgestellten Zusammenhänge
zwischen Knochenstrukturen und Weichteilgewebe – diese werden z. Z.
in umfangreichen Blindversuchen überprüft – werden die verschiedenen
Gewebe (Haut, Fett, Muskeln, Knorpel) einzeln rekonstruiert. Fehlende
und defekte Schädelknochen werden ersetzt. Die vollständige Gesichts-

form wird ergänzt mit Daten, die sich aus der Befundung des Untersuchungsmaterials ergeben haben.

In der Forensik wird ein Gesicht rekonstruiert, um Hinweise zur Identität des unbekannten Toten zu erlangen. Es wird nur dargestellt, was auch befundet wurde, d. h. ein Bart wird nur hinzugefügt, wenn Barthaare festgestellt wurden. Das rekonstruierte Gesicht soll wiedererkannt werden und muss daher eine hohe Ähnlichkeit mit der tatsächlichen Person aufweisen. Die Ähnlichkeit zwischen der Rekonstruktion und der Person ist nach der Identifizierung überprüfbar.

Obwohl sich die Arbeitsweisen in der Forensik und der Anthropologie überschneiden (z. B. die Befundung des Schädels oder Skeletts, die Ermittlung biologischer Daten wie z. B. Geschlecht, Alter, ethnische Herkunft, Krankheiten) sind die Ziele verschieden. Eine archäologische Gesichtsrekonstruktion ist eine Illustration, wie eine Person aus einer bestimmten Zeit ausgesehen haben könnte. Dies ermöglicht Ausstellungsbesuchern einen personifizierten Zugang zu einer Epoche oder einem historischen Ereignis.

Für die Ausstellung „1636 – ihre letzte Schlacht" wurde der Schädel eines schottischen Soldaten rekonstruiert und eine Nachbildung aus Gips gefertigt. Die rekonstruierte Gesichtsform wurde zusätzlich zu den ermittelten biologischen Untersuchungsergebnissen durch historische Daten zu Frisur und Kleidung sowie zu den allgemeinen Lebensbedingungen ergänzt. Damit ergibt sich eine Möglichkeit, wie der Mann, der am 4. Oktober 1636 sein Leben verloren hatte, ausgesehen haben kann. *HH*

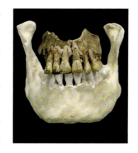

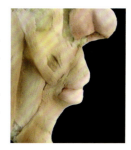

Arbeitsschritte der forensischen Gesichtsrekonstruktion des ca. 21 bis 24 Jahre alten schottischen Soldaten Individuum 71.

Das Verzeichnis der wichtigsten Quellen zur Schlacht bei Wittstock befindet sich im Literaturverzeichnis am Ende des Buches.

Weiterführende Literatur (Kurzzitate)

Adrian/Moore, *Darwin*, 1992.
Allsop/Foard, *Case shot*, 2008.
Berg-Hobohm, *Alerheim*, 2008.
Belting/Gerchow, *Ebenbilder*, 2002.
Blackmore, *Arms of the English Civil War*, 1990.
Buschor, *Porträt*, 1960.
Carman/Carman, *Bloody meadows*, 2006.
Engerisser, *Von Kronach nach Nördlingen*, 2004.
Foard, *Investigation of early modern battlefields*, 2009a.
Foard, *Recording lead bullets*, 2009b.
Gabriel, *Hand- und Faustfeuerwaffen*, 1990.
Guthrie, *The later Thirty Years' War*, 2003.
His, *Anatomische Forschungen über Johann Sebastian Bach*, 1895.
Kreutz/Verhoff, *Forensische Gesichtsrekonstruktion*, 2007.

Lebedinskaya, *Principles of facial reconstruction*, 1993.
Lenz, *Deutschstunde*, 2004.
Mankell, *Arkiv om svenska krigens*, 1861.
Murdoch et al., *Battle of Wittstock*, 2012.
Piek/Terberger, *Traumatologische und pathologische Veränderungen*, 2008.
Polthier, *Geschichte von Wittstock*, 1933.
Quatrehomme/Iscan, *Gunshot wounds*, 1999.
Roberts, *Pike and shot tactics*, 2010.
Ross, *Caliber estimation*, 1996.
Schmidt, *Die Schlacht bei Wittstock*, 1876.
Schürger, *Bleikugeln*, 2007.
Schürger, *Die Schlacht von Lützen*, 2009.
Stadtmüller, *Gesichtsrekonstruktionsmethode*, 1922.
Stephan/Henneberg, *Building faces*, 2001.
Ullrich, *Gesichtsrekonstruktionen*, 1967.
Wahl/König, *Anthropologisch-traumatologische Untersuchung*, 1987.

DAS GRAB

Am Morgen nach dem Gefecht zeigte sich das Ausmaß der Verluste auf beiden Seiten: Viele tote oder verletzte Soldaten und ihre Pferde bedeckten das Schlachtfeld. Die schwedische Armee benötigte aufgrund der Strapazen der Schlacht und der Gewaltmärsche in den Tagen zuvor dringend eine Ruhepause. Daher ließ der siegreiche Feldmarschall Banér ganz in der Nähe des Schlachtfeldes das Lager für die Truppen und den Tross aufschlagen. Er selbst und ein Teil seiner Generäle scheint in der Stadt Quartier bezogen zu haben. Der für zwei Tage geplante Aufenthalt sollte auch der Versorgung der Verwundeten dienen.

Banér gab den Befehl, das Kampfgebiet aufzuräumen. Dies bedeutete nicht nur, Tote zu plündern und noch brauchbares Gut aufzusammeln, sondern auch, Verluste zu zählen und tote oder verwundete Offiziere beider Seiten zu suchen. Sein Bericht ging bereits am folgenden Tag an den schwedischen Reichskanzler Axel Oxenstierna und umfasste Listen mit der Anzahl gefallener und verwundeter Soldaten jedes Infanterie- und Kavallerieregimentes. Insgesamt waren 1.124 tote und 2.245 verwundete schwedische Soldaten zu beklagen. Zugleich übermittelte er die Namen der in Gefangenschaft geratenen oder gefallenen schwedischen und kaiserlich-sächsischen Offiziere. Einige hochrangige Tote ließ er in ihre Heimat überführen. Die verwundeten Offiziere quartierte man in der Stadt ein, wo sie von Bürgern gepflegt werden mussten. Im Sterberegister sind insgesamt 19 Offiziere vermerkt, die unmittelbar nach der Schlacht und in den folgenden beiden Wochen an ihren Verletzungen starben. Zwölf wurden an der Heiliggeistkirche, die übrigen an der Pfarrkirche St. Marien beigesetzt; ihre Gräber sind heute nicht mehr auffindbar. Zwei Sachsen und der Rittmeister Aegidius von Ilow vom brandenburgischen Regiment Burgsdorf gehörten zu den Verbündeten, die restlichen hatten in der schwedischen Armee gedient. Kurz darauf bestattete man drei weitere namenlose Soldaten, von denen einer als schwedischer Trompeter bezeichnet wurde.

Überlebende Offiziere der gegnerischen Partei galten als Kriegsgefangene, die für ihre Freiheit ein hohes Lösegeld zahlen mussten. Konnten sie dieses nicht aufbringen oder wurde es nicht akzeptiert, stand ihnen eine jahrelange Haft bevor. Die einfachen toten Soldaten der kaiserlichen und sächsischen Truppen wurden nicht gezählt. Wahrscheinlich waren es aber nicht viel weniger als bei den Schweden.

Bei der Entdeckung des Grabes hat der Kiesbagger einige Skelette vollständig oder teilweise zerstört.

Die Plünderungen hatten vermutlich bereits kurz nach dem Ende der Kampfhandlungen, als der Rückzug der Verbündeten den schwedischen Erfolg besiegelte, begonnen. Die Verlierer mussten ihre ganze Artillerie, große Mengen an Munition und Granaten und die komplette „Bagage" auf dem Schlachtfeld zurücklassen. Einige Schriftquellen berichten von 7.000 bis 8.000 Wagen und Karren, darunter der sächsische Kanzleiwagen sowie der Silberwagen des Kurfürsten. Neben den symbolträchtigen 151 eroberten Fahnen und Standarten handelte es sich um große Mengen Kriegsmaterial, mit denen die Schweden nun ihre Vorräte auffüllten. Auch die einfachen Soldaten hatten ein Anrecht auf Gewinn. Sie plünderten die auf dem Schlachtfeld verbliebenen Toten und vielfach auch die Verletzten.

Anschließend wurde an den südlichen Ausläufern des Weinberges das Massengrab angelegt. Trotz der großflächigen archäologischen Begehungen ist unklar, ob es das einzige war. Für Bereiche mit intensiven Nahkämpfen und vielen Toten sind weitere Bestattungen anzunehmen. An den Rändern der Kampfzonen gab es vielleicht auch kleinere und flachere Gruben mit nur wenigen Toten, da hier die Anzahl der Gefallenen geringer war.

Verantwortlich für das Anlegen des Grabes waren wohl Angehörige der schwedischen Armee. Vermutlich mussten die Kriegsgefangenen beim Zusammentragen der Leichen und beim Ausschachten der Grube helfen. Bei seiner Entdeckung im Jahr 2007 wurde fast ein Drittel des Grabes zerstört. Der Baggerfahrer legte die einzelnen Knochen direkt daneben ab, so dass sie später geborgen und untersucht werden konnten. Die Grabgrube mit 88 Skeletten war auf 3,50 m Breite und 4,80 m Länge erhalten. Unmittelbar an der Baggerkante fand sich bei der späteren archäologischen Untersuchung ein Schädel; der zugehörige Körper war vom Bagger vernichtet worden. Verlängert man das Grab um die rekonstruierte Durchschnittsgröße der hier bestatteten Männer von 1,70 m, hatte die Grabgrube wohl eine Gesamtlänge von etwa 6 m. Diese ursprüngliche Größe von 6 x 3,50 m bot ausreichend Platz, um die aus den Einzelknochen hochgerechnete Anzahl von etwa 125 Leichnamen aufzunehmen.

Die Grabgrube war Ostnordost – Westsüdwest ausgerichtet. Damit berücksichtigte sie die Topografie des von Norden nach Süden abfallenden Hanges. Die ursprüngliche Geländeoberfläche in diesem Teil des Weinberges war durch den Kiesabbau bereits großflächig abgetragen worden. Dennoch lässt sich schätzen, dass die Grabgrube ehemals etwa 1,60 bis 1,70 m tief war.

Zwar verraten die Schriftquellen nichts über den genauen Zeitpunkt und Ablauf der Bestattung, das Grab selbst liefert hierzu jedoch Anhaltspunkte. Die Toten wurden nicht, wie bei dieser unangenehmen Aufgabe zu erwarten, schnell in die Grube geworfen, wo sie in unregelmäßiger Anordnung liegen geblieben wären. Um möglichst viele Körper unterzubringen, erfolgte die Bestattung vielmehr in einer festen Reihenfolge. Zunächst wurden die Toten in drei Lagen übereinander mit den Köpfen entlang der Längsseiten und den Füßen zueinander dicht an dicht in das Grab geschichtet. Über deren Beinen fanden weitere Leichen in Reihen zu dritt

Durch die dichte Lage der Toten war es bei den Ausgrabungsarbeiten anfangs nicht leicht, die Knochen einem bestimmten Individuum zuzuordnen.

oder vier rechtwinklig zu den vorherigen Lagen Platz. Zuletzt legte man einzelne Körper an die Ränder des Massengrabes. Diese unterschiedliche Ausrichtung der Toten entspricht nicht einer Beisetzung nach christlichem Ritus, wonach Tote nach Osten in Richtung des Sonnenaufganges am „Jüngsten Tag" blicken sollen. Vielmehr wurde der Platz in der Grabgrube vollständig ausgenutzt, um möglichst viele Leichen auf einmal zu bestatten.

Alle Skelette fanden sich in gestreckter Rückenlage mit zumeist vom Körper abgespreizten Armen und eng zusammenliegenden Beinen. Vermutlich fasste ein Söldner die Leichen an Armen und Handgelenken und ließ sie in das Grab hinab, während ein zweiter, in der Grube stehender Soldat deren Beine nahm. Locker ausgebreitete, auf und unter dem Körper des Nachbarn liegende Arme sprechen dafür, dass die Totenstarre bereits vorüber war. Nur bei einem Toten waren die Fingerknochen der rechten Hand noch stark gebeugt und verkrampft. Möglicherweise starb er erst Stunden nach der Schlacht, so dass sich die Leichenstarre bis zur Bestattung noch nicht wieder vollständig aufgelöst hatte. An den Kno-

Von den etwa 35 toten Männern der dritten Bestattungslage konnten bei der Ausgrabung 21 Skelette in situ dokumentiert werden.

chen fanden sich keine Hinweise darauf, dass die Leichen länger auf dem Schlachtfeld gelegen hätten. So fehlen z. B. Verbissspuren von Hunden, Füchsen oder Nagern. Die Bestattung erfolgte also wahrscheinlich ein bis zwei Tage nach dem Kampf. *SE/AG*

Um die Reihenfolge zu bestimmen, in der man die 125 Leichen im Massengrab ablegte, wurden die Befundbeschreibungen und Skelett-protokolle der Ausgrabung ausgewertet. Sie sind das Grundgerüst für die Beschreibung der Stratigrafie, der Schichtenabfolge im Grab. Bei einer ungestörten Fundsituation sind die oberen die jüngsten und die unteren die ältesten Schichten. Dabei spielt es keine Rolle, wie viel Zeit zwischen ältester und jüngster Ablagerung verstrichen ist. Normaler-weise werden Ablagerungen von Bodenmaterial, Mauern oder Verfül-lungen von Gruben als Schichten bezeichnet. In diesem Sonderfall des Massengrabes wurde jedes Skelett als Teil der Bestattung, als „Stratum", definiert und deren Abfolge untersucht.

Die Lage aller Arm- und Beinknochen muss im Verhältnis zum jeweils rechts und links benachbarten Skelett betrachtet werden, um zu er-kennen, in welcher Abfolge die Körper innerhalb einer Reihe bestattet wurden. Zudem lässt sich durch die Relation von Beinen und Füßen der jeweils gegenüberliegenden Toten die Chronologie dieser Reihen rekonstruieren.

So ließ sich nachweisen, dass in der untersten Bestattungslage die toten Körper zunächst in der nördlichen, dann in der südlichen Reihe jeweils von West nach Ost abgelegt wurden. Der Kiesbagger hatte den Westteil des Grabes und damit die in den Reihen jeweils zuerst Be-statteten zerstört. Das erste bei der Ausgrabung in originaler Fundlage freigelegte Skelett erhielt die Bezeichnung Individuum 50, das letzte am Ostrand der Südreihe war Individuum 52. Diese unterste Lage umfasste 25 Skelette unterschiedlicher Erhaltung. In der nächsten Lage mit 23 Toten begann man in der südlichen Reihe und legte dann die nördliche an, behielt aber die Richtung von Westen nach Osten bei. Somit ist Individuum 55 im Westen der Südreihe der erste Tote der

Erste Bestattungslage
Zweite Bestattungslage

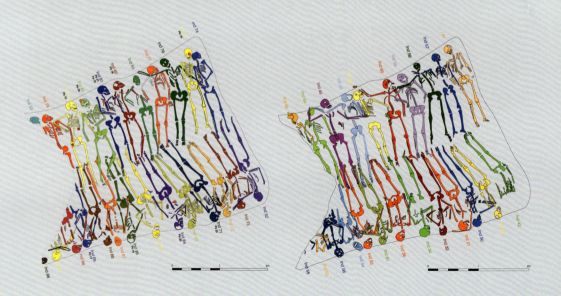

zweiten Bestattungslage, Individuum 51 im Nordosten der letzte. In der dritten Lage wiederholte sich das Muster: Individuum 41 in der Südwestecke wurde zuerst, Individuum 9 in der Nordostecke zuletzt in die Grube gelegt.

Nun schien das Grab weitgehend gefüllt zu sein; nur oberhalb der Beine der Toten war noch Platz. Daher änderte man die Ausrichtung: Die nächsten Gefallenen lagen nun rechtwinklig zu den vorherigen auf deren Beinen. Von Westen nach Osten setzte man nun Reihen von jeweils drei oder vier Toten so bei, dass sich die Unterkörper und Beine der nachfolgenden Reihe überlappend auf den Köpfen und Oberkörpern der darunter liegenden befanden. Die Individuen 26 bis 28 wurden von den Individuen 22 bis 24 überlagert, darauf folgten Individuen 14 bis 17 und zuoberst schließlich die Individuen 5 bis 8. Ganz zuletzt wurden die Individuen 1, 2, 3 und 25 entlang der Ränder der Grabgrube platziert.

Um eine stratigrafische Abfolge wie die der Toten im Massengrab darzustellen, verwendet man seit den 1970er Jahren die von dem Engländer E. C. Harris entwickelte „Harris-Matrix". Jede Schicht erhält eine Befundnummer. Die ältesten Strukturen sind unten, die jüngsten oben in der Matrix aufgeführt. Nebeneinander platzierte Schichten sind zeitgleich oder zeitlich nicht zu differenzieren. In die Matrix für das Wittstocker Grab sind alle nachweisbaren Aktivitäten aufgenommen worden. Dazu gehören das Ausheben der Grube („100") ebenso wie das Verfüllen des Grabes mit Erde („1"). Auch die Störungen, die beim Oberbodenabtrag vor Beginn des Kiesabbaus entstanden sind („2", „5") sowie die Anschüttung nach der Zerstörung des westlichen Grabrandes („4") sind dargestellt.

Jedes Individuum ist durch ein Kästchen vertreten, die Lagen und Reihen sind unterschiedlich farbig markiert. Direkte Abfolgen zeigen sich als lange vertikale Ketten. Wo Kästchen nebeneinander stehen, kam es mehr oder weniger gleichzeitig zu Aktivitäten. Trotz der eindrucks-

Dritte Bestattungslage

Obere Bestattungslage und an den Grubenrändern platzierte Tote

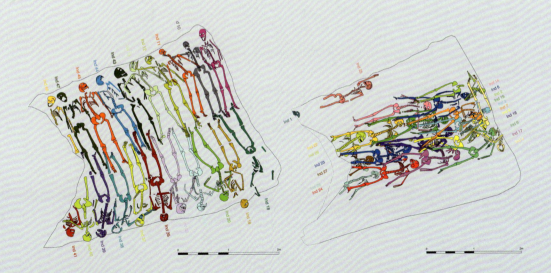

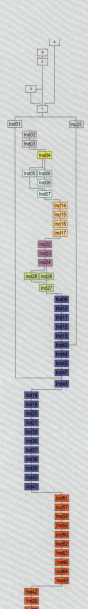

vollen Länge der Matrix dürften die darin dargestellten Bestattungs-
aktivitäten nicht länger als einen Tag gedauert haben. Etwa so lange
brauchen im Schanzen geübte Soldaten, um eine Grube von ca. 33 m³
Fassungsvermögen auszuheben, 125 Gefallene darin niederzulegen
und die Grube wieder mit Erde zu verfüllen.   *AG*

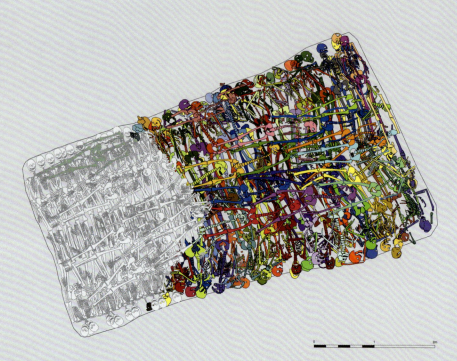

*Archäologischer Gesamt-
plan mit allen in Originallage dokumentierten
(farbige Kennzeichnung)
und den aus den Einzel-
knochen hochgerechneten
Skeletten in der Bagger-
störung (hellgrau)*

*In der Harris-Matrix des
Wittstocker Massengrabes
sind die einzelnen
Aktionen vor, während
und nach der Bestattung
sowie die genaue Position
jedes Individuums
verzeichnet.*

Das Ausplündern eroberter Städte und die Suche nach brauchbaren Gegenständen auf einem Schlachtfeld gehörten zu den Gepflogenheiten der Zeit. Da der Sold immer seltener gezahlt wurde, war dies für die Soldaten oftmals die einzige Möglichkeit, sich für den geleisteten Kriegsdienst schadlos zu halten. Zudem bot sich so die Gelegenheit, die eigene Ausstattung zu ergänzen oder auszuwechseln. Für die Feldherren waren Feldzeichen, Kanonen und hochrangige Kriegsgefangene nicht nur Beute, sondern zugleich Trophäe. Wahre Reichtümer versprachen sich Feldherren und Soldaten gleichermaßen von den gegnerischen Transport- und Trosswagen, die immer bevorzugte Ziele der Plünderer waren. So berichten einige Schriftquellen, dass *„die kaiserliche und sächsische Bagage ... meistenteils aber von ihren eigenen Völkern ganz geplündert"* worden sei. Zwar war es sicher nicht unüblich, den eigenen Tross auszurauben. Bei ihrem Abzug vom Wittstocker Schlachtfeld während der Nacht mussten die Verbündeten jedoch einen Großteil ihrer Ausstattung zurücklassen, die in die Hände der Schweden fiel. Neben dem Silber- und Kanzleiwagen des sächsischen Kurfürsten und seiner Kriegskasse gehörten auch die gesamte Artillerie sowie viele Munitions- und Bagagewagen dazu. In den Monaten vor der Schlacht hatten die Verbündeten per Schiff über die Elbe immer wieder Nachschub erhalten, der nun die schwedischen Sieger aus ihrer prekären Versorgungslage befreite.

In den Listen der militärischen Beute, die Feldmarschall Banér und General Torstensson erstellten, finden sich fünf „Halbe Kartaunen". Darunter war eine eigene, welche die Schweden 1631 den damals verbündeten Sachsen überlassen hatten. Die gegnerische Artillerie umfasste zudem 13 Feldschlangen unterschiedlicher Größe, zwölf Kartätschen, von denen wiederum eine ursprünglich schwedisch war, sowie zwei Mörser für Brandsätze. Auf den mehr als 40 Munitionswagen befanden sich 5,7 t Pulver, 2,2 t Luntenmaterial und 40.000 Bleikugeln für Handfeuerwaffen. Außerdem gab es 342 Kugeln für große Kanonen, 277 Kugeln sowie Kettenkugeln für Drei- und Vierpfünder-Feldschlangen, 156 Dosenkartätschen, 61 Kugeln mit Brandsätzen, 75 Handgranaten und drei für die Sprengung von Stadttoren verwendbare Petarden. Hinzu kamen mehrere Kräne, um die Artillerierohre auf ihre Lafetten zu setzen, sowie zwei Feldschmieden. Insgesamt hatten die Schweden 127 Fahnen, 19 Standarten und fünf Dragonerfahnen erbeutet, die Banér als Trophäen nach Stockholm schicken ließ.

Auf dem Schlachtfeld begannen die schwedischen Sieger, den Toten und Verwundeten bald nach dem Ende der Kämpfe Schuhwerk und Kleidung, Waffen und Munition, Geld und Ausrüstung abzunehmen. Verletzte, die sich wehrten, mussten damit rechnen, umgebracht zu werden. Nur die Aussicht auf Lösegeld konnte die Plünderer, oftmals auch Frauen und Jugendliche, davon abhalten, die Verwundeten auf der Stelle zu töten.

Wie gründlich die Toten beraubt wurden, zeigt sich am Wittstocker Grab. Nur bei wenigen Skeletten fanden sich Kleidungsreste, keiner hatte mehr seine Waffen bei sich. Im wahrsten Sinn des Wortes hatte man die Toten im „letzten Hemd" ins Grab gelegt.

Diese sächsische Reiterstandarte wird noch heute im schwedischen Armeemuseum in Stockholm aufbewahrt.

Auch während der archäologischen Sondierung des Schlachtfeldes fanden sich keine größeren Ausrüstungs- oder Waffenteile. Nur kleine Stücke hatte man bei den Aufräumarbeiten nach der Schlacht übersehen. Deren Lage ist jedoch für die Rekonstruktion der Geschehnisse wichtig. Kleidungsbestandteile wie Knöpfe oder Verschlusshaken können zwar im Nahkampf abgerissen worden sein, aber auch auf den Ort hinweisen, wo ein toter Soldat seiner Habe beraubt wurde.   *SE/AG*

*Kleidung und Ausrüstung
der Toten und
Verwundeten waren
der Lohn der Lebenden.*

Zahlreiche großformatige Schlachtenbilder, Kupferstiche in zeitgenössischen Exerzierbüchern und Grafiken auf Flugschriften vermitteln einen Eindruck von der Soldatenbekleidung des 17. Jahrhunderts. Schriftquellen halten die einfachen Soldaten dazu an, nach den bunten auffallenden Landsknechttrachten des 16. Jahrhunderts zweckmäßige und preisgünstige Kleidung in gemäßigten Farben zu tragen. Richtige Uniformen gab es noch nicht, obwohl Kriegsunternehmer wie Albrecht von Wallenstein oder der schwedische König Gustav II. Adolf in Manufakturen große Mengen gleichartiger Kleidung für ihre Regimenter herstellen ließen. Über einem dicken, etwa hüftlangen Leinenhemd trugen die Soldaten Jacken mit weiten Ärmeln aus

Die in einer zeitgenössischen Exerzieranleitung abgebildete Kleidung der Musketiere aus den 1620er Jahren war wohl nur am Beginn eines Feldzuges so prächtig.

Wollstoffen. Bei Reitern waren lederne Koller, hellbraune Lederwamse mit weiten Schößen, besonders beliebt. Ein wollener Mantel oder ein weiter Umhang, teilweise mit Pelzfütterung, diente als Schutz bei Regen oder in der kalten Jahreszeit. Die weite Hose reichte bis zu den Knien und wurde dort mit langen Schleifen in unterschiedlichen Farben gebunden. Darunter trug man kniehohe Strümpfe, oftmals durch gamaschenartige Beinlinge verstärkt. Die Infanteristen waren mit flachen Halbschuhen ausgestattet, die wetterfest sein und zum langen Marschieren taugen sollten. Die Reiter trugen Stiefel mit nach oben verbreiterten, weiten Stulpen. Diese waren in den 1620er Jahren kniehoch, später reichten sie nur noch bis zur Wade. Breitkrempige Hüte aus Filz oder Leder vervollständigten die Bekleidung eines Soldaten.

Die Kleidung der Offiziere unterschied sich von jener der einfachen Soldaten durch die höhere Qualität der Stoffe und durch die Verwendung von Samt, Seide, Pelz, weichem Wildleder und Spitze. Der Verzierungsreichtum der Beschläge, Kleidungsverschlüsse, Spitzenkrägen und auffälligen Stickereien war ebenso unübersehbar wie die farbenfrohen Schärpen sowie Schleifen und Federn an ihren Hüten.

Die wenigen im Wittstocker Grab entdeckten Funde lassen hiervon nur noch wenig erahnen. Lediglich an 26 der 88 in Originallage untersuchten Skelette fanden sich kleinteilige Eisen- und Buntmetallgegenstände. In ihrer Nähe haben sich zudem kleinste textile Reste als oxidierte Abdrücke einstiger Leinen- und Wollstoffe erhalten. Soweit neben einzelnen Fadenabdrücken auch Strukturen konserviert wurden, handelt es sich um einfache Stoffe in Leinenbindung. Die Lage der Metallfunde auf und neben den Skeletten lässt auf die Art der Kleidungsstücke schließen.

Nur bei den Individuen 4 und 18 fanden sich in größerer Anzahl Haken, Ösen und Knöpfe ihrer Bekleidung.

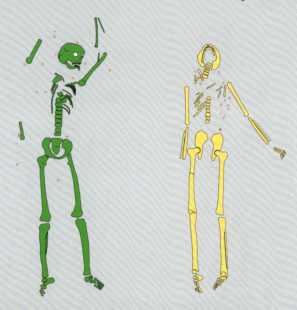

So ist alltägliche Ober- und Unterkleidung rekonstruierbar. Im Oberkörperbereich von Individuum 4 und Individuum 18 fand sich jeweils eine größere Anzahl von omegaförmigen Ösen und Haken aus gebogenem Eisendraht. Einige Verschlüsse scheinen ausgerissen gewesen zu sein, da sich bei Individuum 4 eine ungleiche Verteilung ergab. Daher kann man mutmaßen, dass der 23- bis 29-jährige Träger sein Kleidungsstück entweder nicht mehr vollständig zuknöpfen konnte oder Nestelschnüre verwendet hatte. Einzelne Haken und Ösen fanden sich im Hals- und Brustbereich von 14 weiteren Skeletten. Dabei handelt es sich um die unsichtbar angebrachten Verschlüsse von Jacken. Da sie unter einer verdeckten Leiste oder am Leinenfutter der Woll- oder Lederjacken festgenäht wurden, sind sie auf zeitgenössischen Darstellungen oftmals kaum zu erkennen.

In der Taille verschlossen größere Haken und Ösen die Jacke. Einzel- oder Doppelpaare fanden sich im Beckenbereich von sechs Individuen. Auf bildlichen Darstellungen sind sie meist unter einem breiten Gürtel oder dem Schwertgehänge verborgen. Zwei Haken mit passenden Ösen im Beckenbereich lassen sich auch als Verschluss einer Hose deuten.

Aus Eisendraht gebogene Haken und Ösen im Oberkörperbereich mehrerer Skelette lassen auf Jacken schließen. Diese Männer wurden offensichtlich nicht vollständig ausgeplündert.

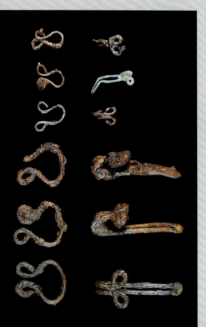

Die Jacken waren wohl schmucklos, denn Zierelemente fehlten. Nur an den Unterarmen von Skelett 18 lagen elf halbkugelige Knöpfe von etwas mehr als 1 cm Durchmesser. In einer kurzen Reihe aus einmal fünf und einmal sechs Stücken verschlossen sie die Ärmelschlitze. Interessanterweise gibt es drei unterschiedliche Formen: Die Exemplare am linken Unterarm sind mit radial zusammenlaufenden Linien verziert, die am rechten mit einer kleinen Erhebung. Sowohl am linken als auch am rechten Ärmel fand sich jeweils ein Knopf gleicher Größe, der jedoch ursprünglich mit Stoff überzogen war. Offensichtlich waren zwei der dekorierten Jackenknöpfe verloren gegangen und durch einfachere ersetzt worden.

Nur einmal fanden sich Reste von einer Kopfbedeckung. Am Schädel des 27 bis 30 Jahre alten Schweden Individuum 38 lagen dünne, tordierte Buntmetalldrähte und Textilreste mit feinster Buntmetallumwicklung. Es scheint sich um einen sehr aufwändig hergestellten, mit Metallfäden durchwirkten und durch feine Drähte stabilisierten Stoff zu handeln, vermutlich von einer bunten Schleife oder Verzierung. Ob sie an einem Hut oder einer Mütze befestigt war, ließ sich aufgrund fehlender Textilreste nicht mehr erkennen.

Diese wenigen Metall- und Textilfragmente sind die einzigen sicheren Belege für Kleidung im Grab. Die Toten sind meist in ihrer Unterkleidung, einem einfachen Hemd, bestattet worden, die jedoch 370 Jahren nach der Schlacht vollständig vergangen ist. Vom schwedischen Königs Gustav II. Adolf weiß man, dass die Plünderer auf dem Lützener Schlachtfeld 1632 dem Leichnam tatsächlich nur eines seiner drei Hemden ließen. Daher stellt sich nun die Frage, warum einige Soldaten dennoch bekleidet waren. Man muss wohl davon ausgehen, dass diese Kleidungsstücke vielleicht durch langen Gebrauch, vermutlich aber durch den Kampf so zerrissen und verschmutzt waren, dass die Plünderer sie nicht mehr gebrauchen konnten.

Vom Schlachtfeld stammen weitere Bestandteile von Kleidung, die sich allerdings deutlich von den Funden aus dem Grab unterscheiden. Es sind zwar wiederum nur metallene Bestandteile wie Knöpfe, Beschläge und Schnallen, jedoch etwas größere Stücke, die im Nahkampf abgerissen wurden oder beim Plündern unbemerkt auf dem Schlachtfeld liegen geblieben waren. Ursprünglich gehörten alle Objekte zur Oberbekleidung.

Einzigartig im Wittstocker Fundmaterial sind zwei nur etwa 3,50 m voneinander entfernt aufgefundene silberne Löwenfiguren. Jeweils eine der beiden gestreckten Vorderpranken verlängert sich zu einem halbrunden flachen Haken. Bei dem nach rechts blickenden Löwen ist dieser vollständig, bei dem nach links blickenden ist der Haken abgebrochen. Die nur knapp 2 cm großen Figuren waren an einer Öse auf der Rückseite aufgenäht. Fauchend und mit dramatisch gerolltem Schwanz standen sich die Löwen auf dem geschlossenen Kragen des Umhangs eines höheren Offiziers gegenüber. Dass beide Verschlussteile beim Kampf gleichzeitig abgerissen wurden, ist unwahrscheinlich;

Drei unterschiedliche Knopfformen zeigen, dass die Jacke des 35- bis 39-jährigen Individuums 18 mehrfach ausgebessert worden war.

Drähte und metallumwickelte Fäden gehörten einst zur Verzierung einer Kopfbedeckung.

Als Symbol der Stärke waren Löwen im 17. Jahrhundert sehr beliebt, beispielsweise als Verschluss eines Jackenkragens.

vermutlich war es das Werk von Plünderern. Ob weitere hochwertige Silberhaken die Jacke zierten, ist unklar. Ein nahezu identisches Paar dieser außergewöhnlichen Verschlüsse fand sich im Schatzfund von Beeskow. Sie gehörten somit zur zeitgenössischen Mode von Wohlhabenden.

Auch wenn im Lauf des Dreißigjährigen Krieges vereinzelt standardisierte Militärkleidung von einheitlichem Schnitt und gleicher Farbe ausgegeben wurde, trugen die meisten Soldaten eigene, zivile Kleidungsstücke. Daran fanden sich einfache halbkugelige, aufwändigere nuppenverzierte oder flache Scheibenknöpfe. Im Gegensatz zu den kleinen Eisenknöpfen aus dem Grab sind diese Buntmetallknöpfe mit erhöhtem Zinnanteil und Durchmessern von bis zu 20 mm sehr auffällig. Sie verschlossen nicht nur die Jacken, sondern zierten in vielfältiger Weise auch die Beinkleider der Soldaten. Besonders die halbkugeligen Knöpfe waren entlang der äußeren Hosennähte in doppelten

Die auf dem Schlachtfeld gefundenen Knöpfe weisen verschiedene Größen, Formen und Verzierungen auf.

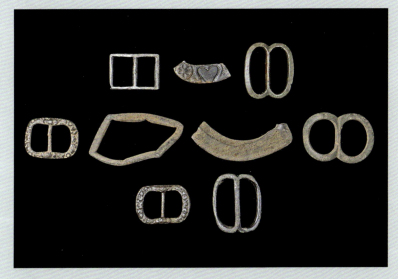

Einfache und doppelte Schnallen mit rechteckigem oder ovalem Rahmen fanden vielfach Verwendung an der Kleidung und Ausrüstung der Soldaten.

Zierreihen aufgenäht. Bei Nahkämpfen, aber auch im Alltag, rissen diese Knöpfe leicht ab. Deshalb kamen sie in großer Zahl bei archäologischen Begehungen nicht nur auf dem Schlachtfeld von Wittstock, sondern beispielsweise auch in Lützen sowie im Feldlager von Latdorf in Sachsen-Anhalt zutage.

Eine Vielzahl von Schnallen hielt die Kleidung und Ausrüstung zusammen. Runde und eckige Schnallen aus Eisen oder Buntmetall saßen an Gürteln, Schuhen sowie Taschen der Soldaten, aber auch an Sätteln, Halftern und am Zaumzeug der Pferde. Typisch für die Zeit des Dreißigjährigen Krieges sind achtförmige Schnallen, mit denen die Lederriemen der Schwertaufhängung am Gürtel befestigt wurden. Die Wittstocker Stücke weisen deutliche Gebrauchsspuren auf, teilweise sind sie sogar verbogen. Dies deutet auf die starke Beanspruchung der Ausrüstung während der Schlacht hin. Achtförmige Schnallen finden sich auch unter den Funden vom Lützener Schlachtfeld und den Feldlagern bei Heidelberg. Sie wurden wiederholt auf Bildern dargestellt, wie beim „Festmahl der Offiziere der St.-Hadrian-Schützengilde von Haarlem" von Frans Hals aus dem Jahr 1633. Im Schatzfund von Beeskow sind diese Typen ebenso vertreten, dort allerdings noch unbenutzt und aus Silber.   *AG*

Nach den Plünderungen war den Leichen auf dem Schlachtfeld oft nicht mehr anzusehen, zu welcher Partei der Mann während der Schlacht gehört hatte. Die ehemaligen Gegner wurden nun zusammen im Massengrab bestattet. Aus Schriftquellen wissen wir jedoch, woher die Obristen, also die Anführer der Regimenter, stammten und wo sie vermutlich auch den Großteil ihrer Soldaten angeworben hatten. So waren die Männer in schwedischen Diensten nur zu einem Teil in Schweden geboren. Finnen, Balten und Schotten gehörten ebenso dazu wie angeworbene Söldner aus verschiedenen Regionen des Deutschen Reiches. Die Obristen der habsburgisch-sächsischen Regimenter kamen aus allen Teilen Mitteleuropas: aus Mecklenburg, Brandenburg, Sachsen, Böhmen, Hessen, Westfalen, dem Rheinland, Bayern und Österreich. Einige Regimenter wurden in „Nieder- oder Oberdeutschland" geworben, andere stammten zumindest teilweise aus Spanien und Italien. Doch wer genau lag nun im Massengrab am Weinberg? Chemische Analysen des Zahnschmelzes erlauben Aussagen zum Lebenslauf eines Menschen und zeigen, wo er aufgewachsen ist.

Die im Massengrab beigesetzten Soldaten stammten aus den unterschiedlichsten Gegenden Europas.

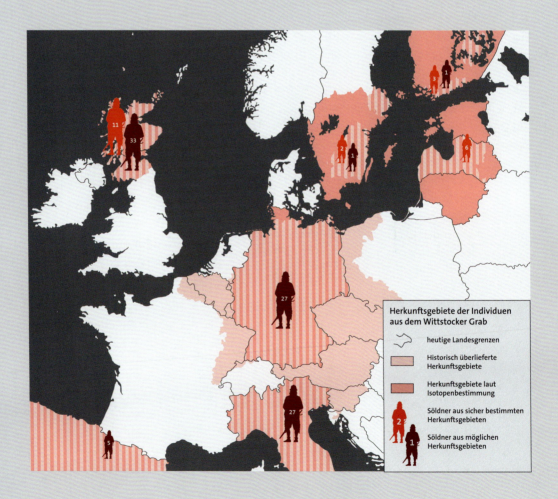

Herkunftsgebiete der Individuen aus dem Wittstocker Grab

— heutige Landesgrenzen

Historisch überlieferte Herkunftsgebiete

Herkunftsgebiete laut Isotopenbestimmung

Söldner aus sicher bestimmten Herkunftsgebieten

Söldner aus möglichen Herkunftsgebieten

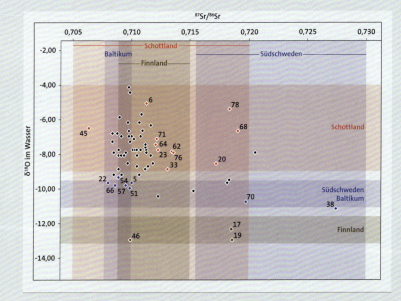

Das Verhältnis der
Strontium- und Sauer-
stoffisotope im Zahn-
schmelz verrät das Gebiet,
in dem ein Mensch
aufgewachsen ist.

Während der Zahnentwicklung in den ersten vierzehn Lebensjahren
werden die mit der Nahrung und dem Wasser aufgenommenen Sauer-
stoff- und Strontiumisotope im Schmelz eingelagert. Die Strontiumisotope spiegeln die Signatur des Bodens oder Gesteins wider, auf dem
der Mensch lebte und von dessen Feldfrüchten er sich ernährte. Aus
ganz Europa liegen Karten mit den Isotopenwerten des Untergrundes
vor, mit denen die gemessenen Werte eines Individuums verglichen
werden können. Da sich die Analyseergebnisse verschiedener Gebiete
allerdings teilweise überschneiden oder sich Regionen sehr kleinräumig aufgliedern, werden zur genauen Herkunftsbestimmung weitere
Informationen benötigt. Hier bieten sich die Sauerstoffisotope an. Diese Werte gelten als „Paläothermometer". Sie geben die durchschnittliche Temperatur am Wohnort, den Breitengrad oder seine Höhe über
dem Meeresspiegel an. Durch die Kombination dieser Werte mit den
Strontiumangaben für den geologischen Untergrund lässt sich nun die
Herkunftsregion eines Menschen eingrenzen.

In der auswertenden Grafik zur Herkunftsbestimmung wurden die
Messergebnisse der Sauerstoff- und Strontiumisotope gegeneinander
aufgetragen. Liegen die Daten eines Menschen in Bereichen, die sowohl in Bezug auf den geologischen Untergrund als auch die Temperatur einer bestimmten Region zugeordnet sind, kann man erkennen,
wo er aufgewachsen ist. Alle Punkte mit einer Nummer stehen für ein
Individuum, dessen Herkunftsregion eindeutig zu bestimmen ist. In
vielen Fällen lassen die Ergebnisse jedoch mehrere Ursprungsgebiete
zu.

Etwa ein Viertel der toten Soldaten kann mit Bestimmtheit der schwe-
dischen Armee zugewiesen werden: Elf Männer stammten sicher aus
Schottland, zwei sind im südlichen Schweden und drei im südlichen
Finnland aufgewachsen. Sechs Männer kamen aus dem damals zu
Schweden gehörenden Lettland. 32 weitere Söldner könnten ebenfalls

aus Schottland stammen, doch ist aufgrund von Überschneidungen mit anderen Herkunftsgebieten keine exakte Angabe möglich. Ihre Analysewerte und die der zahlreichen „Mitteleuropäer" lassen sich mehreren möglichen Herkunftsgebieten zuweisen, so dass die meisten in den historischen Quellen genannten Gebiete infrage kommen. Selbst in Italien oder Spanien geworbene Söldner könnten unter den Toten im Grab sein.

Die Ergebnisse bestätigen einerseits die Vermutung, dass alle Gefallenen vom Weinberg gemeinsam bestattet wurden und somit „Freund und Feind" aus weit auseinander liegenden Gegenden Europas im Grab ihre letzte Ruhe fanden. Die hohe Anzahl an Schotten zeigt zudem, dass der Weinberg im Zentrum der Infanteriekämpfe lag. Schottische Soldaten dienten nicht in Reiterregimentern, sondern ausschließlich als Pikeniere und Musketiere. Damit können die als Skandinavier und Balten bestimmten Toten ebenfalls den fünf von General Alexander Leslie ins Gefecht geführten Infanterieregimentern zugewiesen werden.

SE/GG/BJ

Weiterführende Literatur (Kurzzitate)
Bonsall, *Small finds at the Battle of Cheriton*, 2008.
Egan, *Material culture in London*, 2005.
Grupe et al., *Missing in action* (im Druck).
Jakobsson, *Beväpning og Beklädnad*, 1938.
Kelly/Schwabe, *Historic costume*, 1929.
Krabath, *Buntmetallfunde*, 2001.
Lungershausen, *Buntmetallfunde*, 2004.
Lutz, *Anthropologische Untersuchungen*, 2010.

DIE AUSSTELLUNG

GEHÖRT EIN MASSENGRAB INS MUSEUM?

„Die Ausstellung von menschlichen Überresten und Gegenständen von religiöser Bedeutung muss unter Einhaltung professioneller Standards erfolgen und, soweit bekannt, den Interessen und Glaubensgrundsätzen der gesellschaftlichen, ethnischen oder religiösen Gruppen, denen die Objekte entstammen, Rechnung tragen. Die Objekte sind mit Taktgefühl und Achtung vor den Gefühlen und der Menschenwürde, die alle Völker haben, zu präsentieren".

Diese „Ethischen Richtlinien für Museen" des Internationalen Museumsrates ICOM waren für uns verbindliche Vorgaben bei allen Überlegungen zur Gestaltung der Ausstellung „1636 – ihre letzte Schlacht". Der Artikel 1, Absatz 1 des Grundgesetzes: „Die Würde des Menschen ist unantastbar" gilt nur für lebende Menschen, während Tote im geltenden Rechtsverständnis zur Sache werden. Dies gilt insbesondere dann, wenn keine Angehörigen und Nachfahren mehr da sind, um die Erinnerung zu wahren und die Persönlichkeit dadurch zu schützen.

Religiöse Vorbehalte gegen die museale Präsentation Verstorbener finden sich im Christentum kaum. Im Glauben an die Auferstehung und das ewige Leben kommt dem toten menschlichen Körper keine Bedeutung zu. Somit waren es eher philosophische Überlegungen, die zu der Entscheidung geführt haben, keine vollständigen Skelette auszustellen. Übereinstimmend haben wir die Möglichkeit, unser eigener Körper könne in späteren Zeiten museal präsentiert werden, abgelehnt. Anders reagierten wir auf die Vorstellung, unsere Lebensgeschichten rekonstruieren und erzählen zu lassen. Dass dazu Krankheiten und Verletzungen diagnostiziert und die entsprechenden Knochen als wichtige biohistorische Urkunden präsentiert werden, erschien uns unumgänglich.

Diesem Anspruch versucht die Ausstellung zu genügen. Besonders wichtig wird dies vor dem Hintergrund, dass über das Leben von Menschen, die in Massengräbern bestattet wurden und werden, zumeist nichts bekannt ist. Sie starben bei kriegerischen Auseinandersetzungen, Epidemien oder anderen Katastrophen und wurden zumeist ohne Kleidung, Beigaben, Fürsorge und Bestattungsritus „entsorgt". Den Toten wurde so ihre Individualität und damit ihre Würde genommen. Ziel der Ausstellung ist es, jenseits von Voyeurismus und Sensationsgier, den Männern aus dem Massengrab von Wittstock den Respekt zu erweisen, der ihnen in ihren letzten Lebensstunden und im Tod nicht gewährt wurde. *SE*

AUSSTELLUNGSGESTALTUNG

„1636 – ihre letzte Schlacht" ist als Wanderausstellung konzipiert, die zunächst im restaurierten spätmittelalterlichen Paulikloster – dem Archäologischen Landesmuseum Brandenburg – gezeigt wird. Die Ausstellung umfasst, vorrangig im großen Sonderausstellungsraum **3–5** sowie in Teilen des Kreuzganges **2; 7**, rund 850 m². Im Gewölbekeller **6** und im Friedgarten **1** finden künstlerische Installationen ihren Platz.

Dem Besucher soll zum einen die wissenschaftliche Bedeutung des Wittstocker Fundplatzes verdeutlicht werden, zum anderen sind die neuen Untersuchungsergebnisse in die historische Überlieferung einzuordnen. Deshalb gliedert sich die Ausstellung in einen „historischen" und einen „archäologisch-naturwissenschaftlichen" Erzählstrang. Beide Ebenen sind eigenständig, berühren sich jedoch räumlich und thematisch. Sie verlaufen parallel und nutzen unterschiedliche Gestaltungselemente. Der historische Strang bildet das Narrativ, während die archäologisch-naturwissenschaftliche Ebene wie ein rotes Ausrufezeichen punktuell auf die ergänzenden Erkenntnisse aus der Auswertung von Massengrab und Schlachtfeld aufmerksam macht.

Grundriss des spätmittelalterlichen Pauliklosters mit Verortung der Ausstellungsthemen

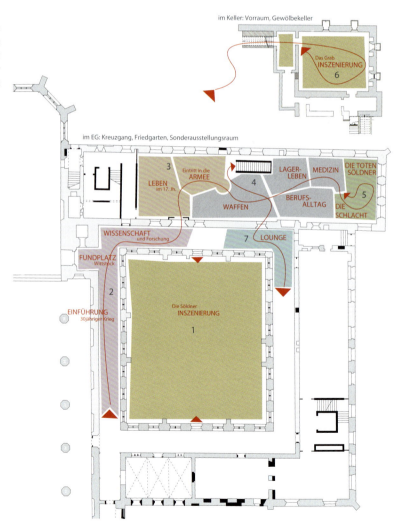

Der historische Erzählstrang nutzt geschichtliche Quellen und gibt die Chronologie der Ausstellung vor. Durch eine Vielzahl zeitgenössischer Exponate wie Flugschriften, Briefe und Bücher, Schatzfunde, Waffen und Alltagsgegenstände kann der Besucher in das 17. Jahrhundert eintauchen. Großformatige Zeichnungen der Illustratorin Anne Bernhardi prägen das Raumbild und bilden zusammen mit der Ausstellungsarchitektur die szenografische Basis der Schau. Hier war das Papiertheater, das durch die Staffelung von Ebenen die Illusion von Tiefe schafft, Quelle der Inspiration. Der archäologisch-naturwissenschaftliche Strang befasst sich mit dem Schlachtfeld und dem Massengrab und deren Auswertung. Dabei werden in den Vitrinen nur solche Knochen gezeigt, die spezielle Einblicke in das Leben und Sterben der Männer gewähren – beispielsweise durch Hinweise auf Krankheiten, Behinderungen, Mangelerscheinungen oder auch Todesursachen. Diese inhaltliche Ebene ist in einem praktisch-reduzierten Format gehalten. Mit ihrer kräftigen roten Farbe tauchen die Vitrinen inselartig in den verschiedenen Themenbereichen der Erzählebene auf. Die neuen Erkenntnisse werden so zu der historischen Überlieferung in Bezug gesetzt. Verbindendes Element der beiden Stränge sind die 125 roten Söldnerfiguren, die je einen bestatteten Soldaten aus dem Grab repräsentieren. Die rekonstruierten Lebensdaten an den Figuren geben jedem Toten ein Stück seiner Individualität zurück.

Analog zur Dramaturgie des Rundganges ist die Ausstellung räumlich und atmosphärisch durch die individuelle Inszenierung der einzelnen Themenbereiche unterteilt. So empfängt den Besucher nach Betreten des Ausstellungsraumes eine städtisch-dörflich geprägte Atmosphäre 3.

Bevor die Vitrinen und Ausstellungstafeln gebaut wurden, entstanden sie, wie diese Anwerbungsszene, digital am Computer.

125 wetterfeste, demontierbare und standfeste Söldnerfiguren - diese Anforderungen sind nicht leicht zu erfüllen.

Die Ausstellungsarchitektur zu Lagerleben, Berufsalltag und Medizin (4) wird durch das großformatige Bild eines Zeltlagers der Illustratorin Anne Bernhardi ergänzt.

Dazu gehören Bildprojektionen auf den Backsteinwänden des Pauliklosters; eine bröckelnde Mauer, in welche Vitrinen wie Steine eingelassen sind oder Fetzen eines im Gasthaus belauschten Gespräches über die herannahenden Heere. Der Besucher wird mitten in die Lebensumstände des 17. Jahrhunderts und die beginnenden Kriegswirren geführt. So soll er verstehen, was die Menschen veranlasste, sich den gewaltigen Heeren anzuschließen. Anwerbung, Musterung und Vereidigung machten Zivilisten zu Söldnern und Frauen und Kinder zu Mitgliedern des gewaltigen Trosses.

Der mittlere Bereich der Ausstellung **4** beschäftigt sich mit dem Leben des einfachen Kriegsvolkes, das sich zumeist in Zeltlagern abspielte. Die historischen Informationen und Exponate sind hier in die abstrahierte Architektur einfacher Stoffzelte eingebunden. Deren Reihen werden in einer großen Hintergrundzeichnung weitergeführt und erzeugen so die räumliche Tiefe eines großen Lagers. Der gezielte Einsatz von interaktiven Exponaten hilft dem Besucher, komplexe Zusammenhänge zu verstehen. Außerdem erleichtern diese Elemente den Zugang zum Thema für die kleineren Gäste, denen mit einer eigenen „Kinderebene" besondere Aufmerksamkeit geschenkt wird.

Der Schlacht selbst ist ein eigener Raumteil gewidmet **5**. Ein 72 m² großer „Schlachtfeldteppich" erzeugt eine gedämpfte Raumatmosphäre und unterstützt den Gedanken, ein Stück „begehbare Geschichte" vor sich zu haben. Hier informieren zeitgenössische Dokumente wie handgezeichnete Karten, Briefe, Gemälde und Kupferstiche über die damaligen Geschehnisse. Die vielen Widersprüche in den Schriftzeugnissen verdeutlichen die Bedeutung archäologischer Quellen, z. B. von Munition, Ausrüstungsgegenständen und Hinterlassenschaften des Trosses oder von anthropologischen Befunden. Ihre Auswertung kann vorhandene Theorien stützen, aber auch stürzen. Durch die Erläuterung von Verletzungsmustern und Todesursachen an einzelnen Knochen werden die ganzen Schrecken des Krieges

deutlich, ohne dass dabei vollständige Skelette zur Schau gestellt werden. Im abgedunkelten Kellergewölbe des Pauliklosters bilden in Ultraviolettlicht getauchte Körpersilhouetten den Abschluss der Ausstellung. Der Brandenburger Künstler Thomas Bartel hat sich mit seiner Installation bewusst gegen die fotografische oder naturalistische Reproduktion des Ausgrabungsbefundes entschieden. Nach der sachlichen Auseinandersetzung mit Gewalt, Kampf und Tod als Teilaspekten des Lebens im 17. Jahrhundert soll hier der Besucher zur emotionalen Annäherung an das Thema angeregt werden.

Da die Ausstellung die Chancen der fachübergreifenden Auswertung archäologischer Fundplätze verdeutlichen will, war die enge Zusammenarbeit des interdisziplinären Teams für die Konzeption und Gestaltung der Ausstellung besonders wichtig. Viele Ideen entstanden am großen Tisch mit Impulsen aus den verschiedenen Fachrichtungen. Dabei wurden auch die Pläne zum Umgang mit der Flut neuer Informationen entwickelt. Der Besucher soll nicht erst alle Texte lesen müssen, um die Wirren der Zeit zu verstehen. Die Ausstellungsgestaltung schafft einen Dialog zwischen Exponat und Architektur: Schatzfunde in Mauervitrinen, Exponate zum Soldatenleben in Zeltvitrinen, Waffen und Munition in Kistenvitrinen – diese Präsentation erleichtert den Zugang zur Geschichte und bietet dem Auge Abwechslung.

Das klösterliche Ambiente und die denkmalgeschützten Mauern des Archäologischen Landesmuseums stellen spezielle Anforderungen an die Sonderausstellung. So muss die gesamte Architektur selbsttragend sein, da Befestigungen an den Wänden nicht möglich sind. Da die Ausstellung an mehreren Orten gezeigt wird, müssen auch alle größeren Elemente gut transportiert, montiert und demontiert werden können. Diesen und vielen anderen Herausforderungen haben wir uns in einem sehr kleinen Team gestellt und eine – hoffentlich auch im Sinne des Besuchers – fesselnde Ausstellung gestaltet.

JJ

Neben den Schriftquellen und anthropologischen Funden machen eine handgezeichnete große Karte und ein Videofilm den Ablauf der Schlacht nachvollziehbar.

Die Spuren des Krieges

Der Dreißigjährige Krieg ist ein europaweiter Konflikt. Er konzentriert sich jedoch auf das Heilige Römische Reich Deutscher Nation, wo um 1620 etwa 20 Millionen Menschen leben.

Die Bevölkerung leidet unter den Schlachten, Belagerungen und ungezählten Durchmärschen der Söldnerheere. Verhängnisvoll sind auch die Folgen: Grausamkeiten und Folter marodierender Truppenteile, Hungersnöte in den »kahl gefressenen«, verwüsteten Landstrichen sowie eingeschleppte Seuchen und Krankheiten.

Die Bevölkerung wird um etwa ein Drittel dezimiert. Vier bis fünf Millionen Tote bedeuten prozentual höhere Verluste als während des Zweiten Weltkrieges. Jedoch sind sie nicht überall gleich hoch. In Mecklenburg, Pommern und Brandenburg sowie Thüringen, dem Rhein-Main-Gebiet und Schwaben geht die Bevölkerung um über 70% zurück. Aber es gibt auch wenig betroffene Regionen und sogar Gewinner des Krieges. So haben die Schweiz, Tirol und Österreich nur vereinzelt Tote zu beklagen. Auch Holstein, Oldenburg und Friesland kommen glimpflich davon. Sie liefern Nachschub an Pferden, Rindern und Getreide und werden deshalb geschont. Hamburg verdient am Handel im Krieg und wird so sogar zur größten Stadt des Reiches.

The scars of war

The Thirty Years War was a pan-European conflict. Most of the fighting, however, took place within the Holy Roman Empire of the German Nation, which was home to about 20 million people in the year 1620.

Battles, sieges and the passage of countless mercenary armies had disastrous consequences for the civilian population: marauding troops committed atrocities; entire regions were devastated, leaving the inhabitants to starve; and plague and other diseases were spread by the movement of soldiers.

The population dropped by about a third. With four to five million deaths, the losses were proportionally higher than those during the Second World War. There was, however, wide regional variation. In the hardest hit areas, which included Mecklenburg, Pomerania, Brandenburg, Thuringia, the Rhine-Main region and Swabia, the population fell by over 70%. Other areas, such as Switzerland, Tyrol, Austria, were barely affected and, in a few cases, such as Holstein, Oldenburg and Frisia, the inhabitants even profited from the war. These areas provided important supplies, such as horses, cows and grain, and were thus spared the worst of the fighting. Hamburg prospered through trade and soon became the largest city in the Empire.

Auf den 5 m langen „Einleitungsbannern" kontrastieren die verschiedenen Text- und Hintergrundgrautöne gut.

AUSSTELLUNGSGRAFIK

Für ein einheitliches und unverwechselbares Erscheinungsbild einer Ausstellung ist ein Corporate Design notwendig, das verschiedene visuelle Grundelemente wie Logo, Schrift, Bild und Farben festlegt. Für die Wanderausstellung „1636 – ihre letzte Schlacht" sollte ein Konzept geschaffen werden, das sowohl den interdisziplinären inhaltlichen Ansatz aufgreift als auch verschiedenen Zielgruppen einen leichten Zugang ermöglicht. Daher wurden zunächst vier Basisfarben bestimmt, die unterschiedliche Aufgaben erfüllen. Jeweils zwei Hell- und Dunkelgrautöne für die Hintergrundflächen und Texte sollen eine ruhige Grundatmosphäre schaffen, welche die Konzentration und Motivation der Besucher fördert. Gleichzeitig bilden diese Farben innerhalb der Vitrinen einen guten Kontrast zu den unterschiedlichen Exponaten und heben diese hervor. Wie ein „roter Faden" zieht sich ein warmes, leuchtendes Rot durch die gesamte Präsentation und lenkt die Aufmerksamkeit der Besucher auf jene Vitrinen, in denen die Funde vom Wittstocker Fundplatz gezeigt werden. Ein „fröhliches" Orange markiert hingegen die für Kinder bestimmte Inhaltsebene. Diese Verwendung einzelner Farben in den unterschiedlichen Erzählsträngen soll die Orientierung der Besucher erleichtern und sich damit positiv auf die Vermittlung der Ausstellungsinhalte auswirken. Um ein einheitliches Farbbild für alle Bestandteile der Ausstellung zu gewährleisten, wurden feste Standardfarbwerte bestimmt.

Die Auswahl der Schriften orientierte sich primär an einer guten Lesbarkeit, bezog jedoch auch ästhetische Aspekte ein. Dabei galt es, eine Verbindung zwischen der Zeit des Barocks und der Gegenwart zu schaffen. Einleitungs- und Informationstexte nehmen den größten Raum ein und sind in der modernen, gut lesbaren, serifenlosen Linear-Antiqua TheSans gesetzt. Für Titel, Bildunterschriften und Objekttexte wird die 2004 von Robert Slimbach entwickelte französische Renaissance-Antiqua Garamond Premier Pro in unterschiedlichen Schnitten und Größen verwendet. Sie basiert auf einer im 16. Jahrhundert von Claude Garamond entwickelten Type, die zur Zeit des Dreißigjährigen Krieges weit verbreitet war.

Um die „Kinderebene" noch deutlicher hervorzuheben, wurde neben der Farbe Orange eine Schrift mit leicht ungleichmäßigem Schriftbild gewählt, mit dem sich die jungen Besucher identifizieren können.

Die leserfreundliche Präsentation von Texten ist Voraussetzung für eine optimale Inhaltsvermittlung und beeinflusst den Erfolg von Ausstellungen maßgeblich. Daher wurden neben den Schrifttypen weitere Kriterien berücksichtigt. Die Anordnung der wichtigsten Informationstexte erfolgte in einer bequemen Lesehöhe von etwa 1,10 bis 1,80 m. Bei den Texten der „Kinderebene" wurde eine Höhe von 1,40 m nicht überschritten. Die Objekttexte wurden in der Nähe der Exponate platziert. Ein linksbündiger Flattersatz mit gleichbleibenden Abständen zwischen den Wörtern erleichtert das Lesen ebenso wie der weitgehende Verzicht auf Worttrennungen am Zeilenende sowie die Gliederung des gesamten Textes in sinnvolle Absätze.

Bereits vor etwa 500 Jahren entwickelte Claude Garamond eine später nach ihm benannte Renaissance-Antiqua. Lucas de Groot schuf seine Linear-Antiqua TheSans im Jahr 1994.

Die interdisziplinäre Ausrichtung der Ausstellung bringt eine enorme Menge an Informationen mit sich. Um die Besucher nicht durch überlange Texte zu strapazieren, wurden verschiedene Informationsebenen entwickelt. Auf grafisch hinterlegte graue Stoffbahnen gedruckte Einführungstexte zeigen gut sichtbar den Beginn eines neuen Themenkomplexes an. Einen weiteren Einblick gewähren auf Tafeln, Vitrinen und Stoffbahnen angeordnete Texte. Vertiefende Informationen zu den unterschiedlichen Fachdisziplinen wurden – im wahrsten Sinne des Wortes – an vertieften Stellen unter Klappen angebracht. Kuriosa und interessante Nebensächlichkeiten fanden auf kleinen Stoffrollen ihren Platz, welche die Besucher an hervorblitzenden Fähnchen aus ihren Halterungen ziehen können.

Klare Farben und gut lesbare Schriften prägen das Erscheinungsbild der Ausstellung.

RO

Hellgrau 1	Hellgrau 2	Rot
3 | 0 | 0 | 32	2 | 0 | 0 | 18	0 | 100 | 79 | 20
188 | 190 | 192	217 | 219 | 220	164 | 0 | 40
RAL 7040	RAL 7035	RAL 3002
Pantone 429	Pantone 428	Pantone 187
Hex BCBEC0	Hex D9DBDC	Hex A40028

Dunkelgrau 1	Dunkelgrau 2	Orange
23 | 2 | 0 | 77	33 | 3 | 0 | 95	0 | 56 | 90 | 0
79 | 86 | 91	33 | 40 | 45	216 | 132 | 48
RAL 7024	RAL 7021	RAL 2003
Pantone 432	Pantone 433	Pantone 1585
Hex 4F565B	Hex 21282D	Hex D88430

TheSans Bold | TheSans SemiBold | TheSans Plain | TheSans SemiLight

Garamond Premier Pro Bold Italic | *Garamond Premier Pro Semibold Italic*
Garamond Premier Pro Medium Italic | *Garamond Premier Pro Medium Italic*
Garamond Premier Pro Medium | Garamond Premier Pro Medium Subhead

Playtime With Hot Toddies | *Baker Script*

Weiterführende Literatur (Kurzzitate)
ICOM, *Ethische Richtlinien*, 2010.
Stülpnagel, *Mumien in Museen*, 1998.

BETEILIGTE, LEIHGEBER UND UNTERSTÜTZER

Ausgrabung

Wissenschaftliche Leitung
Anja Grothe M. A., Dr. Bettina Jungklaus

Mitarbeit
Daniel Dosdall, Arie Kai-Browne,
Corinna Koch, Bettina Neese,
Silvio Scholz, Frank Stoll

Organisation
Gabriele Averkamp, Dr. Sabine Eickhoff,
Dr. Joachim Wacker

Surveys
BLDAM: Edward Collins B. A., Daniel
Dosdall, Dr. Sabine Eickhoff, Anja Grothe
M. A., Jamie Jones M. A., Dr. Bettina
Jungklaus, Veronika Klemm M. A.,
Dr. Anneliese Löser, Dipl. Arch. Jens May,
Susanne Morgenstern-Dosdall, Sascha
Richter, Dipl.-Ing. Anja Sbrzesny,
Katharina Schmeiduch, Silvio Scholz,
Werner Schulz, Christoph Unglaub,
Dr. Joachim Wacker

Interessengemeinschaft Ostfalensucher:
Marian Banas, Stefan Brandt, Michael
Brangs, Peter Freese, Martin Gädke,
Karl-Heinz Haase, Ralf Lampe, Henk
Nieke, Kersten Sander, Ernst Schuhose,
Carsten Spindler, Freia Tröger, Andreas
Voigt, Oliver Zodrow

Ehrenamtliche Bodendenkmalpfleger aus
Schleswig-Holstein: Arne Homann M. A.,
Frank Metzen, Dipl. Ing. Jochim Weise,
Udo Westerhold

Ehrenamtliche Bodendenkmalpfleger des
brandenburgischen Schulungsjahrganges
2010/2011

Auswertung

Wissenschaftliche Auswertung
Dr. Sabine Eickhoff, Anja Grothe M. A.,
Dr. Bettina Jungklaus

Forschergruppe
Dr. h. c. Otto Braasch, Landshut;
Jürgen H. Fricker, Frankenhardt/Hon-
hardt; Prof. Gisela Grupe, München;
Hilja Hoevenberg, Potsdam; Dr. Hans
Günter König, Kirchentellinsfurt;
Prof. Steve Murdoch, St Andrews;
Dr. Beate Rehbock, Berlin;

Dr. Rebecca Renneberg, Kiel; Burkhard
Schauer, Berlin; Prof. Michael Schultz,
Göttingen; Dr. Joachim Wacker;
Prof. Joachim Wahl, Konstanz;
Dipl. Kart. Heiko Wedel, Potsdam

Ausstellung

Projektleitung
Dr. Sabine Eickhoff

Konzept
Dr. Sabine Eickhoff, Karin Franz M. A.,
Anja Grothe M. A., Dipl. Des. Julia
Junghänel, Dr. Bettina Jungklaus,
Dr. Rainer Kossian, Prof. Franz Schopper

Wissenschaftlicher Beirat
Dr. Alexia Grosjean, St Andrews; Malin
Holst M. Sc., York; Dr. Uwe Koch,
Potsdam; Prof. Bernhard R. Kroener,
Potsdam; Dr. Achim Rost, Osnabrück

Texte
Dr. Sabine Eickhoff, Anja Grothe M. A.,
Dr. Bettina Jungklaus

Lektorat
Dr. Sabine Eickhoff, Anke Brand M. A.,
Hannover; Kerstin Babiel M. A., Potsdam

Übersetzungen
Jamie Jones M. A.

Ausstellungsgestaltung
Dipl. Des. Julia Junghänel

Ausstellungsgrafik
Ralf Opitz, Anne Bernhardi, Leichlingen;
Ottilie Blum M. A., Dr. Sabine Eickhoff,
Anja Grothe M. A., Dr. Anneliese Löser

Layout und Satz
Ralf Opitz, Dipl. Des. Julia Junghänel,
Julia Lutz-Albinus, Berlin

Druck der Ausstellungsgrafiken
Digidax GmbH, Potsdam

Mediendesign und Filme
Ralf Opitz, Thomas Claus, Berlin;
Helge Fischer M. A., Berlin;
Ann-Kristina Simon M. A., Berlin

Hörstationen
Hannes Richter, Berlin

Sprecher der Hörstationen
Peter Becker, Berlin; Sebastian Lohse, Dresden; Katja Feist, Berlin

Medientechnik
Heddier Electronic GmbH, Coesfeld

Grabinszenierung
Thomas Bartel, Brandenburg

Gesichtsrekonstruktion
Hilja Hoevenberg, Potsdam

Ausstellungsbau
Harald Müller, Kai Schmahlfeldt, Michael Schmückert, Werner Schulz, Daniela Skircke;
Big Image, Stahnsdorf; Geyer Edelstahl, Berlin; Ann-Marie Göbel, Ohringen-Ohrberg; Imago Stuhr oHG, Stuhr; Metallbau Windeck, Kloster Lehnin; museumstechnik GmbH, Berlin; Schreiber Museumsbau, Geyer

Transport
Harald Müller, Kai Schmahlfeldt, Michael Schmückert, Werner Schulz, Daniela Skircke

Konservatorische Betreuung und Einrichtung der Vitrinen
Dipl. Rest. Stefan Brather, Dipl. Rest. Thomas Mattern, Ilona Kranig, Andrea Schwan, Ralf Zumpe

Leihverkehr
Dr. Sabine Eickhoff

Koordination, Organisation und Recherche
Dr. Sabine Eickhoff, Jutta Boehme M. A., Karin Franz M. A., Ottilie Blum M. A., Anne-Kathrin Müller M. A.

Ausschreibungen und Controlling
Stefan Knoll, Gabriele Averkamp, Veronika Dorneburg, Dipl. Des. Julia Junghänel, Dr. Sabine Eickhoff

Presse- und Öffentlichkeitsarbeit
Jutta Boehme M. A., Dr. Sabine Eickhoff, Fatima Wollgast, M. A.

Werbekonzeption
Jutta Boehme M. A., Dr. Sabine Eickhoff, Karin Franz M. A., Dipl. Des. Julia Junghänel, Causales, Gesellschaft für Kulturmarketing und Kultursponsoring mbH, Berlin

Gestaltung und Layout der Werbemittel
Ralf Opitz, Dipl. Des. Julia Junghänel, Dr. Sabine Eickhoff, Dipl. Des. Josephine Rank, Berlin

Druck von Werbematerial
Flyeralarm GmbH, Würzburg; Saxoprint GmbH, Dresden; copy print, Berlin; G+S Druck und Medien GmbH, Potsdam

Website und Soziale Netzwerke
Usability Zen-Network Rolf Bartel, Langenbernsdorf
Anja Grothe M. A., Dr. Sabine Eickhoff, Ralf Opitz, Ottilie Blum M. A.

Museumspädagogik und Besucherbetreuung
Dr. Sabine Eickhoff, Anne-Kathrin Müller M. A., Fatima Wollgast, M. A., Christine Jaschinsky, Art Balance e. V., Potsdam; Matthias Frohl, Sonnensegel e. V., Brandenburg; Dr. Hans Joachim Behnke, Archäotechnisches Zentrum Welzow, Welzow; Dr. Harriet Bönisch, Slawenburg Raddusch, Raddusch

Katalog

Herausgeber
Dr. Sabine Eickhoff, Prof. Dr. Franz Schopper

Texte
Dr. Sabine Eickhoff, Anja Grothe M. A., Dr. Bettina Jungklaus
Prof. Gisela Grupe, München; Hilja Hoevenberg, Potsdam; Dipl. Des. Julia Junghänel, Dr. Hans Günter König, Tellinsfurt; Dr. Stephan Krabath, Dresden; Prof. Steve Murdoch, St Andrews; Ralf Opitz, Burkhard Schauer, Berlin; Dr. Ulrich Schoknecht, Waren; Dr. Tobias Schönauer, Ingolstadt; Prof. Dr. Joachim Wahl, Konstanz

Lektorat und Redaktion
Dr. Sabine Eickhoff, Anke Brand M. A., Hannover; Kerstin Babiel M. A., Potsdam

Grafiken
Ralf Opitz, Ottilie Blum M. A., Anja Grothe M. A., Dipl. Des. Julia Junghänel, Dr. Anneliese Löser

Fotoarbeiten
Detlef Sommer sowie gemäß Nachweis S. 204 ff.

Koordination Herstellung
Dr. Christof Krauskopf

Gestaltung und Herstellung
Atelier Fischer, Berlin

Umschlag
Atelier Fischer, Berlin, nach einem
Vorschlag von Ralf Opitz und
Dipl. Des. Julia Junghänel unter
Verwendung einer Karte zur Schlacht
von Wittstock (Kriegsarchiv Stockholm,
Sveriges Krig 3:199)

Satz
Günther Matthes

Reproduktionen
LVD GmbH, Berlin

Druck und Verarbeitung
MEDIALIS Offsetdruck GmbH, Berlin;
Stein + Lehmann Buchbinderei, Berlin

Die Deutsche Bibliothek verzeichnet
diese Publikation in der Deutschen
Nationalbibliografie; detaillierte
bibliografische Daten sind im Internet
über http://dnb.ddb.de abrufbar.

**Wir danken allen Leihgebern,
Förderern und Partnern, die mit
ihrer Unterstützung zum Gelingen
des Projektes beigetragen haben.**

Leihgeber
Archäologische Staatssammlung,
München
Armeemuseum, Stockholm
Bayerisches Armeemuseum, Ingolstadt
Ehm Welk- und Heimatmuseum,
Angermünde
Jürgen H. Fricker, Frankenhardt/
Honhardt
Kurpfälzisches Museum der Stadt
Heidelberg
Landesamt für Denkmalpflege und
Archäologie – Landesmuseum für
Vorgeschichte – Sachsen-Anhalt
Landesamt für Kultur und Denkmal-
pflege Mecklenburg-Vorpommern
Medizinhistorisches Museum, Ingolstadt
Museum für Vor- und Frühgeschichte,
Berlin
Sächsische Landesbibliothek – Staats-
und Universitätsbibliothek Dresden
Staatsbibliothek zu Berlin – Preußischer
Kulturbesitz
Städtische Museen Junge Kunst und
Viadrina, Frankfurt (Oder)
Stiftung Deutsches Historisches
Museum, Berlin
Andreas Voigt, Seesen

Sponsoren und Spender
EWE Stiftung, Oldenburg
Lausitzer Braunkohle Stiftung, Cottbus
Big Image, Stahnsdorf
Metallbau Windeck, Kloster Lehnin
museumstechnik GmbH, Berlin
Kado Lakritzfachgeschäft, Berlin

**Wir danken allen Spendern, die
eine Namenspatenschaft übernommen
haben.**

Unterstützer
Archäologische Gesellschaft in Berlin
und Brandenburg e. V.
Brandenburgisches Landesinstitut
für Rechtsmedizin, Potsdam
Deutsche Bahn – Klasse unterwegs
Haus der Brandenburgisch-Preußischen
Geschichte, Potsdam
Landesvermessung und Geobasis-
information Brandenburg, Potsdam
Stadtmarketing- und Tourismusgesell-
schaft Brandenburg an der Havel
Stadt Brandenburg an der Havel
Tourismus-Marketing Brandenburg
GmbH, Potsdam
Tourismusverband Havelland e. V.,
Ribbeck
Tourismusverband Wittstock Land,
Wittstock
Urania e. V., Berlin

Unser herzlicher Dank gilt zudem

unseren Kollegen Dr. Rainer Kossian, Janina Bartel, Karin Sommer und Annett Steeger sowie Dipl. Arch. Markus Agthe, Dr. Thomas Kersting, Dipl. Arch. Jens May und Dr. Joachim Wacker für ihre Unterstützung.

Klaus-Jürgen Schmidt, Untere Denkmalschutzbehörde des Kreises Ostprignitz-Ruppin für seine Unterstützung.

Arne Homann M. A., Hamburg, André Schürger M. A., Leipzig und Dipl. Ing. Jochim Weise, Lübeck für kollegialen Austausch zu frühneuzeitlichen Funden.

Prof. Steve Murdoch, University St Andrews für die Überlassung digitaler Bildvorlagen des Testaments von Colonel Harry Lindsay sowie für seine Unterstützung, zahlreiche Literaturhinweise und kollegiale Diskussionen.

Annett Müller, Brandenburgisches Landesinstitut für Rechtsmedizin Potsdam für die gute Zusammenarbeit und Unterstützung.

Dr. Helmut Backhaus, Schwedisches Reichsarchiv in Stockholm und Ingrid Karlsson, Schwedisches Kriegsarchiv in Stockholm für die Recherche und die Bereitstellung von originalen Schriftquellen zur Schlacht von Wittstock.

Dr. Kathrin Zickermann, University of the Highlands and Islands, Inverness für ihre Hilfe bei der Übertragung und Übersetzung frühneuzeitlicher Quellen sowie für kollegiale Diskussionen.

Adam Marks B. A., University St Andrews für die Überlassung einer digitalen Vorlage des von ihm entdeckten Berichts von James King.

Dipl. Des. Yvonne Rieschl, Berlin, Dipl. Des. Julia Toed, Berlin und Dipl. Ing. Julia Otte, Berlin für ihren professionellen und unverbrauchten Blick auf die Ausstellungsgestaltung.

Dirk Peters, Ketzin für Diskussionen zu Wappen.

Angus Fowler, Berlin und Roland Sennewald, Schkeuditz für Literaturhinweise und kollegiale Diskussionen.

Martin Sauter, Augsburg für die Herstellung der Zinnfiguren.

Dr. Erwin Keefer, Stuttgart und Dr. Stefanie Berg-Hobohm, München für ihre Unterstützung.

Julius Blum, Berlin, Johanna und Sophia Wacker, Schwerin sowie Louisa Stark, Lüneburg für das Gegenlesen der Texte für die Kinderebene.

Allen anderen hier nicht genannten Kollegen und Freunden für ihre Unterstützung und ihre Geduld.

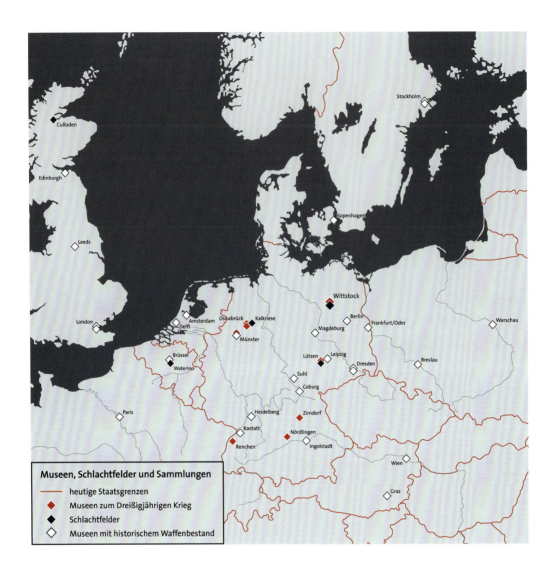

Museen, Schlachtfelder und Sammlungen

— heutige Staatsgrenzen

◆ Museen zum Dreißigjährigen Krieg

◆ Schlachtfelder

◇ Museen mit historischem Waffenbestand

Culloden

Edinburgh

Stockholm

Leeds

Kopenhagen

London

Amsterdam
Delft

Osnabrück
Kalkriese

Münster

Wittstock

Berlin
Frankfurt/Oder

Warschau

Magdeburg

Brüssel
Waterloo

Lützen
Leipzig
Dresden

Breslau

Suhl

Paris

Coburg

Heidelberg

Zirndorf

Rastatt

Nördlingen

Renchen

Ingolstadt

Wien

Graz

AUSSTELLUNGEN UND PROJEKTE ZUM THEMA

Diese Museen und historischen Orte bieten Ausstellungen oder Informationen zum Dreißigjährigen Krieg und zu Schlachtfeldern oder historischen Waffensammlungen.

Bundesrepublik Deutschland

Berlin
Deutsches Historisches Museum
Zeughaus und Ausstellungshalle
Unter den Linden 2
D-10117 Berlin
Tel.: +49 (0)30/20 30 40
Info-Tel.: +49 (0)30/20 30 44 44
www.dhm.de

Coburg
Kunstsammlungen der Veste Coburg
D-96450 Coburg
Tel.: +49 (0)95 61/87 90
Info-Tel.: +49 (0)95 61/879 79
www.kunstsammlungen-coburg.de

Dresden
Staatliche Kunstsammlungen Dresden
– Rüstkammer im Semperbau
Semperbau am Zwinger
Theaterplatz 1
D-01067 Dresden
Tel.: +49 (0)351/4914 20 00
www.skd.museum/de/museen-
institutionen/zwinger-mit-semperbau/
ruestkammer/index.html

Militärhistorisches Museum
der Bundeswehr
Olbrichtplatz 2
D-01099 Dresden
Tel.: +49 (0)351/823 28 03
www.mhmbw.de

Frankfurt (Oder)
Städtische Museen Junge Kunst
und Viadrina – Junkerhaus
Carl-Philipp-Emanuel-Bach-Straße 11
D-15230 Frankfurt (Oder)
Tel.: +49 (0)335/40 15 60
www.museum-viadrina.de/Museum/20_
MuseumViadrina.html

Heidelberg
Kurpfälzisches Museum der Stadt Heidelberg
Hauptstraße 97
D-69117 Heidelberg
Tel.: +49 (0)62 21/583 40 20
www.museum-heidelberg.de

Ingolstadt
Bayerisches Armeemuseum
Neues Schloss
Paradeplatz 4
D-85049 Ingolstadt
Tel.: +49 (0)841/937 70
www.bayerisches-armeemuseum.de

Kalkriese
Varusschlacht im Osnabrücker Land
GmbH
Museum und Park Kalkriese
Venner Straße 69
D-49565 Bramsche-Kalkriese
Tel.: +49 (0)54 68/920 42 00
www.kalkriese-varusschlacht.de

Leipzig
Stadtgeschichtliches Museum Leipzig –
Altes Rathaus
Markt 1
D-04109 Leipzig
Tel.: +49 (0)341/965 13 20
www.stadtgeschichtliches-museum-
leipzig.de

Lützen
Museum Schloss Lützen
Schloßstraße 4
D-06686 Lützen
Tel.: +49 (0)344 44/202 28

www.stadt-luetzen.de/de/museum-im-
schloss-luetzen.html

Gustav-Adolf-Gedenkstätte
Gustav-Adolf-Straße 42
D-06686 Lützen
Tel.: +49 (0)344 44/203 17
www.stadt-luetzen.de/de/
gustavadolfgedenkstaette.html

Magdeburg
Kulturhistorisches Museum Magdeburg
Otto-von-Guericke-Straße 68–73
D-39104 Magdeburg
Tel.: +49 (0)391/540 35 01
www.khm-magdeburg.de

Münster
Rathaus des Westfälischen Friedens/In-
formation im Historischen Rathaus
Prinzipalmarkt 10
D-48143 Münster
Tel.: +49 (0)251/492 27 24
www.muenster.de/stadt/tourismus/pdf/
friedenssaalflyer.pdf

Stadtmuseum
Salzstraße 28
D-48143 Münster
Tel.: +49 (0)251/492 45 03
www.muenster.de/stadt/museum/

Nördlingen
Stadtmuseum Nördlingen
Vordere Gerbergasse 1
D-86720 Nördlingen
Tel.: +49 (0)90 81/273 82 30
www.stadtmuseum-noerdlingen.de

Osnabrück
Rathaus – Friedenssaal und Ausstellung
Markt
D-49074 Osnabrück
Tel.: +49 (0)541/323 21 52
www.osnabrueck.de/10175.asp

Kulturgeschichtliches Museum –
Sammlung Westfälischer Frieden
Lotter Straße 2
D-49078 Osnabrück
Tel.: +49 (0)541/323 22 07
www.osnabrueck.de/10792.asp

Rastatt
Wehrgeschichtliches Museum Rastatt
im Schloss Rastatt
Herrenstraße 18
D-76437 Rastatt
Tel.: +49 (0)72 22/342 44
www.wgm-rastatt.de

Renchen
Simplicissimus-Haus
Hauptstraße 59
D-77871 Renchen
Tel.: +49 (0)78 43/707 20
www.simplicissimushaus.de

Suhl
Waffenmuseum Suhl
Friedrich-König-Straße 19
D-98527 Suhl
Tel.: +49 (0)36 81/74 22 18
www.waffenmuseumsuhl.de

Wittstock
Museen Alte Bischofsburg – Museum
des Dreißigjährigen Krieges
Amtshof 1–5
D-16909 Wittstock/Dosse
Tel.: +49 (0)33 94/43 37 25
www.mdk-wittstock.de

Ausstellungs- und Gedenkplattform
auf dem historischen Schlachtfeld
Tourismusinformation Wittstock
Walter-Schulz-Platz 1
14909 Wittstock
Tel.: +49 (0)33 94/43 34 42
www.wittstock.de

Zirndorf
Städtisches Museum Zirndorf
Spitalstraße 2
D-90513 Zirndorf
Tel.: +49 (0)911/96 06 05 90
www.museum.zirndorf.de

Ausland

Schweden
Armémuseum
Riddargatan 13
Box 14095
S-10441 Stockholm
Tel.: +46 (0)8/51 95 63 00
www.sfhm.se

Livrustkammaren
Slottsbacken 3
S-11130 Stockholm
Tel.: +46 (0)8/402 30 30
www.livrustkammaren.se

Dänemark
Tøjhusmuseet (Königlich-Dänisches
Waffenmuseum)
Tøjhusgade 3
DK-1214 Kopenhagen K.
Tel.: +45 (0) 33 11 60 37
www.thm.dk

Großbritannien
Royal Armouries Museum
HM Tower of London
UK-London EC3N 4AB
Tel.: +44 (0)20/31 66 66 60
www.royalarmouries.org/visit-us/tower-
of-london

Firepower – The Royal Artillery Museum
Royal Arsenal
Woolwich
UK-London SE18 6ST
Tel.: +44 (0)20/88 55 77 55
www.firepower.org.uk

Royal Armouries Museum
Armouries Drive
UK-Leeds LS10 1LT
Tel.: +44 (0)113/220 19 99
www.royalarmouries.org/visit-us/leeds

National War Museum
Edinburgh Castle
UK-Edinburgh EH1 2NG
Tel.: +44 (0)300/123 67 89
www.nms.ac.uk/our_museums/war_
museum.aspx

Culloden Battlefield visitor centre Cull-
oden Moor
UK-Inverness
Highland IV2 5EU
Tel.: +44 (0)844/493 21 59
www.nts.org.uk/Culloden/Home/

Niederlande
Rijksmuseum Amsterdam
Jan Luijkenstraat 1
NL-1071 CJ Amsterdam
Tel.: +31 (0)20/674 70 00
www.rijksmuseum.nl

Leger Museum
Korte Geer 1
NL-2611 CA Delft
Tel.: +31 (0)15/215 05 00
www.legermuseum.nl

Belgien
Royal Army and Military History
Museum
Jubelpark 3
B-1000 Brussels
Tel.: +32 (0)2/737 78 33
www.klm-mra.be

Waterloo Schlachtfeld
und Besucherzentrum
Route du Lion 315
B-1410 Waterloo
Tel.: +32 (0)2/385 19 12
www.waterloo1815.be

Frankreich
Musée de l'Armée
Hôtel national des Invalides
129 rue de Grenelle
F-75007 Paris
Tel.: +33 (0)810/11 33 99
www.invalides.org

Polen
Muzeum Wojska Polskiego
Al. Jerozolimskie 3
PL-00-495 Warszawa
Tel.: +48 (0)22/629 52 71 72
www.muzeumwp.pl

Breslau Stadtmuseum – Militärmuseum
Arsenał
Ul. Cieszyńskiego 9
PL-50-136 Wrocław
Tel.: +48 (0)71/34 71 69 66
www.mmw.pl/deutsch/museum/
militaria.php

Österreich
Heeresgeschichtliches Museum
Militärhistorisches Institut
Arsenal, Objekt 1
A-1030 Wien
Tel.: +43 (0)1/79 56 10
www.hgm.or.at

Landeszeughaus
Herrengasse 16
A-8010 Graz
Tel.: +43 (0)316/80 17 98 10
www.museum-joanneum.at/de/
landeszeughaus

**Materialsammlungen und Projekte
zu verwandten Themen im Internet**

Der Dreißigjährige Krieg in Selbstzeug-
nissen, Chroniken und Berichten
www.30jaehrigerkrieg.de/

Frühe Neuzeit und Dreißigjähriger Krieg
www.engerisser.de

The Towton Mass Grave Project
www.brad.ac.uk/acad/archsci/depart/
resgrp/towton/

Centre of Battlefield Archaeology
at the University of Glasgow
www.gla.ac.uk/departments/
battlefieldarchaeology/

The Scotland, Scandinavia and Northern
European Biographical Database (SSNE)
at the University of St Andrews
www.st-andrews.ac.uk/history/ssne/

LITERATURVERZEICHNIS

Auswahl an Quellen

Anonyme Karte, 1636
Anonymus, *Vorzeichnuss vnd Abriss des Treffens so zwischen den Schwedischen vnd Keiserischen, bey Wittstock auff den Scharffen Berge geschehen…Den 24 September 1636* (Krigsarkiv Stockholm, Sveriges Krig 3:199).

Außführlicher Bericht, Flugschrift 1636
Außführlicher Bericht/Deß gantzen Verlauffs zwischen der Kron Schweden und Chur-Sächsischen Armeen gewaltiges Treffen/geschehen zu Wittstock/den 26. Septembr. Anno 1636. Hierbey die Verzeugnis Aller Käyserlichen unnd Chur-Sächsischen Regimenter welche bey dem Treffen gewesen. Flugschrift 1636 (VD17: 12:000066E).

Außführliche Nachrichtung, Flugschrift 1636
Außführliche und Gründliche Nachrichtung/Wie es mit dem blutigen zwischen dero Königl. Mayest. und Reiche Schweden Kriegsarmee/und denen beyden Keyserlichen … und dero Chur Sächsischen Armaden/den 24. Septem. jüngsthin bey Wittstock gehaltenem Treffen hergangen: auß einer Hohen Vornehmen Person zu Garleben/ den 24. Octobr. 1636. datirtem Notificationschreiben außgezogen. Flugschrift 1636 (VD17: 14:005882Q).

Banér Bericht
Johan Banérs berättelse, Skrivelser till konungen. Bd. 1. 25. Sept. 1636, Rijksarchiv Stockholm. In: *Rikskansleren Axel Oxenstiernas skrifter och brefvexling. Utgifna af kongl. Vitterhets-, historie- och antiqvitets-akademien.* Bd. 6 (Stockholm 1893) 856-866.

Bischofschronik 1697
Die Wittstocker Bischofschronik des Joachim Conrad Stein vom Jahre 1697. Übertragen und übersetzt von Kurt Zellmer (Wittstock 2000, Unpubl. Mskr.).

Eigentlicher Verlauff, Flugschrift 1636
Eigentlicher Verlauff Des Treffens bey Wittstock/[et]c. vorgangen den 4. October/ 24. September 1636. Flugschrift 1636 (VD17: 23:313240S).

Extrakt und Eigentlicher Bericht, Flugschrift 1636
Extract Und Eigentlicher Bericht Auß Wittstock vom 25./und 26. Septembris/Wie es mit dem Treffen zwischen der Königlichen Schwedischen Armee eins Theils unnd der Churfürstl. Durchl. zu Sachsen/andern Theils abgangen sey. Flugschrift 1636 (VD17: 12:200657E).

Gemarkung Wittstock um 1700
Handgezeichnete Karte der Gemarkung Wittstock um 1700 (Staatsbibl. Berlin Preußischer Kulturbesitz, Kart. N 6980).

Khevenhiller 1726
Frantz Christoph Khevenhiller, *Annales Ferdinandei oder Wahrhaffte Beschreibung Kayser Ferdinandi des Andern [II.] […] von Anfang des 1578. biß auf das 1637. Jahr.* Bd. 12 (Leipzig 1726) Sp. 1995-2000.

King Bericht
Generall Lieuten. Kings Relation of the late battell before Wittstock the 24th. of September 1636 (Nat. Archives London, SP 80/9, ff. 275-276).

Leslie Bericht
Bericht Alexander Leslies an den Reichskanzler vom 26. September 1636. In: *Rikskansleren Axel Oxenstiernas skrifter och brefvexling. Utgifna af kongl. Vitterhets- historie- och antiqvitets-akademien.* Bd. 6 (Stockholm 1893) 465-468.

Maesberg 1636
Zeichnung der Schlacht von Wittstock von Conradus A. Maesberg 1636 (Krigsarkiv Stockholm, Sveriges Krig 3:200).

Relation 1636
Samuel Weishun, *Relation Deß blutigen treffens/welches den 24. Septem. 4. Octobr. bey Witstock zwischen Churf. Durchl. zu Sachsen/so wol dem Käyserl. General Feld-Marschalck Graf von HatzFeld. Unnd dann Der Cron. Schweden General Joh. Banner vorgangen.* Kupferstich 1636 (VD17: 1:092265H).

Relation Veritable, Flugschrift 1636
Relation Veritable de tovt de qvi s´est passe´ en la sanglante deffaicte de l´aremee dv Dvc de Saxe et de l´Empereur, par la Couronne de Suede, foubs la conduitte du General Banier, prés de Vvitstocq, le 16. Octobre 1636. Ensemble les noms de tous les Officiers qui ont esté en la Bataille. Flugschrift 1636 (Krigsarkiv Stockholm, Sveriges Krig 3:201).

Theatrum Europaeum
Matthäus Merian, *Eigentliche Delineation*

des treffens… bei Wittstock. In: Johann Abelinus et al., *Theatrum Europaeum.* Bd. 3 (Frankfurt a. M. 1670) 707-710.

Warhafftiger Bericht, Flugschrift 1636 *Gründlicher und warhafftiger Bericht/Von dem Blutigen Treffen/Welches den 24. Septembr. 4. Octobris im Lande zu Mechelburg bey Wittstock/zwischen Churfürstl. Durchl. zu Sachsen/[et]c. So wol dem Keys. General Feldmarschalck Graff von Hatzfeldt/[et]c. Und der Cron Schweden Generaln Johann Banner vorgangen.* Flugschrift 1636 (VD 17: 3:626752P).

Literatur

Ackerknecht 1963
E. H. Ackerknecht, *Geschichte und Geographie der wichtigsten Krankheiten* (Stuttgart 1963).

Adler 1983
C.-P. Adler, *Knochenkrankheiten* (Stuttgart, New York 1983).

Adrian/Moore 1992
D. Adrian/J. Moore, *Darwin* (München 1992).

Allsop/Foard 2008
D. Allsop/G. Foard, *Case shot: An interim report on experimental firing and analysis to interpret early modern battlefield assemblages.* Journal Conflict Arch. 3, 2008, 111-146.

Asche 2006
M. Asche, *Neusiedler im verheerten Land: Kriegsfolgenbewältigung. Migrationssteuerung und Konfessionspolitik im Zeichen des Landeswiederaufbaus. Die Mark Brandenburg nach den Kriegen des 17. Jahrhunderts* (Münster 2006).

Belting/Gerchow 2002
H. Belting/J. Gerchow (Hrsg.), *Ebenbilder. Kopien von Körpern* (Ostfildern-Ruit 2002).

Berg-Hobohm 2008
S. Berg-Hobohm, *Ein anderer Blick auf die Schlacht von Alerheim.* Denkmalpfl. Inf. 140, 2008, 21-22.

Biermann/Gebuhr 1998
F. Biermann/R. Gebuhr, *Über Befestigungen zur Zeit der Konfessionskriege. Das königlich-schwedische Feldlager zu Werben an der Elbe.* In: Kreis Ostprignitz-Ruppin (Hrsg.), *Museum des Dreißigjährigen Krieges* (Wittstock 1998) 67-83.

Biermann/Gebuhr 2008
F. Biermann/R. Gebuhr, *Erdanlagen im Festungsbau. Neuzeitliche Schanzen des 16. bis 19. Jahrhunderts, besonders im südlichen Brandenburg.* In: Ch. Popp/ J. Stephan (Hrsg.), *An Elbe und Oder. Beitr. brandenburgische Landesgesch.,* Winfried Schich zum 70. Geburtstag (Einhausen 2008) 149-269.

Binder 2008
M. Binder, *Der Soldatenfriedhof in der Marchettigasse in Wien. Die Lebensbedingungen der einfachen Söldner in der theresianisch-josephinischen Armee anhand anthropologischer Untersuchungen.* Monogr. Stadtarch. Wien, Bd. 4 (Wien 2008).

Björlin 1910
G. Björlin, *Johan Banér* (Stockholm 1910).

Blackmore 1990
D. Blackmore, *Arms and armour of the English Civil War* (London 1990).

Blázek 1887
C. Blázek, *Der abgestorbene Adel der preussischen Provinz Schlesien.* In: *J. Siebmachers großes und allgemeines Wappenbuch.* Bd. 6, Abt. 8 (Nürnberg 1887).

Bonsall 2008
J. Bonsall, *The study of small finds at the 1644 Battle of Cheriton.* Journal Conflict Arch. 3, 2008, 29-52.

Brnardic 2009
V. Brnardic, *Imperial armies of the Thirty Years' War.* Part 1. *Infantry and artillery* (Oxford 2009).

Brnardic 2010
V. Brnardic, *Imperial armies of the Thirty Years' War.* Part 2. *Cavalry* (Oxford 2010).

Brock/Homann 2011
Th. Brock/A. Homann, *Schlachtfeldarchäologie. Auf den Spuren des Krieges* (Stuttgart 2011).

Brothwell 1963
D. R. Brothwell, *The macroscopic dental pathology of some earlier human populations.* In: D. R. Brothwell (ed.), *Dental anthropology* (Oxford 1963) 271-288.

Brothwell 1981
D. R. Brothwell, *Digging up bones* (Oxford 1981).

Brzezinski 2001
R. Brzezinski, *Lützen 1632. Climax of the Thirty Years' War* (Oxford 2001).

Brzezinski/Hook 2006
R. Brzezinski/R. Hook, *Die Armee Gustav Adolfs. Infanterie und Kavallerie* (Königswinter 2006).

Burgard 1997
P. Burgard, *Die frühe Neuzeit. Ein Lesebuch zur deutschen Geschichte 1500-1815* (München 1997).

Burschel 1994
P. Burschel, *Söldner in Nordwestdeutschland des 16. und 17. Jahrhunderts. Sozialgeschichtliche Studien* (Göttingen 1994).

Buschor 1960
E. Buschor, *Das Porträt. Bildniswege und Bildnisstufen in fünf Jahrtausenden* (München 1960).

Carman/Carman 2006
J. Carman/P. Carman, *Bloody meadows. Investigating landscapes of battle* (Sutton 2006).

Clemens 1996
W. Clemens, *Die Pest in Berlin in Chroniken, Berichten und königlichen Erlassen mit Anmerkungen zur Ökologie und Epidemiologie.* Umwelt und Medizin. Verein für gesunde Medizin e.V. (Berlin 1996).

Czarnetzki 1996
A. Czarnetzki (Hrsg.), *Stumme Zeugen ihrer Leiden. Krankheit und Behandlung vor der medizinischen Revolution* (Tübingen 1996).

Delbrück 1920
H. Delbrück, *Geschichte der Kriegskunst im Rahmen der politischen Geschichte.* Bd. 4. Neuzeit (Berlin 1920).

Dobson 2009
M. Dobson, *Seuchen, die die Welt verändern – Von Cholera bis SARS* (Hamburg 2009).

Egan 2005
G. Egan, *Material culture in London in an age of transition. Tudor and Stuart period finds c 1450 – c 1700 from excavations at riverside sites in Southwark.* Mus. London Arch. Service Monogr. 19 (London 2005).

Engerisser 2004
P. Engerisser, *Von Kronach nach Nördlingen. Der Dreißigjährige Krieg in Franken, Schwaben und der Oberpfalz 1631-1635* (Weißenstadt 2004).

Engerisser/Hrnčiřík 2009
P. Engerisser/P. Hrnčiřík, *Nördlingen 1634. Die Schlacht bei Nördlingen – Wendepunkt des Dreißigjährigen Krieges* (Weißenstadt 2009).

Englund 1998
P. Englund, *Die Verwüstung Deutschlands. Eine Geschichte des Dreißigjährigen Krieges* (Stuttgart 1998).

Ericson 2003
L. W. Ericson, *Svenska slagfält* (Stockholm 2003).

Fahr/Pacak 2008
J. Fahr/P. Pacak, *Das schwedische Feldlager Latdorf.* In: H. Meller (Hrsg.), *Archäologie am Kalkteich 22 in Latdorf. Die Chemie stimmt!* Arch. Sachsen-Anhalt, Sonderbd. 9 (Halle 2008) 105-117.

Fahr et al. 2009
J. Fahr/C. Müller/P. Pacak, *Das schwedische Feldlager von Latdorf bei Bernburg von 1644 (Salzlandkreis, Sachsen-Anhalt) – Ergebnisse der Ausgrabungen am Kalkteich 22 und an der L73.* In: Meller 2009, 151-162.

Feuerstein-Herz 2005
P. Feuerstein-Herz, *Gotts verhengnis und seine straffe. Zur Geschichte der Seuchen in der Frühen Neuzeit.* Ausstellungskat. Herzog August Bibl. Wolfenbüttel (Wiesbaden 2005).

Fiedler 1985
S. Fiedler, *Kriegswesen und Kriegführung im Zeitalter der Landsknechte. Heerwesen der Neuzeit.* Bd. 1/2 (Koblenz 1985).

Fiorato et al. 2000
V. Fiorato/A. Boylston/Ch. Knüsel/ M. Holst/T. Sutherland, *Blood red roses. The archaeology of a mass grave from the Battle of Towton AD 1461* (Oxford 2000).

Foard 1995
G. Foard, *Naseby. The decisive campaign* (Whitstable 1995).

Foard 2009a
G. Foard, *The investigation of early modern battlefields in England.* In: Meller 2009, 117-125.

Foard 2009b
G. Foard, *Guidance on recording lead bullets from early modern battlefields*. 2009 (Online im Internet: URL: http://www. heritagescience.ac.uk/Research_Projects/ projects/Projectposters/Conservation_ of_Battlefield_Archaeology_project_report_-_Appendix_3 [Stand 19. 9. 2011]).

Förster 1984
R. Förster, *Gefallenenbestattung und Kriegerdenkmal im Wandel der Jahrhunderte.* In: S. Metken (Hrsg.), *Die letzte Reise. Sterben, Tod und Trauersitten in Oberbayern* (München 1984) 366-373.

Freeman/Pollard 2000
P. W. M. Freeman/A. Pollard, *Fields of conflict. Progress and prospect in battlefield archaeology.* Proceedings of a conference held in the Department of Archaeology, University of Glasgow, April 2000. BAR Internat. Ser. 958 (Oxford 2001).

Gabriel 1990
E. Gabriel, *Die Hand- und Faustfeuerwaffen der habsburgischen Heere.* Schriften des Heeresgeschichtlichen Museums in Wien. Militärwiss. Inst. 11 (Wien 1990).

Glaser 1980
H. Glaser (Hrsg.), *Um Glaube und Reich. Kurfürst Maximilian I. Wittelsbach und Bayern* (München 1980).

Glaser 2001
R. Glaser, *Klimageschichte Mitteleuropas – 1000 Jahre Wetter, Klima, Katastrophen* (Darmstadt 2001).

Grosjean 2003
A. Grosjean, *An unofficial alliance. Scotland and Sweden 1569-1654.* Northern World 5 (Leiden 2003).

Grüneberg 1999
G. Grüneberg, *Die Prignitz und ihre städtische Bevölkerung im 17. Jahrhundert. Havelberg, Kyritz, Lenzen, Perleberg, Pritzwalk, Wittstock.* Quellen und Schriften zur Bevölkerungsgesch. der Mark Brandenburg 6 (Lenzen/Elbe 1999).

Grupe et al. 2005
G. Grupe/K. Christiansen/I. Schröder/ U. Wittwer-Backofen, *Anthropologie. Ein einführendes Lehrbuch* (Berlin, New York, Heidelberg 2005).

Grupe et al. (im Druck)
G. Grupe/S. Eickhoff/A. Grothe/ B. Jungklaus/A. Lutz, *Missing in action during the Thirty Years' War. Provenance of soldiers from the Wittstock battlefield. October 4, 1636. An investigation of stable strontium and oxygen isotopes.* In: *Migrations in Prehistory and Early History.* Topoi, Berlin Stud. Ancient World Ser. (im Druck).

Guthrie 1952
D. Guthrie, *Die Entwicklung der Heilkunde* (Zürich 1952).

Guthrie 2003
W. P. Guthrie, *The later Thirty Years' War. From the Battle of Wittstock to the Treaty of Westphalia.* Contributions Military Stud. 222 (Westport/Connecticut, London 2003).

Habrich 1995
Ch. Habrich, *Badermedizin, volksmedizinisches Brauchtum, wissenschaftliche Medizin und Chirurgie vom 16.-20. Jahrhundert.* Dt. Medizinhist. Mus. Ingolstadt 2 (Braunschweig 1995) 42-93.

Hawkey/Merbs 2011
D. E. Hawkey/C. F. Merbs, *Activity-induced musculoskeletal stress markers (MSM) and subsistence strategy changes among ancient Hudson Bay Eskimos.* Internat. Journal Osteoarch. 21 (5), September 2011, 324-338.

Herrmann et al. 1990
B. Herrmann/G. Grupe/S. Hummel/ H. Piepenbrink/H. Schutkowski, *Prähistorische Anthropologie* (Berlin 1990).

His 1895
W. His, *Anatomische Forschungen über Johann Sebastian Bach's Gebeine und Antlitz nebst Bemerkungen über dessen Bilder.* Abhandl. Kgl. Sächs. Ges. Wiss. 22 (Leipzig 1895).

Huf 2003
H.-C. Huf, *Mit Gottes Segen in die Hölle. Der Dreißigjährige Krieg* (Berlin 2003).

Hüppi 1986
A. Hüppi, *Kunst und Kultur der Grabstätten* (Olten 1986).

Huthamies 2000a
M. Huthamies, *Sijaissotilasjärjestelmä ja väenotot. Taloudellis-sosiaalinen tutkimus sijaissotilaiden käytöstä Ala-Satakunnan*

väenotoissa vuosina 1631-1648. Helsingin yliopisto (Helsinki 2000). (Deutsche Zusammenfassung: *Ersatzmänner, Zwangsaushebungen und Bauerngemeinschaften im 17. Jahrhundert in Schweden,* 189-199).

Huthamies 2000b
M. Huthamies, *Zwangsaushebungen, Ersatzmänner und Bauerngemeinschaft im 17. Jahrhundert in Schweden.* Militär und Gesellschaft in der Frühen Neuzeit. Bull. 4, 2000, 23-28 (Online im Internet: URL: http//:www.amg-fnz.de/projekte/ akt_pro2.php?ID=51 [Stand 8.11.2011]).

ICOM 2010
ICOM – Internationaler Museumsrat, Ethische Richtlinien für Museen von ICOM, 2010 (Online im Internet: URL: http:// www.icom-deutschland. de/client/ media/364/icom_ethische_richtlinien_d_ 2010.pdf [Stand 10. 11. 2011]).

Imhof 1990
A. E. Imhof, *Lebenserwartungen in Deutschland vom 17. bis 19. Jahrhundert* (Weinheim 1990).

Jacobeit/Jacobeit 1985
S. Jacobeit/W. Jacobeit, *Illustrierte Alltagsgeschichte des deutschen Volkes. 1550-1810* (Leipzig, Jena, Berlin 1985).

Jakobsson 1938
Th. Jakobsson, *Beväpning og Beklädnad.* In: Generalstaben (ed.), *Sveriges Krig 1611-1632.* Bilagsbd. II (Stockholm 1938).

Jungklaus 2011
B. Jungklaus, *Die Krankheitsbelastung der mittelalterlichen und frühneuzeitlichen Kinderpopulation von Tasdorf (Ldk. Märkisch-Oderland). Ergebnisse der osteologischen-paläopathologischen Untersuchungen.* Diss. Freie Univ. Berlin (Berlin 2011).

Jungklaus/Niemitz 2001
B. Jungklaus/C. Niemitz, *Hinweise zu unterschiedlichen Lebensbedingungen im späten Mittelalter und der frühen Neuzeit am Beispiel der Skelettserie Tasdorf, Brandenburg, Deutschland.* Arch. Austriaca. Festschrift für Egon Reuer zum 75. Geburtstag. Bd. 84-85 (Wien 2001) 221-232.

Junkelmann 1980
M. Junkelmann, *Kriegshandwerk.* In: H. Glaser 1980, Bd. II/2, 384-389.

Karger-Decker 2001
B. Karger-Decker, *Die Geschichte der Medizin* (Düsseldorf 2001).

Kelly/Schwabe 1929
F. M. Kelly/R. Schwabe, *Historic costume: A chronicle of fashion in western europe, 1490-1790* (London 1929).

Krabath 2001
S. Krabath, *Die hoch- und spätmittelalterlichen Buntmetallfunde nördlich der Alpen. Eine archäologisch-kunsthistorische Untersuchung zu ihrer funktionalen und zeitlichen Bestimmung.* Internat. Arch. 63 (Rahden/Westfalen 2001).

Krebs 1910
J. Krebs, *Aus dem Leben des kaiserlichen Feldmarschalls Grafen Melchior von Hatzfeld 1632-1636* (Breslau 1910).

Krenn 1989
P. Krenn, *Von alten Handfeuerwaffen. Entwicklung, Technik, Leistung.* Veröff. Landeszeughaus Graz. Bd. 12 (Graz 1989).

Kreutz/Verhoff 2007
K. Kreutz/M. A. Verhoff, *Forensische Gesichtsrekonstruktion. Identifizierung bei Skelettfunden.* Dt. Ärztebl. 104/17, 2007, A 1160-5.

Kroener 1998
B. R. Kroener, „*Die Soldaten sind ganz arm, bloß, nackend, ausgemattet.*" Lebensverhältnisse und Organisationsstruktur der militärischen Gesellschaft während des Dreißigjährigen Krieges. In: K. Bußmann/H. Schilling (Hrsg.), *1648. Krieg und Frieden in Europa.* Bd. 1. *Politik, Religion, Recht und Gesellschaft* (Münster 1998) 285-292.

Kroener 2008
B. R. Kroener, „*... und ist der jammer nit zu beschreiben".* Geschlechterbeziehungen und Überlebensstrategien in der Lagergesellschaft des Dreißigjährigen Krieges. In: K. Hagemann/R. Pröve (Hrsg.), *Landsknechte, Soldatenfrauen und Nationalkrieger. Militär, Krieg und Geschlechterordnung im historischen Wandel* (Frankfurt a. M., New York 1998) 279-296.

Latzel 1988
K. Latzel, *Vom Sterben im Krieg. Wandlungen in der Einstellung zum Soldatentod vom Siebenjährigen Krieg bis zum Zweiten Weltkrieg* (Warendorf 1988).

Lebedinskaya 1993
G. V. Lebedinskaya, *Principles of facial reconstruction.* In: M. Y. Isçan/R. P. Helmer (eds.), *Forensic analysis of the skull. Craniofacial analysis, reconstruction and identification* (New York 1993) 183-198.

Lenz 2004
S. Lenz, *Deutschstunde.* Süddt. Ztg. Bibl. (München 2004).

Lindahl 1988
F. Lindahl, *Skattefund: sølv fra Christian IVs tid* (Kopenhagen 1988).

Lindegren 1980
J. Lindegren, *Utskrivning och utsugning.* Stud. Hist. Upsaliensia 117 (Uppsala 1980).

Lindegren 2001
J. Lindegren, *Frauenland und Soldatenleben. Perspektiven auf Schweden und den Dreißigjährigen Krieg.* In: B. Krusenstjern/H. Medick (Hrsg.), *Zwischen Alltag und Katastrophe: der Dreißigjährige Krieg aus der Nähe* (Göttingen 2001) 135-158.

Ludwig et al. 2003
R. Ludwig/M. Benner/U. Klein, *Tilly vor Heidelberg.* In: Wolf 2003, 132-161.

Lungershausen 2004
A. Lungershausen, *Buntmetallfunde und Handwerksrelikte des Mittelalters und der Frühen Neuzeit aus archäologischen Untersuchungen in Braunschweig.* Mathefte Ur- u. Frühgesch. Niedersachsen 34 (Rahden/Westfalen 2004).

Lutz 2010
A. Lutz, *Anthropologische Untersuchungen an Massengräbern aus dem Dreißigjährigen Krieg.* Unpubl. Diplomarbeit. Ludwig-Maximilians-Univ. München (München 2010).

Mankell 1861
J. Mankell, *Arkiv till upplysning om svenska krigens och krigsinrättningarnes historia.* Bd. 3 (Stockholm 1861).

Matschke 2008
A. Matschke, *Degenerative Gelenkerkrankungen in Tasdorf – Vergleich der Arthrosebelastung einer mittelalterlichen und einer frühneuzeitlichen Landbevölkerung.* Unpubl. Diplomarbeit. Freie Univ. Berlin (Berlin 2008).

Meller 2009
H. Meller (Hrsg.), *Schlachtfeldarchäologie – Battlefield archaeology.* Tagungen Landesmus. Vorgesch. 2 (Halle 2009).

Münch 1998
P. Münch, *Lebensformen in der frühen Neuzeit 1500-1800* (Frankfurt a. M. 1998).

Murdoch 2001
S. Murdoch, *Scotland and the Thirty Years' War, 1618-1648.* Hist. Warfare 6 (Leiden, Boston 2001) 215-241.

Murdoch et al. 2012
S. Murdoch/K. Zickermann/A. Marks, *The Battle of Wittstock 1636. Conflicting reports on a swedish victory in Germany.* Journal Scottish Soc. Northern Stud. 43, 2012 (in press).

Ortenburg 1984
G. Ortenburg, *Waffe und Waffengebrauch im Zeitalter der Landsknechte. Heerwesen der Neuzeit.* Bd. I/1 (Koblenz 1984).

Parker 1997
G. Parker, *Der Soldat.* In: R. Villari (Hrsg.), *Der Mensch des Barock* (Frankfurt a. M. 1997) 47-81.

Peitel 2006
D. Peitel, *Rekonstruktion der Ernährung und weiterer Subsistenzgrundlagen dreier frühneuzeitlicher Bevölkerungen anhand der Analyse stabiler Isotope und Spurenelemente.* Diss. Freie Univ. Berlin (Berlin 2006).

Peters 1993
J. Peters, *Ein Söldnerleben im Dreißigjährigen Krieg. Eine Quelle zur Sozialgeschichte* (Berlin 1993).

Piek/Terberger 2008
J. Piek/Th. Terberger, *Traumatologische und pathologische Veränderungen an prähistorischen und historischen Skelettresten. Diagnose, Ursachen und Kontext.* Arch. u. Gesch. Ostseeraum 3 (Rahden/Westfalen 2008).

Polthier 1933
W. Polthier, *Geschichte der Stadt Wittstock* (Berlin 1933).

Poremba 2010
T. Poremba, *Goldene Überraschung … im mittelalterlichen Stadtkern von Fürstenberg/Havel, Lkr. Oberhavel.* Arch. Berlin u. Brandenburg 2008 (2010) 92-95.

Quatrehomme/Isçan 1999
G. Quatrehomme/M. Y. Isçan, *Characteristics of gunshot wounds in the skull*. Journal Forensic Scien. 44, 1999, 568-576.

Reichel/Schuberth 2007
M. Reichel/I. Schuberth, *Gustav Adolf, König von Schweden. Die Kraft der Erinnerung 1632-2007* (Dößel 2007).

Roberts 2010
K. Roberts, *Pike and shot tactics 1590-1660* (Oxford 2010).

Ross 1996
A. H. Ross, *Caliber estimation from cranial entrance defect measurements*. Journal Forensic Scien. 41, 1996, 629-633.

Rost/Wilbers-Rost 2007
A. Rost/S. Wilbers-Rost, *Das römisch-germanische Schlachtfeld von Kalkriese – Vom Umgang mit den Toten und der Beute*. In: *Krieg und Frieden – Kelten, Römer, Germanen*. Ausstellungskatalog (Bonn 2007) 223-227.

Rüster 1999
D. Rüster, *Alte Chirurgie. Von der Steinzeit bis heute* (4. Auflage, Berlin 1999).

Rüstow 1857
W. Rüstow, *Geschichte der Infanterie*. Teil 1. *Bis auf den Anfang des Siebenzehnten Jahrhunderts* (Gotha 1857).

Schauer/Kluge 1996
B. Schauer/B. Kluge, *Das Inventar der mittelalterlichen und neuzeitlichen Münzfunde Brandenburgs*. Arch. Nachrbl. 1/3, 1996, 254-257.

Schauer 2002
B. Schauer. *Der Münzschatz von Dossow, Lkr. Ostprignitz-Ruppin, 1652*. Veröff. Brandenburg. Landesmus. Ur- u. Frühgesch. 33, 1999 (2002) 269-291.

Schauer 2003
B. Schauer, *Der Münzschatz von Templin, Lkr. Uckermark, 1634*. Veröff. Brandenburg. Landesarch. 34, 2000 (2003) 243-273.

Scheible 2004
K.-H. Scheible, *Die Schlacht von Alerheim* (Alerheim 2004).

Schmidt 1876
R. Schmidt, *Die Schlacht bei Wittstock. Ein Beitrag zur Geschichte des Dreissigjährigen Krieges* (Halle 1876).

Schultz/Schmidt-Schultz 2006
M. Schultz/T. Schmidt-Schultz, *Neue Methoden der Paläopathologie*. In: C. Niemitz (Hrsg.), *Brennpunkte und Perspektiven der aktuellen Anthropologie*. Mitt. Berliner Ges. Anthr. Beih. 1 (Berlin 2006) 73-81 mit Tafeln.

Schürger 2007
A. Schürger, *Bleikugeln vom Schlachtfeld in Lützen 1632. Überlegungen zu Bewaffnung und Schlachtverlauf*. In: Reichel/Schuberth 2007, 71-80.

Schürger 2009
A. Schürger, *Die Schlacht von Lützen 1632. Archäologische Untersuchungen auf dem linken kaiserlichen Flügel*. In: Meller 2009, 135-149.

Schwarz 1977
H. Schwarz, *Gefechtsformen der Infanterie in Europa durch 800 Jahre* (München 1977).

Sennewald 2005
R. Sennewald, *Das Kursächsische Heer im Dreißigjährigen Krieg*. Militär u. Ges. Frühe Neuzeit 9, 2005, 87-92.

Sennewald (im Druck)
R. Sennewald, *Das Kursächsische Heer im Dreißigjährigen Krieg* (im Druck).

Stadtmüller 1922
F. Stadtmüller, *Zur Beurteilung der plastischen Gesichtsrekonstruktionsmethode der Physiognomie auf dem Schädel*. Zeitschr. Morph. Anthr. 22, 1922, 337-372.

Steckzén 1942
B. Steckzén, *Der schwedische Löwe Johan Baner* (Leipzig 1942).

Stephan/Henneberg 2001
C. N. Stephan/M. Henneberg, *Building faces from dry skulls. They recognized above chance rates?* Journal Forensic Scien. 46/3, 2001, 432-440.

Stloukal/Vyhnánek 1975
M. Stloukal/L. Vyhnánek, *Die Arthrose der großen Gelenke*. Homo 26, 1975, 121-136.

Stülpnagel 1998
K.-H. v. Stülpnagel, *Mumien in Museen – ethische Überlegungen*. Internet-Beitr. Ägyptologie und Sudanologie 1, 1998, 123-130 (Online im Internet: URL: http://www2.hu-berlin.de/nilus/net-publications/ibaes1/Publikationen/ibaes1.pdf [Stand: 8. 11. 2011]).

Sutherland/Holst 2005
T. Sutherland/M. Holst, *Battlefield* archaeology. *A guide to the archaeology of conflict.* BAJR Guides 8, 2005 (Online im Internet: URL: http://www.bajr.org/BAJRRead/BAJRGuides.asp [Stand 10.12.2011]).

Theile 2005
G. Theile, *Anthropometrie* (München 2005).

Thordemann 1939
B. Thordemann, *Armour from the Battle of Wisby* (Uppsala 1939).

Tingsten 1932
L. Tingsten, *Fältmarskalkarna Johan Banér och Lennart Torstensson såsom härförare* (Stockholm 1932).

Ullrich 1967
H. Ullrich, *Plastische Gesichtsrekonstruktionen urgeschichtlicher Menschen nach der Methode von Gerasimov.* Neue Mus.kde. 10, 1967, 456-475.

Vasold 1999
M. Vasold, *Pest, Not und schwere Plagen. Seuchen und Epidemien vom Mittelalter bis heute* (Augsburg 1999).

Vollmuth 1991
R. Vollmuth, *Die sanitätsdienstliche Versorgung in den Landsknechtsheeren des ausgehenden Mittelalters und der frühen Neuzeit. Probleme und Lösungsansätze* (Würzburg 1991).

Wahl/König 1987
J. Wahl/H. G. König, *Anthropologisch-traumatologische Untersuchung der menschlichen Skelettreste aus dem Bandkeramischen Massengrab bei Talheim, Kreis Heilbronn.* Fundber. Baden-Württemberg 12, 1987, 65-193.

Weber 1980
F. Weber, *Gliederung und Einsatz des bayerischen Heeres im Dreißigjährigen Krieg.* In: Glaser 1980, Bd. II/1, 400-407.

Wittkopp 2009
B. Wittkopp, *Gustav Adolfs letzte Reise. Ausgrabungen unter dem Dach der Kirche von Eberswalde, Lkr. Barnim.* Arch. Berlin u. Brandenburg 2007 (2009) 155-158.

Wolf 2003
P. Wolf (Hrsg.), *Der Winterkönig. Friedrich V. Der letzte Kurfürst aus der Oberen Pfalz. Amberg, Heidelberg, Prag, Den Haag.* Veröff. Bayer. Gesch. u. Kultur 46/03. Kat. Bayer. Landesausstellung 2003 (Augsburg 2003).

Wrede 1901
A. v. Wrede, *Geschichte der k. u. k. Wehrmacht. Die Regimenter, Corps, Branchen und Anstalten von 1618 bis zum Ende des XIX. Jahrhunderts.* Hrsg. von der Direktion des k. u. k. Kriegsarchivs, Bd. 3/2 (Wien 1901).

Zetkin/Schaldach 1999
M. Zetkin/H. Schaldach, *Lexikon der Medizin* (Wiesbaden 1999).

ABBILDUNGSNACHWEIS

7: Ministerium für Wissenschaft, Forschung und Kultur des Landes Brandenburg. – 8: Christian T. Jørgensen, EUP Berlin. – 11; 42: A. Bernhardi, Leichlingen. – 12; 16 oben rechts; 17 oben rechts; 17 Mitte links; 17 unten; 18; 19; 166; 167; 168; 169; 170; 174 oben: A. Grothe, BLDAM. – 15: Accurate Vorstellung des Begräbnuß des tapfferen Preußischen General Keith … in der Battaille beÿ Hochkirch/Anne S. K. Brown Military Collection, Brown University, Providence. – 16 oben links: J. Wacker, BLDAM. – 16 Mitte links; 16 rechts: M. Schwanitz, BLDAM. – 16 unter Mitte: A. Grothe/B. Jungklaus, BLDAM. – 16 unten; 17 oben links; 17 Mitte rechts; 17 unter Mitte; 32 oben; 33; 34 oben; 35 unten; 36 unten; 37; 38; 39; 40; 41; 56 links; 56 Mitte; 77; 78; 79; 80; 84; 85; 94 oben; 94 unten links; 95 oben; 103; 104; 106; 108; 109; 115 oben; 122 Mitte; 122 unten; 123 oben; 123 Mitte links; 123 unten; 154 oben; 154 unten links; 155 oben; 155 unten links; 156 oben links; 156 Mitte; 156 unten; 157 oben; 158; 174 unten; 175; 176; 177: D. Sommer, BLDAM. – 21: S. Eickhoff, BLDAM. – 22: Esaias van der Velde, Das Gefecht/akg-images. – 24; 25: Theatrum Europaeum/Kreismuseum Alte Bischofsburg-Museum des Dreißigjährigen Krieges, Wittstock. – 26; 55; 113; 151; 153; 178; 179; 186; 187 unten; 192: R. Opitz, BLDAM. – 28 oben; 28 Mitte: Jaques Callot, Überfall auf einen Bauernhof sowie Die Sterbenden am Straßenrand, aus »Die großen Schrecken des Krieges" Blatt 5 und 16, 1633/Kreismuseum Alte Bischofsburg-Museum des Dreißigjährigen Krieges, Wittstock. – 28 unten: Kirchengemeinde Wittstock/D. Sommer, BLDAM. – 29: John Vicars, A Sight of ye Transactions of these latter yeares …, London 1646/Bridgeman Art Library. – 30: Schwedische Rettung der christlichen Kirchen, Flugblatt 1630/akg-images. – 32 unten: M. Schultz, Georg-August-Universität Göttingen/B. Fischer, Berlin. – 34 unten; 35 oben; 111; 112; 122 oben; 124 oben rechts; 124 Mitte; 128; 157 unten: B. Jungklaus, BLDAM. – 36 oben: Magyar Szépművészeti Múzeum Budapest/Kunstbilder-Galerie/D. Sommer, BLDAM. – 43: Abcontrafactur der grossen mächtigen und noch nie erhörten Trummel der Ligae, Flugblatt 1632/Staatsbibliothek zu Berlin-Preußischer Kulturbesitz, Inv. Einbl. YA 6346 kl b. – 44 oben: Christian Richter, Lockvögel,

aus „Soldatenbüchlein", 1642/Staatliche Graphische Sammlung München, Inv. 35112 D. – 44 unten: Von Gottes gnaden Wir Johann Georg Hertzog zu Sachssen … geben zu Dreßden am 28. Novembris, Anno 1631, Einblattdruck 1631/Sächsische Staats- und Universitätsbibliothek Dresden, Inv. Hist. Sax. M52, misc. 20. – 45: Musterrollen Regiment C. Ermes Nov. 1636/Kriegsarchiv Stockholm/S. Eickhoff, BLDAM. – 46: G. Köler, Kurtze Beschreibung deß auß Irrland … ankommenten Volcks, Flugblatt 1632/Herzog-August-Bibliothek Wolfenbüttel, Inv. IH 225. – 47: Christian Richter, Das Huren lernst du bald, aus „Soldatenbüchlein", 1642/Staatliche Graphische Sammlung München, Inv. 35113 D. – 48: Holländisch Kriegs-Recht und Articuls-Brieff, Straßburg 1643/Staatsbibliothek zu Berlin-Preußischer Kulturbesitz, Inv. Gy 16560. – 49: Testament des schottischen Colonel Harry Lindsay/National Library of Scotland, Edinburgh. – 53: Georg Günther Krail von Bemeberg, James Jacob King, Portrait 1623/Schloss Skokloster, Inv. 2253. – 56 rechts; 129: D. Sommer, BLDAM/B. Rehbock, Berlin. – 58: Jacob de Gheyn, Waffenhandlung, Graven hagen 1608/Kreismuseum Alte Bischofsburg-Museum des Dreißigjährigen Krieges, Wittstock/D. Sommer, BLDAM; 60: Italienisches Geschäftsbuch/Heeresgeschichtliches Museum Wien, Inv. Bi 24.235_1941_15. – 61 oben: L. Troupitz, Kriegskunst, Nach Königlicher Schwedischer Manier eine Compagny zu richten … Franckfurt 1638/Universitätsbibliothek Augsburg, Inv. 02/IX.7.4.25. – 61: unten Jacob De Gheyn, Waffenhandlung, Graven hagen 1608/Interfoto München, Nr. 00352170. – 62; 63; 64; 65; 67; 68; 82 unten: Stiftung Deutsches Historisches Museum Berlin/D. Sommer, BLDAM. – 66 rechts: Matthaeus Merian, Wahre Bildtnuß der Statt Creützenach … , Theatrum Europaeum Teil 2, Frankfurt 1637/Universitätsbibliothek Augsburg, Inv. 02/IV.13.2.26-2.623a. – 66 links; 72; 75: Bayerisches Armeemuseum Ingolstadt. – 69; 70: Landesamt für Kultur und Denkmalpflege Mecklenburg-Vorpommern/D. Sommer, BLDAM. – 81: Wenzel Hollar, Rheinübergang der Schweden bei Oppenheim 1631, Theatrum Europaeum Bd. 2, Frankfurt 1637/Universitätsbibliothek Augsburg, Inv. 02/IV.13.2.26-2.566a. – 82 oben: Jonas Saur, Göpel zur Bewegung von Geschützen; In: J. Furttenbach, Architectura martialis, Ulm 1630/Sächsische Landes- und Universitätsbibliothek Dresden, Deutsche Fotothek, Inv. Archit. 144, misc. 3, Kupferblatt Nr. 5. – 83: Pieter Snayers, Schlacht am weißen Berg bei Prag/Musée du Louvre, Paris/René-Gabriel Ojéda/RMN/bpk. – 86: Pieter Snayers, Belagerung Valenzia del Po im Herbst 1635/Stiftung Deutsches Historisches Museum Berlin, Inv. Res/4 Gymn. 42. – 87: Johann Jacobi v. Wallhausen, Ritterkunst, Frankfurt 1616/Bayerische Staatsbibliothek München. – 88 links: Jacob de Gheyn, Die Drillkunst, Nürnberg 1664/Sächsische Landes- und Universitätsbibliothek Dresden, Deutsche Fotothek, Inv. Milit.A.213. – 88 rechts: Johann Jacobi von Wallhausen, Kriegskunst zu Fuß, Oppenheim 1615/Bayerische Staatsbibliothek München, Inv. Res/2 App.mil. 110. – 89: Jacques Callot, Die Parade, Radierung um 1628/Anne S. K. Brown Military Collection, Brown University Library. – 90 oben: Stefano Della Bella, Autre conduite de canons, aus „Et Pace et Bello"/Auckland Art Gallery Toi o Tamaki, Peter Tomory Collection. – 90 unten: Unbekannter zeitgenössischer Grafiker/Kreismuseum Alte Bischofsburg-Museum des Dreißigjährigen Krieges, Wittstock. – 91: S. Eickhoff/ R. Opitz, BLDAM. – 93: Matthäus Merian, Bestürmung der Stadt Prag 1648, Theatrum Europaeum Teil 6, Frankfurt 1663/Universitätsbibliothek Augsburg, Inv. 02/IV.13.2.26-6/B. Fischer, Berlin. – 94 unten rechts: S. Vrancx, Ein Heerlager, um 1640/Hamburger Kunsthalle/bpk; Elke Walford/O. Blum, BLDAM/B. Fischer, Berlin. – 95 unten: B. Jungklaus, BLDAM/B. Fischer, Berlin. – 96: Pieter Snayers, Belagerung von Bergen op Zoom, Mitte 17. Jh./Privatbesitz/Kunst für alle/D. Sommer, BLDAM. – 99: Matthäus Merian, Eigentliche Abbildung des königlich schwedischen Feldlagers bei Werben an der Elbe 1631, aus J. P. Lotichius, Rerum Germanicum Libri LV, Frankfurt 1646/Staatsbibliothek zu Berlin-Preußischer Kulturbesitz, Inv. Kart. Z 6602/B. Fischer, Berlin. – 100 oben: Hanns und Paulus Trexel, Wahrer geometrischer Grundriß der Römis(chen) Kay(serlichen) May(estät) General Feldtherren Hörtzog Albrecht von Fridtlandt … Anno 1632 den 7. Jullij ein Meyl von Nürmberg bey Zörndorff geschlagen, 1634/Staatsarchiv Nürnberg, Inv. Rep. 58, Rst. Nürnberg, Karten und Pläne Nr. 1418. – 100 unten: Johann Wilhelm Dilich, Peribologia, Frankfurt 1640/Sächsische Landes- und Universitätsbibliothek Dresden, Inv. 32. 4. 408, Abb. LXXIV. – 101 oben: Jacques Callot, Das Lager, aus der Folge »Die kleinen Schrecken des Krieges"1633/Kreismuseum Alte Bischofsburg-Museum des Dreißigjährigen Krieges, Wittstock. – 101 Mitte: Landesamt für Denkmalpflege und Archäologie Sachsen-Anhalt, Andrea Hörentrup. – 101 unten; 102: Kurpfälzisches Museum der Stadt Heidelberg, E. Kemmet/B. Fischer, Berlin. – 105: D. Sommer/O. Blum, BLDAM. – 110: Aelbert Cuyp, Ruhepause im Lager, um 1660/Musee des Beaux-Arts, Rennes. – 114: Willem Cornelisz Duyster, Karten spielende Soldaten, 1625-30/Bayerische Staatsgemäldesammlungen/Blauel/Gnamm-Artothek. – 115 unten: Tagebuch eines Soldaten aus dem Dreißigjährigen Krieg, um 1650/Staatsbibliothek zu Berlin-Preußischer Kulturbesitz, Inv. Ms. Germ. Oct 52. – 116: Jaques Callot, Belagerung von Breda, um 1625/Anne S. K. Brown Collection, Rhode Island. – 117: Philips Wouverman, Soldatentross, um 1650/Reiss-Engelhorn-Museen Mannheim/Wikimedia-public domain. – 118: Cornelis de Wael, Dopo la battaglia/Accademia Albertina delle Belle Arti di Torino/Kunst für alle/D. Sommer, BLDAM. – 119: Cornelius Saftleven, Die Schulteroperation, 1636/Staatliche Kunsthalle Karlsruhe, Inv. 250/A. Fischer/H. Kohler. – 120: Deutsches Medizinhistorisches Museum Ingolstadt. – 121 oben: Vualthero Ryffio, Neuw Felde und Stattbuch bewerter Wundarßney, 1576/Bayerische Staatsbibliothek München, Inv. Rar. 1457. – 121 unten: Hans von Gersdorff, Handbuch der Wundartzney, Franckfurt 1551/Bayerische Staatsbibliothek München, Inv. Rar. 1457. – 123 Mitte rechts; 158 (Röntgenbild): B. Rehbock, Berlin. – 124 oben links: A. Grothe/D. Sommer, BLDAM. – 124 unten: D. Sommer, BLDAM/B. Fischer, Berlin. – 125: Pieter Snayers, Belagerung von Valenzia del Po im Herbst 1635/Stiftung Deutsches Historisches Museum Berlin, Inv. Res/4 Gymn. 42. – 126 oben: S. Vrancx, Ein Heerlager, um 1640/Hamburger Kunsthalle/bpk; Elke Walford. – 126 unten: Jean-Jacques Manget, Traité de la peste, Geneva 1721/Bibliothèque de Genève. – 127: Weissagung über die epidemische Krätze, die allenthalben am ganzen Erdkreis wütet", Flugblatt 1496/Bayerische Staatsbibliothek München, Inv. Rar. 287. – 130: K. Maesberg, Schlacht bei Wittstock, Karte 1636/Kriegsarchiv Stockholm, Inv. Sveriges Krig 3:200. – 133: Skrivelser till konungen Bd.1: 25. Sept.

1636 Johan Banérs berättelse/Reichsarchiv Stockholm. – 134/135: Samuel Weishun, Relation Deß blutigen treffens/welches den 24. Septem. 4. Octobr. bey Witstock …, Kupferstich 1636/ Staatsbibliothek zu Berlin-Preußischer Kulturbesitz, Sig. Einbl. YA 7376-1.2 m. – 136: D. Sommer, BLDAM/Kurpfälzisches Museum der Stadt Heidelberg, E. Kemmet/Archäologische Staatssammlung München, St. Friedrich. – 137: Matthaeus Merian, Wittstocker Schlacht, Theatrum Europaeum Teil 3, Frankfurt 1670/D. Sommer, BLDAM. – 138/139: Zeichnung der Schlacht von Wittstock von einem anonymen Zeichner 1636/ Kriegsarchiv Stockholm, Inv. Sveriges Krig 3:199. – 141 oben: Relation veritable …, prés de Vvitstocq, le 16. Octobre 1636, Flugschrift 1636/Kriegsarchiv Stockholm, Inv. Sveriges Krig 3:201. – 141 unten: Skrivelser till konungen Bd.1: 25. Sept. 1636 Johan Banérs berättelse/Reichsarchiv Stockholm. – 142: Landkarte von Wittstock, um 1700/ Staatsbibliothek zu Berlin-Preußischer Kulturbesitz, Inv. N 6980 BI 23. – 144: Luftbilder des Schlachtfeldareals 1974/ GeoBasis-DE/LGB/A. Löser, BLDAM. – 145: Laserscan/GeoBasis-DE/LGB 2011. – 146; 147; 148: A. Löser, BLDAM. – 154 Mitte; 154 unten rechts; 155 Mitte; 155 unten rechts; 156 oben rechts: O. Blum/D. Sommer, BLDAM. – 158: A. Grothe/G. Matthes, BLDAM. – 160: H. Hoevenberg/A. Müller, Potsdam. – 161; 163: H. Hoevenberg, Potsdam. – 164: Pieter Snayers, Schlachtfeld/Kunsthistorisches Museum Wien, Gemäldegalerie. – 171: Armeemuseum Stockholm, Inv. ST 14B:144. – 172: Cornelis de Wael, Dopo la battaglia/Accademia Albertina delle Belle Arti di Torino/Kunst für alle/D. Sommer, BLDAM. – 173: Jacob de Gheyn, Die Drillkunst, Nürnberg 1664/Sächsische Landes- und Universitätsbibliothek Dresden, Inv. Sig. Milit. A. 213. – 182; 183; 184; 185: J. Junghänel, BLDAM. – 187 oben links: Portrait des Typografen Claude Garamond/Wikimedia, public domain. – 187 oben rechts: Melanie Zanin Photographics.